U0133603

名家現代詩賞析

Appreciation of the work of
Famous Modern Poets

林 明 理 著

現代文學研究叢刊
文史哲出版社印行

國家圖書館出版品預行編目資料

名家現代詩賞析 / 林明理著.-- 初版--臺北市：
文史哲, 民 105.06
面： 公分. --（現代文學研究叢刊；46）
ISBN 978-986-314-302-4（平裝）

1.新詩 2.詩評

820.9108   105009071

現代文學研究叢刊　46

名家現代詩賞析

著　　者：林　　　明　　　理
出 版 者：文　史　哲　出　版　社
http://www.lapen.com.tw
e-mail：lapen@ms74.hinet.net
登記證字號：行政院新聞局版臺業字五三三七號
發 行 人：彭　　　正　　　雄
發 行 所：文　史　哲　出　版　社
印 刷 者：文　史　哲　出　版　社
臺北市羅斯福路一段七十二巷四號
郵政劃撥帳號：一六一八○一七五
電話886-2-23511028・傳真886-2-23965656

實價新臺幣六○○元

二○一六年（民一○五）六月初版

名家現代詩賞析

目　　次

圖像

圖　像

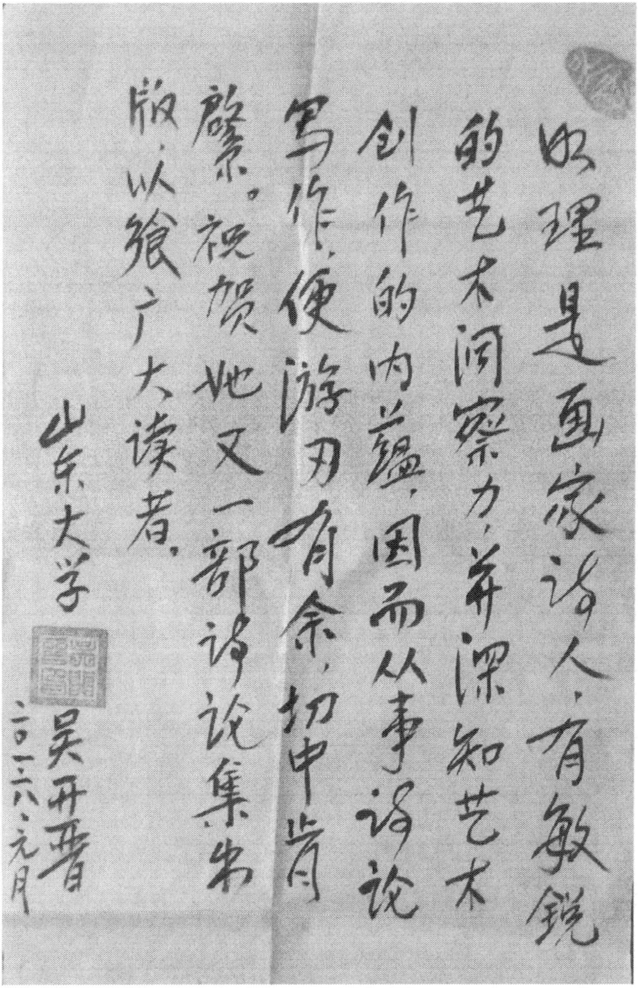

明理是画家诗人，有敏锐
的艺术洞察力，并深知艺术
创作的内蕴，因而从事诗论
写作，便游刃有余，切中肯
綮。祝贺她又一部诗论集出
版以飨广大读者。

山东大学　吴开晋
二〇〇八·元月

圖 1

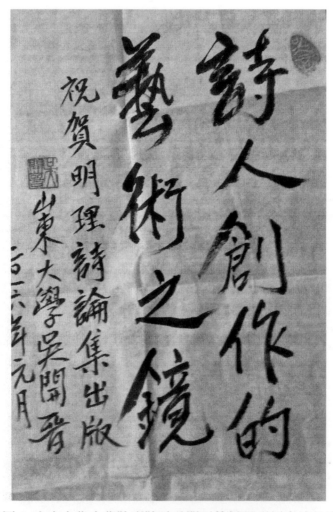

圖 2　山東大學文學院副院長吳開晉教授贈兩幅書法勉字

圖 3. 2011 年臺灣「高雄應用科技大學」校長聘書

圖 4. 2009.12 山東省優秀期刊（時代文學）封面評論版刊登作者林明理

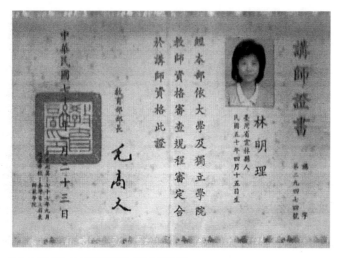

圖 5.前屏東師範學院講師證書

圖 6.文學博士證書

中 国 萧 军 研 究 会
北 京 市 写 作 学 会
世纪百家国际文化发展中心

同歌东方美 共筑中国梦

2016年"东方美"全国诗联书画大赛
获 奖 通 知

尊敬的林明理女士：

您好！东方壮美，祖国情深。感谢您惠赐佳作参加2016年"东方美"全国诗联书画大赛，您为弘扬传统文化，歌颂美丽中国作出了贡献，在此向您表示崇高的敬意！

由中国萧军研究会、北京市写作学会、世纪百家国际文化发展中心等单位联合主办的本届大赛征评工作已圆满结束，评选结果业已揭晓，我们十分高兴的通知您，您的参赛作品《　　　　颂长城　　　　》(稿号：K8748)，已荣获2016年"东方美"全国诗联书画大赛 **金 奖**，特表祝贺！

"东方美"全国诗联书画大赛始于2010年，已成功举办过六届，以其学术水平和专业水准赢得了社会广泛赞誉。前六届大赛分别在京西宾馆、国家会议中心、钓鱼台国宾馆、全国人大会议中心等重要场所举行了隆重的颁奖盛典，规模宏大、影响深远，充分彰显了大赛作为国家级品牌文化活动的权威性、严肃性。您的作品能得到评委的一致肯定，且脱颖而出最终获奖，为您的家乡、单位、家人赢得了荣誉，希望您继续响应时代的召唤，为繁荣祖国的文艺事业作出更大的贡献！

艺术家的盛会，成功者的礼赞。2016年"东方美"全国诗联书画大赛颁奖大会，将于2016年5月20日至23日在首都北京隆重举行。届时，您将与祖国各地的获奖艺术家一起，走向庄严而神圣的钓鱼台国宾馆领奖台，展示您的风采。欢迎您准时出席大会，见证这难忘的光辉时刻！

特此通知！

中国萧军研究会　　北京市写作学会　　世纪百家国际文化发展中心

2016年4月

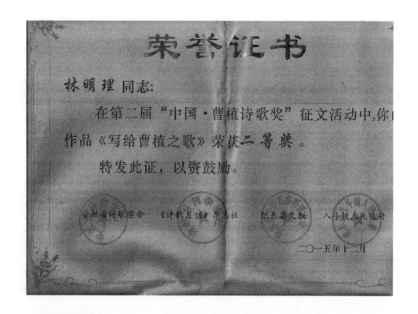

1. 洛夫詩中的禪道精神

摘　要：洛夫詩作的整個思維中有個基本元素：禪道精神。這個元素經不斷演繹而匯出其美學思想，還有待於深入進行研究和深化。

關鍵字：詩人；詩歌；莊子；美學；禪道

There is a fundamental element in Luo Fu's entire thought: the spirits of Zen and Taoism.　After continuous transformation, this element has led to his aesthetics of poetry, and it needs to be studied further.

Keywords: poet, poetry, Chuang Chou, aesthetics, Zen and Taoism

洛夫：現代詩的一代宗匠

洛夫（1928—），本名莫運端，湖南衡陽人，淡江大學英語系畢業，曾任教於東吳大學、北京師範大學、中國華僑大學。出版詩集、散文、評論、譯著等多種，獲臺灣「文藝獎」等殊榮，有「詩魔」之稱。洛夫詩作的整個思維中有個基本元素：禪道精神。這個元素經不斷演繹而匯出其美學思

想，還有待於深入研究和深化。

在當代詩壇，洛夫是現代詩的一代宗匠。他先是向西方現代主義的注目，借鑒了與東方詩學極不同的藝術手法；中年以後，開始思考回歸傳統的問題，轉而對老、莊、禪道精神的吸收與超現實技巧的追求。尤以莊子思想影響最深，這便出現了具有中西文化合璧色彩的詩作。禪宗思想是講求現實世界的「空」與超現實世界的「真如」，也就是外在世界的可感與永恆。而洛夫也常以直覺經驗和藝術感覺激發創作靈感，欲臻於和大自然融合匯通的空靈境界。所不同的是，詩人不同於古代的王維、孟浩然等詩人和山水自然擁抱時的純淨和禪悟時的心向專一，而是企圖訴諸具有穿透性的語言，去體現超越時空的生命自由、似也在追求一種禪意。因而，其詩歌具有如下的內涵：

（一）瞭解人與自然的親和關係，而不以對立的態度去超克它。《莊子》第一篇《消遙遊》中有「天之蒼蒼，其正色邪？其遠而無所至極邪？」說明了莊子的心胸是極為自然開闊、精神豁達。洛夫擅於由人自然的默察中而伸張無言之美，精神面貌，這與莊子是一致的。（二）瞭解時間接連的無限流動性與死生無常的變化性。莊子在《秋水》篇上雲：「夫物量無窮，時無止，分無常，終始無故。……故得而不喜，失而不憂，知分之無常也……」洛夫也瞭解無限時空中的死生得失之事，因而能培養出一種開朗曠達的心懷，用以開展高度的人生境界。這點與莊子也有相通之處。本文想探討的，正是洛夫詩的內在力度及其價值的表現所在。

詩作賞析

　　洛夫詩歌名震華語詩壇之因，是它吸取了中國道家美學和禪宗文化的藝術精神，又把西方超現實主義詩歌取為己用而掀起臺灣詩壇一種新的詩歌潮流。此外，他還追求詩的空靈美。他講虛、講玄，但絕非故弄玄虛，而是透過自己的心靈體味去揭示大自然的奧秘和延伸臺灣詩學的生長領域。比如選自《洛夫詩鈔》(洛夫經典詩作手鈔本)的,〈春醒〉：

枯葉
帶著蟲子
飛

歲月
不驚

蛺蝶
從穢土中悠悠醒來

一窩蛇
剛換了新衣
體香
有桃花的味道

　　淡淡幾筆，就展現了春天到來的盎然生機，初期詩歌還

比較淡遠，清悠；但也表現了洛夫詩想裡有一種素樸、醇厚的泥土氣息和情感的純真。

　　中年以後，洛夫執著地追求精神價值，菲薄物質享受；詩作有的選取古代的歷史人物直接吟詠，有的借古代的某些典故引發詩情。如原載 1956 年《創世紀》詩雜誌的早期之作〈煙囪〉，詩人則道出一種淡淡的情愁與人生滄桑的神秘感：

　　　　矗立於漠漠的斜陽裡，
　　　　風撩起黑髮，而瘦長的投影靜止，
　　　　那城牆下便有點寂寞，有點愴涼。
　　　　我是一隻想飛的煙囪。

　　　　俯首望著那條長長的護城河，
　　　　河水盈盈，流不盡千古的胭脂殘粉，
　　　　誰使我禁錮，使我溯不到夢的源頭？
　　　　宮宇傾圮，那騎樓上敲鐘的老人依舊，
　　　　鐘聲清越依舊。

　　　　我想遠遊，哦，那長長的河，那青青的山，
　　　　如能化為一隻凌雲的野鶴，
　　　　甚至一位微塵，一片輕煙……
　　　　而今，我只是一片瘦長的投影，
　　　　——讓人寂寞。

　　在詩人筆下，「煙囪」其實是一個忍受了孤獨又想掙脫

孤獨的生命體，他把感情隱進具體意象中，給讀者留下更多的思索空間。

　　再如這首 1983 年的〈枯魚之肆〉，「枯魚之肆」的解釋原指無法挽救的境地。詩題源自中國古代戰國時代《莊子》外物篇的片斷：「周曰：‘諾。我且南游吳越之王，激西江之水而迎子，可乎？’鮒魚曰：‘吾失我常與，我無所處。吾得斗升之水然活耳，君乃言此，曾不如早索我於枯魚之肆！」這典故的背景是說，莊子家貧，所以去向監河侯借糧。監河侯說：「好。等我收到地租，就借給你三百金，可以嗎？」莊子見監河侯不願馬上借糧，有點生氣，臉色難看地說：「我昨天來這兒的時候，聽到路上有個聲音在叫我。我回頭一看，只見車輪碾過的車轍中，有一條鮒魚。我問：「鮒魚啊，你在這兒幹什麼呢？」鮒魚說：「我是從東海來的，被困在這兒了。您有一斗或者一升水救活我嗎？」我說：「好。我這就去遊說吳越之王，請他開鑿運河，把長江的水引過來救你，可以嗎？」鮒魚生氣地說：「現在我都被困在這兒了，只需要一斗或者一升的水就能活命。如果像你這麼說，不如早點到賣乾魚的店裡去找我好了！」洛夫則藉此詩題來反思人的處境：

　　　　每天路過
　　　　便想到口渴
　　　　想到鞭痕似的涸轍
　　　　以及魚目中好大的
　　　　一片空白

　　毋需掩鼻而過
　　或作不屑於問聞之態
　　斤斤計較的無非是去鰓去鱗
　　至於那些腐臭的鯉魚
　　何嘗不是一一躍龍門而來
　　只是他們的下游
　　止於砧板

　　洛夫說他每天路過賣魚乾的小店，「便想到口渴」，實際已道出他聯想到鮒魚在車轍中只要借鬥升之水即可活命，而如果去遊說吳越之王，開鑿運河，把長江的水引過來，鮒魚早已渴死了。這個道理很簡單。但在我們的日常生活中，言過其實、形式主義豈不是比比皆是。洛夫將枯魚與砧板聯繫起來，感慨古今，表達了對現實中的魚肉鄉民與強權競爭下的處境與惋惜，頗具古典神韻。

　　洛夫崇尚簡約，從不對客觀事物做具體細緻的描摹。比如我所喜歡的這首小詩〈窗下〉，體現出一種內在的力度和浪漫情懷：

　　當暮色裝飾著雨後的窗子
　　我便從這裡探測遠山的深度

　　在窗玻璃上呵一口氣
　　再用手指畫一條長長的小路

以及小路盡頭的
一個背影

有人從雨中而去

　　詩中的童真和思情，是那些物欲味濃的詩無法比擬的。
再如這首〈河畔墓園 —— 為亡母上墳小記〉，就把我們帶入
了一個悽楚的世界：

膝蓋有些些
不像痛的
痛
在黃土上跪下時
我試著伸腕
握你薊草般的手
剛下過一場小雨
我為你
運來一整條河的水
流自
我積雪初融的眼睛

我跪著。偷覷
一株狗尾草繞過墳地
跑了一大圈
又回到我擱置額頭的土
我一把連根拔起
鬚鬚上還留有

你微溫的鼻息

詩裡那種對母親的追憶所付出的力量和達到的精神昇
華，仍令人感傷。

事實上，洛夫一生均未與愛情詩絕緣，如這首經典之作
〈因為風的緣故〉，即寫出了青年時代約會時苦苦的等待：

昨日我沿著河岸
漫步到
蘆葦彎腰喝水的地方
順便請煙囪
在天空為我寫一封長長的信
潦是潦草了些
而我的心意
則明亮亦如你窗前的燭光
稍有曖昧之處
勢所難免
　　因為風的緣故

此信你能否看懂並不重要
重要的是
你務必在雛菊尚未全部凋謝之前
趕快發怒，或者發笑
趕快從箱子裡找出我那件薄衫子
趕快對鏡梳你那又黑又柔的嫵媚
然後以整生的愛

點燃一盞燈
我是火
隨時可能會熄滅
　因為風的緣故

　　這些感性的抒情詩句，不僅充分展現了洛夫內心世界對愛情的忠貞不渝，而且也把故事情節一步一步向前推進，在抒情與敘事的結合上達到了融合為一的境地。

　　接著，這首〈布袋蓮的下午〉，是以幽默的口吻、機智的暗喻，探索人生的哲理：

下午。池水中
擁擠著一叢叢懷孕的布袋蓮
這個夏天很寂寞
要生，就生一池青蛙吧

唉，問題是
我們只是虛胖

　　由於詩人閱歷增多，思考也多了。這裡，像是在啟示他人，有時也要時時審視自己，可貴的是其中的自省與自律意識。在時下，是多麼需要的一種精神啊。最後推介這首〈眾荷喧嘩〉，禪境的體悟與荷相遇的機緣，令人莞爾：

眾荷喧嘩
而你是挨我最近

最靜，最最溫婉的一朵
要看，就看荷去吧
我就喜歡看你撐著一把碧油傘
從水中升起

我向池心
輕輕扔過去一拉石子
你的臉
便譁然紅了起來
驚起的
一隻水鳥
如火焰般掠過對岸的柳枝
再靠近一些
只要再靠我近一點
便可聽到
水珠在你掌心滴溜溜地轉

你是喧嘩的荷池中
一朵最最安靜的
夕陽
蟬鳴依舊
依舊如你獨立眾荷中時的寂寂

我走了，走了一半又停住
等你
等你輕聲喚我

　　洛夫對詩神的摯愛隨著年齡而與日俱增，詩人不僅把山河、大地、輕風、各種植物等自然景物用擬人化的手法把它們寫活，或前景後情，或前情後景，或情景齊到，使人變得與大自然更融合無間了。

洛夫詩中的禪道精神

　　洛夫一生也有不少詩作是書寫對臺灣土地上生活的所見所思的，對臺灣思念之情仍是他身上的一根臍帶。如〈蟋蟀之歌〉、〈美濃鄉村偶見〉、〈八斗子物語〉、〈平溪八行〉、〈行過墾丁草原〉等。移民後的洛夫，仍經常往返於中國大陸以及中國香港和臺灣。這勇敢的種子，正是他永遠開出藝術探索之花的成因。在《莊子》中「生物進化」思想，雖然有些看似荒誕內容，如蝴蝶化鳥，馬生人之類。然而從生物進化論主要原理來看，有的可以從《莊子》書中找到原型思想。如生命起源於水中，由低級水草逐漸發展為植物、蟲、魚、獸、人，揭示生物演進的序列；同時也指出生物進化隨著生存環境變遷而變化等。凡此，說明了直到今天，莊子思想尚有它合理內涵與生命力。而洛夫詩歌中，也從「人」的自然原體性出發，他也跟莊子一樣，反對過分的享受與縱欲，也反對現代詩歌過度的思慮與謀劃。而且愈到晚年，越見其禪詩的光芒。如〈夜宿寒山寺〉、〈背向大海〉、〈石濤寫意〉等，這種禪道精神與現代詩的結合又非單純地復古或癡迷於某宗教，而是為禪道精神與現代主義的結合找到了一片綠茵。

　　綜上所述，洛夫詩歌之超越性美學的思想進路，在此撮其精義，概述其要：其一、洛夫詩歌中把禪宗的物化美學及無我之境等關係所含藏的核心思想與超越時空意象之美學轉化所代表的美學蘊含，闡述得更為明確、更完備；其二、洛夫順此理路，堅持走向與自然合一之路。其詩作常將莊子思想融入現代語境與當下生活之中，讓古典老、莊文本煥發新的現代意蘊，因此，研究莊子思想與其詩歌的關聯性，是有其必要性的。我認為，真正的詩人必須排除紛繁的矛盾與是非，以求得心靈解脫的途徑；而詩美的真義也必含時間、空間與心理的距離三方面的要素，且三者間有著不可分離的關係。研究洛夫詩歌價值觀念的取向不隨著不同時空的變遷而改變之因，是有其可取之處。當然，洛夫自我價值最後落腳點在於「真樸」。「真樸」是其主體意識自我覺醒，主體價值的自我裁定；而這種聯繫確定人與自然的承襲性，是洛夫從禪道精神中悟得自身價值的重要啟示。這或許就是其詩歌常受到東、西文學家的青睞，具有永恆不息的活力的原因吧。

　註　參見陳鼓應著，老莊新論，香港，中華書局，1993年2月重印，頁253－255．

　　　　　── 刊河南省《商丘師範學院學報》，第 32卷，2016.02 期，頁 9-11。

http://www.cnki.com.cn/Article/CJFDTotal-SQSZ201602004.htm《中國知網》

http://www.cnki.com.cn/Journal/H-H7-SQSZ-2016-02.htm《商丘師範學院網》

2. 淺談羊令野的詩藝人生

　　羊令野（1923－1994）早期的詩歌多以抒情、懷舊思古為主，十分重視詩歌語言的功夫，同時也嘗試賦予古典詞彙以新意。1977 年，在張默、張漢良、辛鬱等人所編輯的《中國當代十大詩人選集》中，羊令野同紀弦、余光中、洛夫、白萩、瘂弦、羅門、商禽、楊牧、葉維廉獲選為「十大詩人」的稱號。他的散文字裡行間流露出咏物或抒悠遠愁緒，或強烈的思鄉之情。除詩文外，羊令野在書法上也成績斐然。1974 年他與莊嚴、傅狷夫、汪中、于還素、戴蘭村等人組成「忘年書展」，1976 年應省府新聞處之聘，出任《臺灣畫刊》社長。

　　2012 年 8 月，收到辛鬱前輩寄來了《我們這一伙人》後，拜讀之際，特別留意到羊令野撰送給辛鬱的五絕書法：「琴弄錢江潮，酒釀慈谿水，四明雲樹深，可以隱高士。」這首詩道盡辛鬱家鄉勝景及惺惺相惜之情，讓辛鬱稱絕不已。而我也細緻地觀察到其筆下的山水景物，是羊令野超塵脫俗的情志與賦予詩詞以深情幽雅的韻致。

　　詩，在羊令野心中，應是高尚的、抒情的，或賞景，或沉思，都是他心靈中迸出的火花，也寄寓著孤芳自賞的清冷、

寂寞和悲苦。但是，光是追求詩的語言的描寫或創造一般化
形象，還不足以打動人心；它還必須新奇或叫人思索回味。
比如這首〈烟雨〉，羊令野多採用感覺的變形來創造獨特的韻
味：

烟雨用細膩的腳步

邁出了山邁出了叢林
邁過了小小的木橋
在你背景上蒙上
一襲乳白的輕紗
讓你邁出了那水彩的畫面

詩中，以細膩的腳步借指邁過叢林、木橋的烟雨，通過
擬人的手法來達到幻覺的展現。當然，這種幻覺的產生，先
是由那像是「一襲乳白的輕紗」引起。此時，詩人內心怡然
自樂，似在盡收眼底後，非常全面、生動、真實地反映了對
烟雨的深刻感受；而在和平寧靜的畫面中，詩人也獲得了夢
寐以求的閑情逸致。接著，這首〈蟬〉選自《八十年代詩選》，
仍可以捕捉到羊令野感情的精靈，其心中對蟬的描繪豐富而
清晰：

整個夏天
你的鼓噪
很像我家悍婦
那種重複調子

令人思慮的
不知道誰抄襲誰的語言

高枝而棲
飲露餐風
你的自鳴清高
卻在一夜西風裡
噤住了自己的一張嘴
說你是懦夫也可以
說你是哲者也可以

不過
最難熬的冬來霜雪
等你脫殼之後
頂多是個空洞的標本

　　此詩滲透著詩人對蟬的鍾愛，也展現了蟬生機勃勃的生命和原始具象之美。其中由鼓噪不休、飲露餐風和自鳴清高到冬來霜雪、最後脫殼死亡，頂多化為空洞的標本；可以體味到詩人對蟬的一生的一種憐憫與同情，還可以使人感到詩人的才思敏捷。在詩的王國裡，著名的古希臘哲學家柏拉圖（Plato）的《神賜論》裡，講天才在靈感降臨時會陷入一種「迷狂」狀態，或稱之為「神賜的迷狂」。事實上柏拉圖是肯定藝術不僅是對現實的模仿，亦是一種創造。他可能認為，高明的詩人都是憑靈感來創作，而靈感來自於兩種途徑：一是「神明憑附」，一是「靈魂回憶」；這也就揭示了靈感的來

源和非理性特徵。在羊令野〈蝶之美學〉這首詩中，我看到了詩的高貴與蕭穆性，也透出一種貴族的氣息：

> 用七彩打扮生活，
> 在風中，我乃紋身男子。
> 和多姿的花兒們戀愛整個春天，
> 我是忙碌的。
>
> 從莊子的枕邊飛出，
> 從香扇邊緣逃亡。
> 偶然想起我乃蛹之子；
> 跨過生與死的門檻，我孕育美麗的日子。
>
> 現在一切遊戲都告結束。
> 且讀逍遙篇，夢大鵬之飛翔。
> 而我，只是一枚標本，
> 在博物館裏研究我的美學。

其實，按照莊子《逍遙遊》的觀點解釋，這不難理解；為何莊周的蝴蝶夢覺和羊令野對於將自我、個人變形為蝴蝶，自喻成性喜無拘無束的男子的見解很類似。而詩人對蝶引發其「物化」的觀念，這象徵著詩人嚮往如蝶兒般活躍於一個美妙的世界；並且，消遙自適於陽光、空氣、花朵及芬芳的果園之中，可以恣意的自我吸取，自我選擇。羊令野以詩代表了現代人常承受的時間壓迫感與空間囚禁感。他藉蝴蝶的翩翩起舞，遨翔各處；夢大鵬的悠遊自在，暗喻自己也

嚮往不受時間的催促，不受陳規的制約，也沒有誡律的壓力，這也意味著人力意志的自由可羨。由莊子的思想映射出羊令野心中一片寧靜的光輝，他觀人、觀事、觀物、觀境、觀理，也觀心。最後他了悟蝶之死的那份坦然，那份淒美，從而提供了讀者一把開啟自覺之門的鑰匙。接著，這首收錄於《現代詩》復刊第六期的〈甲子祭母親〉，字字悲切，故其為詞也哀以思：

彷彿戎服穿成了布衣

布衣穿成了襁褓
此刻躺在六十餘年前
你以細柔的亮麗的兒歌編織的搖籃裏裡
夢就像流水回盪著一條迷茫的鄉路

三月的杜鵑啼著　開著
貧瘠而荒蕪的墓地上
冰雪溶瀉你一生的淚水
喚不回一個人世的春天
偶而有雲飛過你仰望的天空
莫非要讓冷冽的風
裁剪一襲遊子來舞的繽紛綵衣

塵封的妝鏡裡
依稀隱現你昔日的容以顏
蓮花樣開落著

　　你以仁慈的雙手和一顆悲苦的心
　　在歷史的灰燼上
　　刺繡著自己的肖像

　　正如德國詩人歌德在其《談話錄》中說過:「一個作家的
風格是他的內心生活的準確標誌。」〈註〉,此詩是源於羊令
野真情和本諸忠厚的寫照,揭示出其母親雖死猶生的深刻體
驗。詩裡有一個中心意象:「蓮花」和「肖像」,即便自己為
遊子讓失親之痛來燒,但母愛激起了詩人內心的激情暖流,
使回憶中母親的昔日容顏如蓮花樣開落著,是別出心裁的比
喻,也將永遠活在詩人的心中。其詩情的熱烈,雖受著思親
的折磨,仍渴望著與夢相聯繫,來寄托其悼念,也令人難忘。
再來這首〈薔薇啊!昂首〉,詩人描繪的形象是那樣叫我們驚
訝,以象徵、通感、意象等藝術手法。無疑,詩人寫的是一
棵有生命的薔薇,極具神韻:

　　夜陷於瞳睛的仰望,
　　環珮揉碎一廊屧響。
　　而貝齒咀嚼不出那婀娜一瞬;
　　時間之姿遂凝結在水晶簾上。

　　薔薇啊!以你多刺的手,
　　握住那滾地而來的旭日;
　　刺繡一個燃燒的早晨,
　　讓許多鳥語朗誦。

　　這薔薇含有渴望擁有堅貞的愛和為愛而犧牲的精神，詩人也把持著薔薇與紅日那種相守相愛的浪漫情調，從而體現一種生命意識與對薔薇的咏讚。羊令野曾在自序裡說過：「我盼望我自己，就是一枚貝葉，錄寫每位讀者的跫音。」這足以說明，他將寫詩作為自己生命的寄托。其中，也不乏吟咏大自然的讚歌；比如這首〈竹韻〉，語言澄空如鏡；可以說是對實有的景物的自由聯想，注情入內：

　　　蕭疏的竹影

　　　賦除了秋詩裡最精緻的句子
　　　那是一首激情的月光裝飾的秋歌
　　　讓向晚的風重複的朗誦
　　　彷彿是箏
　　　彷彿是瑟
　　　調弄悠悠杳杳的和音

　　這首雖是詠物，但其思想和感情的內涵卻十分豐富，在恬靜中展現出詩人對竹子觀察得很細膩，並使獨白的空域不斷延伸；而悠悠杳杳的和音趨使境界不斷提高，連同竹子內在的生命感也揭示出來了。最後，這首知名的〈紅葉賦〉，則把詩人內心的一種渴求和隱祕的願望展現得既真摯又有層次感，寫得細膩而委婉：

　　　我是裸著脈絡來的
　　　唱著最後一首秋歌的

捧出一掌血的落葉啊
我將歸向我第一次萌芽的土地

風為什麼蕭蕭瑟瑟
雨為什麼淅淅瀝瀝
如此深沉的漂泊的夜啊

歐陽修你怎麼還沒有賦個完呢

我還是喜歡那位宮女寫的詩
御溝的水啊緩緩的流
我啊小小的一葉載滿愛情的船
一路低吟到你的跟前

　　在這類詩作中，羊令野以出色的筆調濃墨重彩地「勾勒」
了紅葉之美；隨後，其生命也被創造成另一種形式而存在，
又何嘗不是一首富有靈性的謳歌自然之作。那小小的一葉載
滿愛情的船，願「一路低吟到你的跟前」，這裡，彷彿再次激
活了久已沉寂的詩人，在向自己的心靈深處掘進。又像是一
次充滿強烈的生命律動的展現，給人一種對愛情憧憬之情，
有多彩的意象。

　　羊令野的詩世界雖說是隱秘的，有的詩境精巧雋永，有
的詩境遼闊深邃；但不時給人以視覺上的美感，且音樂性強，
也進一步豐富和提昇了抒情詩題材的風格境界。而詩人的感
情更真誠、奔放，也給自己生活帶來了情趣和快樂。法國文

學家布封(1707～1788)說過：「風格即是人」。羊令野不僅是現代詩的積極倡導者，也是書藝的實踐者。從藝術上看，早期之作有古典詩歌的蘊育痕跡似偏重，而以後的作品，則能逐漸把古典詩歌的內在神韻融入作品，有一個不斷昇華的過程，終成為臺灣現代詩的集大成者。他詩風雅潔淡逸，已臻絕頂，更擁有一顆多才而溫柔的詩心；從而在辛鬱筆下的《我們這一伙人》書中，使讀者認識的羊令野成為獨特中的「一個」。他的詩化人生是用他的心血釀造出的一瓶味醇香郁的詩酒，也理應在臺灣新詩史上占據一個重要位置。

　　註：《歌德談話錄》，人民文學出版社，1978 年版。

　　　　── 2014.8.31
　　　　── 刊臺灣《臺灣時報》，台灣文學版，
　　　　　　2014.9.7

3. 彈響心靈的古琴

— 試析瘂弦的詩

摘要：瘂弦詩歌在意境美及音韻美方面都是詩歌創作的典範。本文對瘂弦詩的意境和藝術的追求作了探索。

關鍵字：瘂弦、詩歌、意境美、藝術

傳　略

　　臺灣詩人瘂弦（1932－），本名王慶麟，生於河南南陽縣一個農村家庭。隨軍輾轉來臺，入復興崗學院影劇系畢業後，獲分配到左營海軍廣播電台工作；同年與張默和洛夫創立「創世紀詩社」，發行《創世紀》詩刊，被認為是詩壇「鐵三角」。1966 年以少校軍銜退伍，並應美國國務院之邀，參加愛荷華大學「國際作家寫作計畫」訪問兩年；嗣後入威斯康辛大學，獲碩士學位。回台後，任《幼獅文藝》主編。1977 年起擔任台灣《聯合晚報》副刊主編長達二十餘年，並主講新文學於各大學。退休前職位爲幼獅文化事業公司期刊部總編輯、《聯合報》副總編輯兼副刊主任，現已移居加拿大。2001 年擔任臺灣國立東華大學創英所駐校作家，2007 年應香港教會大學之邀，參與「國際作家工作坊」，擔任駐校作家三個月。著有詩集及論述等多種，獲藍星詩獎、青年文藝獎、金鐘獎、五

四文學獎等殊榮。

詩　選

　　二次戰後，臺灣雖結束了日本殖民政府五十年的統治，回歸到國民政府手中；然而，由於國共內戰的失敗，1949 年隨軍隊來臺的文學青年不少。在那風捲雲湧的戰後年代，瘂弦開始將臺灣社會的變遷與近代史的縮影融鑄成詩。其中，某些詩歌能產生一種橫跨國境的接連，同時，也凸顯了最真實的底層社會面及悲憫。事實上，能奠定瘂弦在臺灣詩史上重要地位的作品，就是這本洪範版的《瘂弦詩集》。此書分為八卷，共收錄 88 首詩；書前有〈自序〉，書後附有王夢鷗〈寫在瘂弦詩稿後面〉、葉珊〈深淵後記〉二文，同時輯錄原在美國愛荷華大學出版的英文詩集《鹽—瘂弦詩選》（Salt）。細讀其中，主要詩篇大多為詩人內心深處的一種召喚和苦悶的氣氛中創作的。

　　瘂弦的詩是心靈之聲的交響，它摒棄浪漫主義對田園牧歌生活的歌頌，轉而將靈魂裡的淚水沉澱成無瑕的鹽；它承載著「鄉思」的小船，領我們去看望他的傷悲與惆悵。此外，還在錯落有致的節奏與和諧流暢的韻律中，以語言的機智與巧妙的聯結，造成一種精巧或幽默的抒情氛圍，這也就奠定了其現代主義的創作基調。而他力求掙脫面對過去歷史的枷鎖，探索著在詩的夢幻世界中求得精神的平衡。從題材上看，詩，似乎是瘂弦對現實生活的回顧與質詢，或者說，是努力嘗試體認生命本質的一種探索。實質上，詩人還擅長揭露底

層生活的陰暗面,將現代主義的心靈刻畫的淋漓盡致;並表現其至純的愛情,恰如在冷冷七弦上的一只古琴,等待知心人的彈響……。我們不妨舉瘂弦在 1957 年寫下的〈紅玉米〉為例:

宣統那年的風吹著
吹著那串紅玉米

它就在屋簷下
掛著
好像整個北方
整個北方的憂鬱
都掛在那兒

猶似一些逃學的下午
雪使私塾先生的戒尺冷了
表姊的驢兒就拴在桑樹下面

猶似嗩吶吹起
道士們喃喃著
祖父的亡靈到京城去還沒有回來

猶似叫哥哥的葫蘆兒藏在棉袍裏
一點點淒涼,一點點溫暖
以及銅環滾過崗子
遙見外婆家的蕎麥田

便哭了

就是那種紅玉米
掛著，久久地
在屋簷底下
宣統那年的風吹著

你們永不懂得
那樣的紅玉米
它掛在那兒的姿態
和它的顏色
我底南方出生的女兒也不懂得
凡爾哈侖也不懂得

猶似現在
我已老邁
在記憶的屋簷下
紅玉米掛著
一九五八年的風吹著
紅玉米掛著

　　相傳，南陽市土地肥沃，盛產五穀雜糧；家家都有蕎麥
的影子，自有畦隴。幾十年過去了，那像雪一樣的蕎麥花，
讓瘂弦永遠地印在他的腦海；而故鄉的紅玉米仍掛在宣統（註
1）那年的屋檐下，也掛在故鄉的詩裡。此刻，詩人如同凡爾
哈侖（註 2）心中始終保持著對故鄉寧靜的田野世界的印象。

回想起過去，1958 年 8 月 20 日，毛澤東簽署命令，對金門國民黨軍予以突然猛烈的打擊。8 月 23 日 17 時 30 分，解放軍炮兵開始炮擊金門國民黨守軍；8 月 24 日，炮擊才暫時平息。於是瘂弦慨嘆，詩中的童貞和親情，其中有喜悅，有渴望，有傷感，也有悲哀，是那些物欲味濃的詩無法與之相比的。在 2010 年 10 月 24 日，暮秋的細雨中，瘂弦終於回到了南陽，受到鄉親們極高的推崇。

　　瘂弦詩歌裡的現代主義風格意味著簡練，優雅，而不失親切。它能把抽象的精神現象和各種概念以具體的意象傳達出來。如 1964 年的經典之作〈如歌的行板〉：

溫柔之必要
肯定之必要
一點點酒和木樨花之必要
正正經經看一名女子走過之必要
君非海明威此一起碼認識之必要
歐戰，雨，加農砲，天氣與紅十字會之必要

散步之必要
溜狗之必要
薄荷茶之必要
每晚七點鐘自證券交易所彼端

草一般飄起來的謠言之必要。旋轉玻璃門
之必要。盤尼西林之必要。暗殺之必要。晚報之
必要

穿法蘭絨長褲之必要。馬票之必要
姑母遺產繼承之必要
陽臺、海、微笑之必要
懶洋洋之必要

而既被目為一條河總得繼續流下去的
世界老這樣總這樣：——
觀音在遠遠的山上
罌粟在罌粟的田裏

　　全詩寄寓頗多。從氣質中可以看到詩人的性情，它結合
內容與形式藝術所產生的抽象力量，如輕風揚波，是那樣深
邃又空濛，使人讀後有一種蒼茫中的新感性，這正是本詩的
魅力所在。此外，在詩歌創作中的抽象要素—如音韻、色彩
或節奏等，皆能直接穿透讀者的知性表層，從而勾起藝術直
覺的反應。當然，詩人的視野是寬廣的。他站在沉默裡，或
寓人生的悲哀，或感嘆時間奔流之無情，並渴望從廣漠中尋
找知音之影。詩的結尾，具有調和性的舒緩愉悅的審美情趣。
再如 1960 年寫下的〈水夫〉一詩，重在對現實人生作心靈感
悟，並非將底層人物的痛苦的宣洩，而是表現自然、社會、
人生的繁複與矛盾，從而表現自己的生命感悟：

他拉緊鹽漬的繩索
他爬上高高的桅桿
到晚上他把想心事的頭
垂在甲板上有月光的地方

而地球是圓的

他妹子從煙花院裡老遠捎信給他
而他把她的小名連同一朵雛菊刺在臂上
當微雨中風在搖燈塔後邊的白楊樹
街坊上有支歌是關於他的

而地球是圓的
海啊，這一切對你都是愚行

　　此詩的思想內涵是深刻的，它具有敏銳的穿透力。雖偏
於對現實的超越，也強調對現實存在狀態的關注；但在拆解
著詩人心中的話語模式時，可以體會到，這正是瘂弦從苦難
的社會，戰後的年代體悟出來的。與這首詩有相同特色的還
有 1960 年寫的〈上校〉，形象感強，並同樣滲透著瘂弦對戰
後殘障軍人的自嘲與自尊心的抗拒。他以調侃的口吻寫出對
鑄成戰爭的悲苦與沉重的聲調，反而讀來很有滋味：

那純粹是另一種玫瑰
自火焰中誕生
在蕎麥田裏他們遇見最大的會戰
而他的一條腿訣別於一九四三年

他曾聽到過歷史和笑

甚麼是不朽呢

咳嗽藥刮臉刀上月房租如此等等
而在妻的縫紉機的零星戰鬥下
他覺得唯一能俘虜他的
便是太陽

　　從全書看，瘂弦 25 歲以前的詩風，清俊雅麗，尤以浪漫、
調皮及獨特的語言意象，最令人沉醉。如他清新雋永的四行
小詩〈流星〉，堪稱上乘，寄情於物，又包含著某些人生哲理，
耐人尋味：

提著琉璃宮燈的嬪妃們
幽幽地涉過天河
一個名叫彗的姑娘
呀的一聲滑倒了

　　全詩描寫生動，格律悠揚，可說單純到無以復加的地步。
這就把視覺中，由繁星點點到一顆流星的匆逝之美，變成了
聽覺中的想像了，這是詩人的匠心體現。
　　這流星雖然生命力短，但它也在瞬間體現了自己的價
值，給人間帶來了愉悅的美感。再如，這首早期作品〈小城
之暮〉〈1956〉，把夕陽描繪得有聲有色，給人們呈現出一幅
神秘又動人的畫境：

夕陽像一朵大紅花，
繡在雉堞的鑲邊上；
小城的夕暮如錦了。

而在迢迢的城外，

　　莽莽的林子裏，
　　黑巫婆正在那兒
　　紡織著夜……

　　此詩可說是運用通感手法成功的範例，詩中黑巫婆的出現，體現為一種情趣或諧趣美，卻意外製造出一種織錦似的效果；意象既有明比，又有暗喻，詩味盎然。

痙弦：詩苑的奇葩

　　綜上所述，痙弦詩歌在意境美及音韻美方面都是詩歌創作的典範。歷來對於痙弦詩歌有各種不同的評論。而我認為，詩人擅用最適合於表現他內心隱秘和真實的感情的藝術手法，獨特地完美地顯示自己的精神境界。《痙弦詩集》是痙弦的代表作，是一本奇詩，一部心史；它出色地完成這樣的美學使命，也體現了他的創新精神。在他筆下，戰爭年代是不堪回首的，吸引詩人注目的是現實社會的各類人物，殘障的軍人、工人、馬戲的小丑、棄婦、水夫、甚至妓女等。尤其詩人描寫底層人物的悲苦和生存或春日、或秋歌，均有重要的美學意義。事實上，繆斯從來不曾棄絕於他，寫詩是那樣細細的、無時不刻地觸動他的心弦。儘管痙弦晚年已少創作，但永遠保持著心態的青春。品嘗一首好詩，也是一種心情、一種愉悅。本書的內容雖無法一一推舉，但我不能不承認書裡的藝術特色。這些詩篇就像冬季裡璀璨的星星，而我也熱切地期待，痙弦詩歌的進一步廣泛的傳播，以饗詩壇廣大讀者。

註 1.宣統〈1909－1912〉為清朝最後一位皇帝愛新覺羅溥
　　儀的年號，前後三年。

註 2.凡爾哈侖（Verhaeren）(1855-1916)出生於比利時的農
　　村，是給 20 世紀前衛文學潮流以巨大影響的詩人。

　　　　——2012.10.26 作

　　　　—— 刊美國《亞特蘭大新聞》Atlanta　Chinese
　　　　News，2015.12.4，B5 版，附加作者個人照。
　　　　http://www.atlantachinesenews.com/News/2015/1
　　　　2/12-04/b-05.pdf

4. 席慕蓉的詩歌藝術

【摘　要】：席慕蓉是近代中國詩史上影響深遠的女作家，其詩歌倍受讀者的青睞之因，在於其作品所抒發的細膩感人的真實情懷和對愛情的浮想聯翩，包羅萬有；在西方美學與浪漫思想的熔鑄下，透露出一種自然、清奇的氣逸。這裡，不想對她的思想傾向做進一步分析，僅想著重從其詩歌藝術本身，探索其對詩美的精湛創造和對新詩發展的貢獻。

【關鍵字】：席慕蓉，詩歌，藝術，浪漫思想

THE ART OF XI MU-RONG'S POETRY

ABSTRACT : Xi Mu-Rong is one of the women writers who has made a great impact on modern Chinese poetry. The true feeling and yarning for love expressed in her works are the main reason for gaining the admiration from her readers. Under the influences of Western aesthetics and romanticism, her poems reveal the tinges of natural freshness. This article concentrates on exploring the contribution of her creative poetry towards the development of Chinese modern poetry.

Keywords: Xi Mu-Rong, poetry, art, romanticism

一、傳　略

　　席慕蓉（1943－），蒙古貴族出身，生於重慶，就讀於臺灣師範大學藝術系、比利時布魯塞爾皇家藝術學院畢業，曾任教東海大學於美術系。著有詩集、散文集、美術論著等多種。她是近代中國詩史上影響深遠的女作家，其詩歌倍受讀者的青睞之因在於作品所抒發的細膩感人的真實情懷和對愛情的浮想聯翩，包羅萬有；在西方美學與浪漫思想的熔鑄下，透露出一種自然、清奇的氣逸。這裡，不想對她的思想傾向做進一步分析，僅想著重從其詩歌藝術本身，探索其對詩美的精湛創造和對新詩發展的貢獻。

　　席慕蓉對於詩藝，著重於風格境界的研究；在特徵上更多體現在浪漫主義精神同詩歌絕致的融合。所謂風格是作為詩美的內在層面，也就是晚唐詩人、詩論家司空圖所謂的「味」。這是寄於語言、形象之外的，以詩人的情意為中心所創造出耐人尋味的藝術境界。司空圖曾說：「文之難，而詩之難尤難。」，這句涵義是說，沒有詩味的作品，就像無煙雲映襯的禿山，既單調又無生氣。因此，沒有真實的思想感情，藝術上也是蒼白無力的。

　　而席慕蓉在詩藝上的貢獻，對民初以來迄今的現代詩來說，應該是與名家鄭愁予、余光中並輩的佼佼者。多年來，她的詩歌仍受到廣大讀者的喜愛之因，首要一點，正是她在詩作中有了獨特的思想感情、有「情真、味長、氣勝」的藝術感染力、抒情的音韻效果以及充沛的激情等因素，容易激起人們感情的共鳴。她也是個美術論者、詩畫家。早期的詩

歌裡有它獨自知道的別一個世界的憂傷與快樂；猶如一隻癡鳥，一邊唱著星月的光輝與小小的希望，一邊把自己柔軟的心窩緊抵著花叢上的枯刺，非到心血把雪地染紅她不住口。她曾自白：「寫詩，為的是紀念一段遠去的歲月，紀念那個只曾在我心中存在過的小小世界。」她的詩如空中之音，其妙處透徹玲瓏；情意宛轉，帶有空明超脫之境。亦可宏偉奇崛，意趣高遠；尤擅說情。作品中浸潤西方美學，兼具東方禪家色彩，常透出一種人生無常的「幽情單緒」。所以，她詩裡的痛苦與歡樂是渾成一片的。

二、浪漫主義精神同詩歌絕致的融合

且看詩人的這首〈我〉，寫得情味超逸，不著跡象：

我喜歡出發　喜歡離開
喜歡一生中都能有新的夢想
千山萬水　隨意行去
不管星辰指引的是什麼方向

我喜歡停留　喜歡長久
喜歡在園裡種下千棵果樹
靜待冬雷夏雨　春華秋實
喜歡生命裡只有單純的盼望
只有一種安定和緩慢的成長

我喜歡歲月漂洗過後的顏色

喜歡那沒有唱出來的歌

我喜歡在夜裡寫一首長詩
然後再來在這清涼的早上
逐行逐段地檢視
慢慢刪去
每一個與你有著關聯的字

　　當詩人文思勃發，把大千世界納入自己的藝術思維活動
之中時；我們還是會驚歎於詩人的睿智以及她對生活觀察的
細膩深刻。通過這首詩可以發現，她生存正處於漂泊的時期；
但詩人的愛情價值觀是對一種美好理想的更廣闊的追求。那
愛情的微妙與幻變無疑是詩人在東西方的美學碰撞中所開拓
出的一個純美、幽深、寧靜的藝術世界。

　　她是一位無與倫比的浪漫詩人。寫詩，也是跟自己進行
心靈的對話。比如〈為什麼〉一首，結尾處帶有較濃重的悲
傷色彩：

我可以鎖住我的心　為什麼
卻鎖不住愛和憂傷
在長長的一生裡　為什麼
歡樂總是乍現就凋落
走得最急的都是最美的時光

　　此詩既有真情，又有形象。雖不同於某些浪漫主義詩人

赤裸裸的吶喊和直抒胸臆，但我們不能把它看作一首單純的
愛情詩；因為，詩中已表現出席慕容為追求自由戀愛的勇氣
的形象。從主體上講，她的詩也採用了局部的象徵來表達自
己的思想感情，藉以獲得虛擬的一種精神上的昇華。如這首
〈致流浪者〉：

　　　總有一天　你會在燈下
　　　翻閱我的心　而窗外
　　　夜已很深　很靜
　　　好像是　一切都已過去了
　　　年少時光的熙熙攘攘
　　　塵埃與流浪　山風與海濤
　　　都已止息　年也終於老去
　　　窗外　夜霧漫漫
　　　所有的悲歡都已如彩蝶般
　　　飛散　歲月不再復返
　　　無論我曾經怎樣固執地
　　　等待過你　也只能
　　　給你留下一本
　　　薄薄的　薄薄的　詩集

　　　席慕容對世界各地豐美茂盛的大自然、山風與海濤以及
夜霧漫漫等視覺上的饗宴均留下深刻印象。然而最吸引她注
意力而反映在詩作上的，並非各種美麗景物等疊現情調的表
達，反而是詩歌藝術中抽象的朦朧情愫與時空感悟中的關
係。此詩當然有些絕望之感，但也表明了愛情的到來是要付

出寂寞的代價的。

　　再如〈七里香〉，也採用了含蓄的象徵手法：

　　　　溪水急著要流向海洋
　　　　浪潮**却**渴望重回土地

　　　　在綠樹白花的籬前
　　　　曾那樣輕易地揮手道別

　　　　而滄桑了二十年後
　　　　我們的魂魄**却**夜夜歸來

　　　　微風拂過時
　　　　便化作滿園的鬱香

　　內裡有無限悵然的弦外之音，結尾處，戀人的魂魄化作滿園的鬱香，是一種浪漫主義的美麗的想像，也是一種動人的象徵手法。接著，這首〈初相遇〉，描寫為愛情的誕生而忍受著等待的煎熬與狂喜。這也是完成於她自己年輕時生命的使命的時機：

　　　　美麗的夢和美麗的詩一樣
　　　　都是可遇而不可求的
　　　　常常在最沒能料到的時刻裏出現

我喜歡那樣的夢
在夢裏一切都可以重新開始
一切都可以慢慢解釋
心裏甚至還能感覺到所有被浪費的時光
竟然都能重回時的狂喜和感激

胸懷中滿溢著幸福
只因為你就在我眼前
對我微笑一如當年
我真喜歡那樣的夢

明明知道你已為我跋涉千里
卻又覺得芳草鮮美落英繽紛
好像你我才初相遇

　　此詩中落英繽紛，象徵詩人年復一年等待的心緒；而後來感覺好像回到初相遇，又象徵詩人開始甦醒的愛情又變得鮮明的靈魂。〈悲歌〉中也描繪詩人在悲傷的愛情中仍懷著一種茫然的愁緒：

今生將不再見你
只為再見的
已不是你

心中的你已永不再現
再現的只是些滄桑的

　　日月和流年

　　此時，詩人無不在追求理想，追求愛情，也追求藝術上的創新。但愛情的折磨，使她感到迷惘與苦悶。又如，她的另一首成名詩〈無怨的青春〉，這也許是詩人一段感情的回憶；更擴大之，也可以理解為愛情道路上徬徨後的心跡：

　　　　在年青的時候
　　　　如果你愛上了一個人
　　　　請你一定要溫柔地對待她
　　　　不管你們相愛的時間有多長或多短

　　　　若你們能始終溫柔地相待那麼
　　　　所有的時刻都將是一種無暇的美麗
　　　　若不得不分離
　　　　也要好好地說一聲再見
　　　　也要在心裏存著感謝
　　　　感謝她給了你一份記憶

　　　　長大了之後你才會知道
　　　　在驀然回首的一剎那
　　　　沒有怨恨的青春才會了無遺憾
　　　　如山崗上那靜靜的晚月

　　其實，席慕容詩的音樂美方面是下了功夫的。詩，對她而言，與音樂與美術都是同等同性質的；它都是詩人自身性

靈裡的特殊表現。比如這首〈樹的畫像〉，其錯落有致的節奏，
如詩人於風中吹奏的短笛：

> 當迎風的笑靨已不再芬芳
> 溫柔的話語都已沉寂
> 當星星的瞳子漸冷漸暗
> 而千山萬徑都絕滅蹤跡
>
> 我只是一棵孤獨的樹
> 在抗拒著秋的來臨

在這裡，詩人似乎已能因此開通思想，參悟到愛情其中
的道理。而〈非別離〉詩中：

> 不再相見
> 並不一定等於分離
> 不再通音訊
> 並不一定等於忘記
>
> 只為　你的悲哀已揉進我的
> 如月色揉進山中　而每逢
> 夜涼如水　就會觸我舊日疼痛

詩人已能想到自己的苦難別人也曾熬受過，那言語的風
兒一吹動，悲哀的夜色就憔悴。再如人們熟知的〈錯誤〉，婉
轉而輕柔，一如她的詩的基調，更具有一種雅致的悲傷味道：

假如愛情可以解釋
誓言可以修改
假如　你我的相遇
可以重新安排

那麼
生活就會比較容易
假如　有一天
我終於能將你忘記

然而　這不是
隨便傳說的故事
也不是明天才要
上演的戲劇
我無法找出原稿
然後將你
將你一筆抹去

　　總之，她對詩歌音韻美的追求與對真愛追求的執著，是應該肯定的。

三、席慕蓉：詩的繪畫師

　　席慕蓉在詩藝上的感人之處，還在於常以唯美的畫面創造出動人的意境，並講究詩行的排列美。她是詩美的高級繪

畫師和建築師。如這首〈畫展〉，字句跳躍輕巧，造成一種獨
特的美感力：

> 我知道
> 凡是美麗的
> 總不肯　也
> 不會
> 為誰停留
>
> 所以　我把
> 我的愛情和憂傷
> 掛在牆上
> 展覽　並且
> 出售

　　可見，她也是為排得長短錯落有致而經常苦吟的。接著，
這首膾炙人口的〈鄉愁〉，詩情與意境的表達形式渾然一體，
是那樣自然貼切：

> 故鄉的歌是一支清遠的笛
> 總在有月亮的晚上響起
>
> 故鄉的面貌卻是一種模糊的悵惘
> 彷彿霧裏的揮手別離
> 離別後
> 鄉愁是一棵沒有年輪的樹

　　永不老去

　　席慕容詩歌的另一特色，是它的形象化和多種修辭手段的運用，因而使人感到多彩多姿，富有質感。此詩感情是真摯而深沉的，最後一句，更渲染了鄉愁中憂傷靜謐的氣氛，給人們的官能上造成一種縈迴的旋律感。

　　過去的詩評家，大多針對席慕容反映生活和抒情狀物的特點、多種藝術手法的運用、清新婉約的藝術風格等方面做一分析。然而，席慕容的詩歌，在情景交融的描繪方面，也並非一種格式。像這首被唱紅海內外的〈出塞曲〉，是從情到景，又從景到情：

　　　　請為我唱一首出塞曲
　　　　用那遺忘了的古老言語
　　　　請用美麗的顫音輕輕呼喚
　　　　我心中的大好河山

　　　　那只有長城外才有的清香
　　　　誰說出塞歌的調子都太悲涼
　　　　如果你不愛聽
　　　　那是因為歌中沒有你的渴望

　　　　而我們總是要一唱再唱
　　　　想著草原千里閃著金光
　　　　想著風沙呼嘯過大漠

　　想著黃河岸啊　　陰山旁
　　英雄騎馬啊　　騎馬歸故鄉

　　這首可以說是蘊聚著濃郁感情的長幅畫卷，詩中，展示了一幅廣闊的畫面；而詩人確如一個握著多色畫筆的畫家，把懷念中國大好河山、懷念故鄉的草原牛羊和各種英雄人物的動作神態都展現出來了。

　　身為一個詩畫家的席慕容，想像，恐怕是她最寶貴的財富了。在意象的選擇和運用方面，西方的意象派詩多是一組組獨立的意象，並不刻意追求藝術境界的完整；而席慕容則是想要融合中國古典美學所說的那種「意境的深邃完整」的藝術境界吧。比如這首〈藝術家〉，詩人用一組色調憂鬱的印象來表現自己的苦痛的情景，這些意象的創造和組接都是很有韻味的：

　　你已用淚洗淨我的筆
　　好讓我在今夜畫出滿池的煙雨

　　而在心中那個芬芳的角落
　　你為我雕出一朵永不凋謝的荷

　　浮生若夢
　　我愛
　　何者是實　　何者是空
　　何去何從

　　同樣用的是意象的組合和剪接的經典之作，還有這首在
1980 年 10 月間寫下的〈一棵開花的樹〉：

　　　　如何讓你遇見我
　　　　在我最美麗的時刻　為這
　　　　我已在佛前　求了五百年
　　　　求他讓我們結一段塵緣

　　　　佛於是把我化作一棵樹
　　　　長在你必經的路旁
　　　　陽光下慎重地開滿了花
　　　　朵朵都是我前世的盼望

　　　　當你走近　請你細聽
　　　　那顫抖的葉是我等待的熱情
　　　　而當你終於無視地走過
　　　　在你身後落了一地的
　　　　朋友啊　那不是花瓣
　　　　是我凋零的心

　　表面看來，似是詩人對美好愛情的追求，然而卻不是如
實地描寫，而是一種象徵和暗示，表達了一種對愛情追求那
可遇而不可得的惆悵情懷。意境是一種情景交融的藝術境
地，尤著重於客體物。比如這首〈異域〉，道盡了席慕容在比
利時留學歲月的孤寂情懷：

於是　夜來了
敲打著我十一月的窗
從南國的馨香中醒來
從回家的夢裡醒來
布魯塞爾的燈火輝煌
我孤獨地投身在人群中
人群投我以孤獨
細雨霏霏　不是我的淚
窗外蕭蕭落木

　　這其中情象流動的跳躍性，如細細揣摩，就可以使人去
更多地咀嚼回味。在古今優秀的詩篇中，不變的是，感情總
是和鮮明生動的具體藝術形象結合著。我認為，在席慕容的
詩作中，溫婉真摯的、感情，總是和清麗多彩的生活畫面、
具體可感的藝術形象融為一體，形成她別具一家的風格。無
疑，以其多彩的筆觸已為我們打開了一個繽紛的詩藝世界。
探究其詩，對文壇的繁榮應會有促進作用的。

── 2013.5.20

── 刊內蒙古《集寧師範學院學報》，第 37 卷，
　　總 130 期，2015.9.頁 27-30。

http://d.wanfangdata.com.cn/Periodical/jnszxb20150
3006 萬方資料知識服務平臺

5. 夜讀鍾玲詩集《霧在登山》

　　鍾玲（1945-）是跨越臺、美、港三地的著名學者，更是擅長小說、散文的作家，也是在文學之路上跋涉的詩人。在她第二本《霧在登山》的詩集裡，人們從中可以不斷地揣摩其內心深層情感的秘密；也可以看到她對九位古典美人的造像與遐思，其中的後記與箋注，是極有見地的。此外，還有為她敬愛的人及緬懷遊地景物等創作。豐富的內容和優美的詩的形式的結合，讓我看到的是一個孤獨的愛情守望者，在細雪的窗前感受著寂寞，在與心徘徊之後是渴盼恆定的力量和內心如秋葉般詩意的柔情。或許只有她自己才能深悟到行走中的痛苦，才能聽得見摯愛的人毫不留情地踏向死亡的足音。走進她一生感情的城池的疼痛，也促使她活得更加豐實且更有意義。現就我感受最深的幾首詩作略談體會。

　　首先是寫詩應有自己的深刻體驗，應全心地投入詩的構思和感受創作的過程。在她1999年十月寫下貼近現實，關注民生的〈安魂曲─致九二一地震的死難者〉，她感慨萬端，因而賦詩一首。其所表現的是她詩歌創作中的新的高度，是其崇高人格和堅強生命力的放射。此詩曾由名作曲家黃友棣與賴德和分別譜成曲：

　　　世界末日的震動晃醒你
　　　意識方脫離夢境

磚塊石塊已經壓上身
打破你的頭、折斷你的腿
壓碎你的肋骨你的心
飛來的黑色死亡
像巨大的隕石壓下
願親人長流的淚水
洗淨你滿身的傷口
願兩千萬人的心酸心痛
沖淡你孤獨承受的驚恐
如果這個島的罪孽深重
重如堆在你身上如山的石塊
你替我們大家承受天譴
你累世的路
今生最崎嶇
可以起程了，不要驚怕
前面是明亮的坦途

　　這可說是一首表達對社會悲憫的詩，而死難者意象象徵
著人生的生存的本質，蘊涵著玄思和感慨。來自成長於臺灣
的鍾玲的那份真摯與同情，卻不時流露出同胞間一種高貴的
情操──彼此關懷，令人仰視。且讓死難者生命與死亡在同
一墓中歇息，靈魂得以平靜，這正是鍾玲詩意之所在。

　　詩人自是多情客，高雄家鄉草木、異域風情等皆成為她
詩歌中的華彩樂章，表達出她的感事傷懷。鍾玲認為，人是
覺醒－成長－成熟，然後得到智慧。人的身體卅歲就開始衰

退，但內心可不斷年輕和成長。它的啟示性是顯而易見的。雖然世人常道，鍾玲是個女強人。其實，她是個摯愛文學、做事極認真又感情執著的人。她自小希望能表現具有偉大抱負、廣闊視野；表現不倦地寫作精神、嚮往追求愛與美的崇高。而這種感情和風格，是體現出詩人一生的美學追求。如2001年秋，鍾玲寫下的〈你駐足的草地〉一詩，是為前夫名導演胡金銓上墳後而作：

> 來到這片你駐足的草地，
> 坐下遙望煙籠的洛杉磯，
> 你近到可以觸及我的手指，
> 卻遠隔一千個明暗的日子。
>
> 想到你飄盪而鮮明的一生，
> 由北方的古都到南方的海域，
> 你的映像照亮五湖四海，
> 最後落腳煙籠的洛杉磯，
> 暮色四合中追逐一個夢想，
> 一個夢，刻畫異鄉人的飄盪。
>
> 一股力量催我來這片草地──
> 那十年同行、十年的糾結，
> 來整理兩人之間千絲萬縷：
> 什麼是以為付出其實收受，
> 什麼是以為脫離其實滲透。

來到你最後駐足的地方 ——
一片片碑石平鑲草地上
像千萬片巨廈的玻璃窗，
躺著望去一片也看不見，
一個名字一個日期也看不見，
你真的已經融入風景，
正像你鏡頭下的畫面。

穿越朝鮮看外景那年
你教我用眼睛框架山水；
二十年來你的色彩和構圖、
你的叮嚀、滲透我的生命。
這一刻、在這寧靜的下午，
我依然用你的品味四顧。

我來到這片幽綠的草地
探訪到寧靜自得的你，
那不寧靜的出了遠門。

　　詩人目光東流，靜靜地坐在空寂之外；想像自己遇到了
前夫並與之交談。她看著記憶，與時間並肩行走……。詩中
有幽綠的草地、由北方的古都到南方的海域、巨廈的玻璃窗、
穿越朝鮮，意象的轉換幅度大，時空跳躍強，傳達出一種哀
思和憂鬱。越是在現實的世界裡，越是感到個人的無助與徬
徨，精神的困境因此而生。此刻，詩人的影子是靜的，只沉
浸在回憶與現實、自然與時空相交融的境界裡，其身姿也是

孤獨的。在靜穆的沉思中，她的心靈展開翅膀輕柔地在幽遠
的時空裡翱翔。而最後一段有兩層意義：一方面，象徵著死
亡，再者也有靈魂洗淨之意。這兩個意義是一體兩面。詩人
把幽綠的草地在時間上拉長，使節奏慢下來，類似電影中的
高速攝影所製造出來的慢鏡頭。這時詩人的心裡已被寧靜的
陽光曬暖，於是，她發現了自己未來該走的路。當年情感失
意時，鍾玲也曾在學佛、探求智慧的過程中了悟到，那深藏
於內心的律動與在夜空中的憧憬，原本都是未完成的生命形
式。於今，她以往對心靈的信任，現已轉為佛教精義的信心。
此詩雖讓人看到「美麗得使人痛苦」的瞬間，但也有著禪家
智慧的妙語。她想像中的前夫已然獲得了寧靜，回到豐足永
恆的世界了。

　　中年以後的鍾玲，是個人教學與創作的強力放射時期。
她在 2004 年七月寫下的〈陌地生故居〉一詩的背景，據其自
述是在 1967-1972 年間於陌生地（Madison）就讀威士康辛大
學研究所，在那裡，她經歷過苦讀與情感的風暴。三十多年
後，詩人再度回到陌生地故居，有感而作：

　　　細雨怎會那麼黏人？
　　　不像記憶中爽身。
　　　我不得不踏著雨向南
　　　回到小紅樓前面。
　　　三十年前就是座老木屋
　　　如今竟一點也不肯傾斜，
　　　依舊棗紅同樣的棗紅。

細雨靜靜裹住各式折騰：
第一次心悸，第一次心許
第一次折磨自己的淚水，
接下去是半甲子重複
心悸心許和淚水。
紅樓是一種循環的起點。
我看見一個女孩爬出前窗，
後門正激烈地搖晃，
她逃離的是生命的強烈。
有一天當我不再逃離，
我將打開門穿入小樓
走進茫茫的細雪。

　　這裡，暗示著詩人在喧嘩與回憶中的內心苦悶與孤獨。
鍾玲自美國威斯康辛大學取得比較文學博士學位後，1972 年
起曾在紐約、臺灣、香港等名校任教。此詩含蓋在她讀書時
的青春勃動期，充滿著對人生、愛情的美好嚮往，也有著青
年人的憂鬱和悲傷。她把自己最天真純摯的哀愁與熱情全注
入到喜愛的詩中，她的愛又是真誠的，深沈而傷感的。誠然，
詩歌理應借景抒情，托物言志。鍾玲也用歌聲親吻著陌地生
故居，她對昔時的生活與往事，縱是痛苦與歡樂參和著，又
是那樣懷念；所以說，沒有愛就沒有真正的詩人。

　　在這瞬息萬變的世上，鍾玲認為，她是靠自己堅強的個
性，想做的事就一定能做到，亦肯定世間存有真實的愛情。
如詩人在2008年6月寫下的這首〈太陽的面貌〉，讓讀者了解，

影響詩人一生的情感世界就存在於兩個重要的人之間：

> 我的世界有兩種太陽
>
> 有一個人雖然在遠方
> 卻恆久給我力量
> 溫暖我，用他對世界灑下的光熱
>
> 穩定我，像不動的太陽
>
> 有一個人
> 他的心總是在遊走
> 卻循著一定的軌跡
> 試探我，以變幻不定的光芒
> 扶持我，像風推動飄帆
>
> 這個宇宙有無數太陽
> 隱藏在心的深處
> 我們看不見的地方

　　鍾玲把感受和思考意象化，是此詩的核心；同時，亦將世俗和精神的愛混合起來，以證實自己對愛的哲學見解。當然，說它內裡寓含著對一位傑出的胡導演的悼念，是不可否認的。而與余光中師生間的知遇之情，是那樣真切感人，也是真實生活的寫照，從而將具體的形象與幻想化的精神融合，創造出富有張力的意象。鍾玲自己一再強調，她原來就

想好好當一個作家。她的思想敏銳而寬廣，很顯然地，此詩
的藝術情境也是展示得成功的。

　　　　　　　　── 2013.2.23

　　　　　　　　── 刊臺灣《海星詩刊》，第12期，

　　　　　　　　　　2014.06夏季號，頁15-19.

6. 從孤獨中開掘出詩藝之花
── 淺釋《艾蜜莉‧狄金生詩選》

摘　要：艾蜜莉‧狄金生被譽為「自但丁以來，除莎士比亞之外，西方最具原創性的詩人」。她的詩歌凸顯了孤獨中的靈魂慰藉，呈現出單純的內心獨白與真樸的睿智，從而對世界文學做出了貢獻。

關鍵字：艾蜜莉‧狄金生，詩人，孤獨，意境

傳　略

艾蜜莉‧狄金生（Emily Dickinson 1830－1886）一個響亮而有力度的名字，生於美國麻州小鎮。其父為執業律師，曾是當地的望族；因一時經濟拮据，不得已賣掉了祖產的磚房，喬遷到一間木造屋，狄金生的三兄妹都在那裡出世。生前只發表過 10 首詩的狄金生，感情內向，不喜露面。她是大自然的女兒，因而，她的許多詩歌始終和生態、愛與存在的鄉愁緊緊相連。她也溯源追尋死亡和永生，而這些主題也反覆出現在她寄給朋友的信裡。年輕時，她在安默斯特學院

（Amherst Academy）學習了七年，此後，又在霍約克（Mount Holyoke）女子學院度過了一段短暫的時光，最終返回到位於安默斯特的家中。狄金生開始對人生的種種煩惱和孤獨狀況進行了詩意的再現與挖掘。其詩風簡煉而富意境美，譬喻尖新；既有具象的嘲諷，有時也用調侃式的語氣，寫出那獨特的畫境。

身為一個孤僻的女詩人，狄金生晚年很少邁出自己家門一步，因此，與友人間都靠通信維繫。她一生共寫了 1800 多首詩，善於運用反思維調動詩行，充滿了哲理性和思辨性；但僅有十幾首在生前獲得了出版。直到狄金生逝世後，其妹妹拉維尼亞才發現了她藏匿的作品。在她死後近七十年才得到文學界的認真關注，被現代派詩人追認為先驅。艾蜜莉‧狄金生也被譽為「自但丁以來，除莎士比亞之外，西方最具原創性的詩人」。她的詩歌凸顯了孤獨中的靈魂慰藉，呈現出單純的內心獨白與真樸的睿智，從而對世界文學做出了貢獻。

作品的哲思與情趣

對狄金生詩藝詩美的探索，是貫穿這本《艾蜜莉‧狄金生詩選》的一根紅線。拜讀這部詩集，除了深深感佩董恆秀敏銳準確的藝術洞察力和藝術感受力以外；也為賴傑威譯者對狄金生詩歌所做的序文更有精到的評析而感動。在這本精選的六十首作品中，採中英對照呈現。內容包括對狄金生的寫作技巧與詩學的探討並附有狄金生生平詳介與校訂年表，以及對每首詩歌的短評寫得精彩是最大特點。除得益於他們

兩位精湛通博的學術功力和求真求是的研究態度外，還得益於對狄金生詩學的真知灼見。總的看來，狄金生的創作之路是從孤獨中開掘出詩藝之花的。而此書裡的詩歌最突出的特色，是以純真的情懷，唱出的生命之歌。更可貴的是，她善於捕捉瞬間的靈魂閃光，哪怕只是短小的生活片斷，都能使情感之河泊泊湧動。此外，她還善於以哲理性的語言去揭示生死的超脫和對人生中孤獨處境的逆向思考，從而增加了作品的力度。

如這首〈在路上獨自漫遊的小石頭〉，寫得很集中精煉。內裡所觀境不是一種孤絕，而是富有情趣和幽默感，能激起讀者更深的思考：

> 在路上獨自漫遊的小石頭
> 是多麼快樂，
> 既不憂事業，
> 也無懼急務 ——
> 素樸的棕色外衣上
> 隨意披著路過的宇宙，
> 自主若太陽 ——
> 結友或自愉，
> 順應天理
> 以儉樸之道 ——

當然，這種帶有浪漫色彩偽裝其叛叛的基調；已不是單純的對生存環境的揶揄，而是把對詩中說的這塊小石，不屑

與功利主義者為伍，只在宇宙路過它時，才願意將之隨手披上；內裡能把追求儉樸之道，去洗掉一切偽善虛榮的毒素的精神滲入其中。實際上，狄金生在經過種種社會和心理的衝擊之後，一如蟬蛻般脫掉那些離開社會需要也離開詩的本體要求的陳舊外殼，而開始嚮往新的簡靜生活以走向新生。如〈一陣暴風雨擣碎了空氣〉，正是有了這種信念，詩人才能保持孤高和簡樸，甘心與自然為鄰，繆斯為伴：

　　一陣暴風雨擣碎了空氣 ──
　　疏雲瘦骨嶙峋 ──
　　一抹黑雲似幽靈的斗篷
　　遮蔽天與地。

　　群魔在屋頂咯咯獰笑 ──
　　空中呼嘯 ──
　　揮動拳頭 ──
　　咬牙切齒 ──
　　狂甩亂髮。

　　晨光照射 ── 雀鳥醒躍 ──
　　妖怪凋萎的眼睛
　　遲緩地望向他的故鄉 ──
　　啊，寧靜就是樂園！

　　這首詩是把周圍的暴風雨的襲擊與退去戲劇化，烘托得很真切，使人有身臨其境之感。

　　正因狄金生常以新奇的目光看大自然的生息，也用了不少現代詩常用的藝術手法，如意象的選擇或象徵的運用。其中，詩人嚮往著一種恬淡美好的禪境，但更多地是在寫自己的「悟」。如〈夏日遠逸〉，就很有代表性，寫得很輕盈雋永：

　　　　夏日遠逸
　　　　悄然如憂傷離去 ──
　　　　如此纖靜難覺
　　　　不像是背信 ──
　　　　午後已感薄暮微光靜透
　　　　一種濃厚的寂靜，
　　　　或是大自然消磨
　　　　隱居的下午 ──
　　　　黃昏早臨 ──
　　　　晨光陌生 ──
　　　　像急欲離去的客人，
　　　　那種多禮惱人的風度 ──
　　　　就這樣，無需翅膀
　　　　或小船勞送
　　　　我們的夏日飄然逃逸
　　　　進入了美之地。

　　這是寫夏日感悟的詩，現實即便是孤獨，等待和守望也毫無結局；但是，詩人卻從夏日飄然逃逸中，悟出了某種禪

機。原來：自然會有更替，美麗總是短暫的。詩人本是淡泊的，又何必去為昨日猶糾結的憂傷而懊惱或去追求為愛而轟轟烈烈的聲響呢！

記得印度詩人泰戈爾（1861-1941）曾說：「藝術家是自然的情人，所以他是自然的奴隸，也是自然的主人。」（註1）狄金生也忘情於自然，追求返樸歸真。雖然十九世紀美國文評家希更生（Thomas Wentworth Higginson）不懂狄金生詩篇的原創，令人愕腕；然而，狄金生自二十歲起就已理解到她之為詩人的天命。這部詩集中，有許多曲折迂迴的表現方法，或隱喻，或象徵，或嘲諷，或造境，詩人都想創造出一種純淨的詩美，力圖擺脫功利性。如這首小詩〈無法知道曙光何時來〉，至純，至淨，映照曙光或者神的啟示的降臨，是如鳥羽般輕靈，還是如岸濤般拍擊而來？這也是對污濁塵世的一種否定：

　　無法知道曙光何時來，
　　我打開每一扇門，
　　是如鳥有羽，
　　還是如岸有濤 ——

詩人早期作品中也曾質疑過宇宙的創生者和統治者 ——神 —— 的慈愛，並大膽地將之視為苦鬥、申斥的對象。因而對自然界裡到處充滿的死亡與磨難，能很快轉換成藝術想像。如這首〈任何快樂的花朵〉，詩裡有她深刻的喜悅和灰色的絕望交織的複雜心情。詩人把愛的神秘、驚恐和幸福感化

為一種心靈的反光，去揭示出對人生、社會、神的觀點和認知，也可說是情境的反諷：

> 任何快樂的花朵
> 似都不感驚異
> 在它嬉戲時，白霜將它斬首 ——
> 以偶然的力量 ——
> 白色殺手繼續走 ——
> 太陽無動於衷依舊運行
> 為了替一個表贊同的神
> 區劃另一天。

　　如果說重意境和語言的形象性是一般詩歌的重要特徵的話，那麼重意象和情感的嫁接跳躍則是狄金生詩的特點之一。清秀而外表嚴謹的狄金生喜歡長年素裝，始終擁有詩人的氣質，連他的日記、甚至書信也都充滿了詩味。29 歲的她，在書信中曾透露了喜愛獨居和對做一個家庭主婦的不自在；而其一生的感情世界和隱居的關連，也總讓人無限遐思。如這首〈沒有戰艦像書卷〉，是狄金生生活中的真正的形象，用永恆的真理顯現出閱讀一本書或一首詩的力量，寫得比較大氣和有力度：

> 沒有戰艦像書卷
> 領我們航向遙遠的國土
> 也沒有駿馬像頁
> 跳躍奔馳的詩篇 ——

　　最窮的人也可以做此遊 ——
　　不用負擔過路費
　　乘載人之靈魂的戰車
　　是多麼儉樸。

　　此詩從另一側面來看，則表現了狄金生傲世不群的生命力；其奔馳的想像力也與空間時間相一致而取得了永恆，讀來給人一種豁達清爽之感。在 1870 年 8 月，希更生第一次造訪狄金生後，他寫給妻子信中轉述狄金生說過的一句話：「如果我讀到一本書，它能讓我全身冰冷到任何火燄都不能使我溫暖，我知道那就是詩。又倘使我肉體上感覺到彷彿我的頭頂被拿掉，我知道那就是詩。這些是我僅知的方式。還有其他的方式嗎？」（註 2）從這裡可以看出狄金生勇於逆向思考的藝術叛逆性。再如這首小詩〈凝望夏空〉：

　　凝望夏空
　　即是詩，它未見於書中 ——
　　真正的詩飛逝 ——

　　這寂靜、優美的藝術境界，自然是詩人所嚮往的心靈「清淨」境界；這也是此詩玲瓏剔透的根源。

　　狄金生自 1860 年開始隱居，除了 1864 年，因眼疾而前往波士頓接受七個月的治療外，幾乎足不出戶。這首〈心靈選擇了她的社群〉，具有某些神秘色彩，是生命感悟體現最為集中之處。作為一生與詩為伴的人，其心靈即為帝王；對詩

神繆斯的共同崇敬，其中隱含哲理思考是不言而喻的：

　　心靈選擇了她的社群
　　然後 ── 深鎖門扉 ──
　　毋需再向她的神聖選擇權
　　薦舉人選 ──

　　心堅靜，就算見到馬車暫停 ──
　　在她簡陋的矮門邊 ──
　　心堅靜，就算是帝王下跪
　　在她蓆上 ──

　　我曾見她 ── 從一廣大國家 ──
　　擇取一個 ──
　　然後關閉她目注的門閥 ──
　　如默石 ──

　　狄金生是一個喜愛閱讀及孤獨寫作的人，正因經歷過多少風風雨雨和受盡苦戀的折磨，但最終還是選擇了一個寧靜地並埋首於詩作，向後世展示出她的執著與純真。如這首〈我喜愛烈痛的臉孔〉，詩人滿懷激情、揶揄地描寫了有些人不善於誠實地面對自己的情感，唯有等到在烈痛或將死前才可能做到。在今天看來，這應是詩人自己悲苦生活的真實寫照：

　　我喜愛烈痛的臉孔，
　　因我深知其真實 ──

人不假裝抽搐，
或佯裝劇痛——

當目光呆滯——即是死亡——
無從偽裝
額上汗珠
真樸的苦悶串成。

　　此詩讀來自由流暢，讓人在靜靜的思索中，感受到詩人
感情浪潮的衝擊。由此，我們看到詩人感情的抒發，都離不
開文學的第一要素——語言。關於狄金生對信仰與人生的苦
悶與愛的追尋與精神的解脫，由這首四行小詩〈愛〉，或許從
中可看到她對「愛」這個字進行了精心的構建：

愛只能以自己衡量自己——
「我與我同大」——試著向從未
感受太陽的烈焰者說太陽是什麼——
它自己是它唯一的準繩——

　　狄金生用自己的藝術實踐使「愛」這一詩體獲得了新的
詮釋：愛是它自己唯一的衡量。其中愛情帶給她的痛苦與歡
喜，或渴望與傷感，含有無限深意。而最能代表她對死亡與
永恆之間的探索的當是這首被稱讚的〈就像我們愛坐在死者
身邊〉，在狄金生身上也有一顆勇敢的種子，那就是「愛」。
此詩則體現使理與象、與情結合的諧趣美：

就像我們愛坐在死者身旁
他們變得無上珍貴 ——
就像我們極力要爭回失去的
雖然其他的都在這裡 ——

我們用破碎的算術
評估我們的獎品
對我們如豆的眼睛
它漸逝的比例 —— 巨大無比！

　　內裡暗喻著人要珍惜當下，因為生命不能重新來過，為
何要等到失去或死亡時才懂得珍惜呢？狄金生的諷刺詩的創
作雖不如抒情詩量多，但影響也不小。不過她的晚期之作，
已不似早期那樣與神〈或稱上帝〉處於敵對狀態。如這一首
〈除死亡之外〉，同樣給人一種藝術快感，這種快感就是帶有
俏皮的諧謔美。再加上它對死亡的坦然與不排除永生的信念
了，理應受到人們的關注：

除死亡之外，餘皆可予調整 ——
朝代再興 ——
體系 —— 安置在他們孔上 ——
堡壘 —— 瓦解 ——

生命的荒漠 —— 被繼來的春天 ——
再次播種了色彩——
而死亡是其自身的特例 ——

身處變遷之外

這是詩人在苦心尋找思想和情感飽和交凝的聚點。狄金生對詩歌要求謹嚴、脫俗，正由於她在藝術上有著自己獨立不依的追求，所以才能成為偉大的詩人。最後是以幻想和擬人化手法，寫下這首〈她飛向明亮的東方〉，這是在狄金生母親過世之後而作：

> 她飛向明亮的東方，
> 天堂的弟兄們
> 接引她回家，
> 沒帶另一雙替換的翅膀，
> 或是愛之方便物，
> 就這樣被吸引走。
>
> 想像她現在是何光景，
> 推想她過去的模樣，
> 我們認為我們在做夢 ——
> 這樣就會使那些漫無目的的日子
> 淡逝化於無形
> 在已不是家的家。

狄金生的母親因中風而臥病七年期間，多由狄金生傾力照料。在這裡，詩人表達了失親後才真正體會到「沒有母親」的苦味，並以此詩向母親表達強烈的思念與關懷。那種直透天國的目光使詩歌所達到的思想高度，就已具一定的意義了。

狄金生：神秘而隱逸的行者

　　這本詩集是耐人尋味的佳品，只有細細揣摩，才能體會到狄金生從孤獨的行吟到獲得靈魂的新生的過程。我們以此來閱讀狄金生的詩作，不難發現，她是個神秘而逸靜的詩人。在 1862 年這一年裡，是她創作生涯裡最豐盛之年，共寫了 366 首詩。其中不但充滿了奇妙的聯想和豐富的想像，而且更可以窺見，在她想像力的支配下，所運用的多種藝術方法，這就給作品帶來了獨特的藝術魅力。儘管她也寫了些諷刺詩，較為明朗和犀利；但可貴之處，是她總是不自覺地把自己的個性融入了詩作。寫詩可說是狄金生為釋放心中的焦慮或說是發抒情感壓力的一種方式。語言都是言既無盡，意又無窮，而這也是她內心的潛台詞。

　　這位神祕而隱逸的行者，可惜在她的母親於 1883 年去世時過於憂傷，加以她最疼愛的侄子也死於傷寒，年僅八歲。狄金生在悲痛之餘，因而病倒。原本醫生診斷為「精神衰竭」，也可能是腎臟炎發病，總之，就在她重病三年後竟奪走了她的生命，身後葬於她父母墓旁。對狄金生而言，她要讀者親自去感受她所經歷的種種情感，無論是充滿著愛或自責的感情，或是恐懼、驚異和困惑，我們從中都可以體會到一種情緒上的消長和抑揚頓挫。她也是個追求榮譽與為真理而獻身的歌者，其一生心志雖說相當不可思議，甚至連她的兄長都表明了狄金生十五年從未踏返家門的事實。但她從不是個素樸的詩人，而是能領會世間的真與美、善與惡的哲人。其詩

中展現的心境，特別是在信裡的感情是那樣真實和迫切。後人雖不清楚她為何絕世獨立？又或許狄金生認為，生活才是最高的藝術；而想要對她進一步瞭解的讀者，無疑地，此書的結集已取得了可喜的成績；不但使人從其詩作中領略到狄金生大半生的心靈歷程，且可讓人感受到其獨特的哲思與情趣之美。在這裡，我已聽到詩人心靈中那以生命與世俗博鬥的強音，相信在二十一世紀內，在詩人們、評論家、編輯家的共同努力下，在狄金生詩歌愛好者的支持下，迪金生的心已和大自然的融合中獲得了永恆的平靜。

註 1.泰戈爾著，《生如夏花泰戈爾經典詩選》，臺北，
　　遠足文化，2011.12，頁 99。
註 2.《艾蜜莉‧狄金生詩選》，譯/評：董恆秀、賴傑威，
　　台灣，木馬文化出版，2006 年 11 月，頁 345-346。

── 2013.3.15 作 5379 字
── 刊臺灣《大海洋》詩刊，第 90 期，
　　2015.01，頁 120-124。
── 刊中國《大江詩刊》創刊號，2014.11。

7. 抒情詩的創造性

── 讀林文義的《旅人與戀人》

　　林文義（1953－）是臺北市人。著有散文三十餘冊及小說、詩集等多種，2013 年獲「中國文藝獎章」散文獎等殊榮。他對文學始終懷抱熱情，細讀《旅人與戀人》這部抒情詩集，發現他不僅散文寫得雅致，其抒情詩也豐盈美麗。正如詩人在簡介中所說，他散文行世三十年後潛心小說，五十三歲習詩，以此詩集叩問幸福之義；這是自謙，也是對愛情、對充滿希望的人生的嚮往。詩人從生育他的臺灣風景線中採擷詩情，正如初綻之櫻吸吮著大地的雨露；詩人也漫步於神州、京都、伊斯蘭與威尼斯等的多彩土地抒發情懷，又像蒲公英白色的種子飄飛於天涯。因此，詩人從夢底蒙古草原到極光之鄉，從錦小路到愛琴海岸，都留下了美好的詩篇。

　　他的詩形象準確，也是多彩的，舉凡異國的山川文物皆入秉異之懷，正如一幅幅緋紅燦放的彩畫，給人一種繪畫美。如 2005 年發表的〈港邊旅店〉，雖然其思想有著天生的樂觀主義精神與詩裡所透露出傾往真情之間存有某種哀愁的矛盾；然而，文字中不僅聯想力豐富，思路從南方港市寄旅的陌生城市一下子靠到了與戀人的幽然相思，聲籟華美，具有濃郁的鄉情和撥見靈魂深處的敏感；而且揮筆成文，讓全詩

在海景的描繪中頌美思念的滋味，情思細膩如樂音，又怎能
不動人心眼：

晨醒，船們仍在沉睡
如嬰兒互相緊偎
扇貝般眼睫深攏，猶存昨夜雨水
彷彿清淚

隔窗，玻璃氤氳若心事
泛青濛白之海霧未走
一定是某種惦念停滯不去
我明白，因為時時刻刻想妳
更遠距，靜泊等候入港的船
船燈暈亮得那麼孤寂
航行已久的水手你也醒著嗎？
我們對望，想是心事等同

南方港市寄旅，也該有詩
床邊小几的鉛筆及便條紙
輕攏窗簾，八月之晨海
若不書寫，看海亦若讀詩

若我構思文學主題
妳就是包裹內頁的華麗封面
我凝視晨海默默無言
妳在北方深諳愛之萬千

既然，妳呈露愛勇敢的姿勢
我以詩讓妳完美無缺
潮汐一夜，晝晚相隨
船和岸綿纏，眠夢不忍睡

無法入睡，決意寫詩
微顫的鉛筆吮吻便條紙
心跳輕喘，不也是另一種幸福
難以言喻，心疼的幽然相思

陌生的港市，暫歇的房間
但願收藏著小小的想像
旅人或者戀人角色皆可互換
有著思念，就不計滄桑

　　這形象感頗強的詩句，又有「泛青濛白」的海霧迷漫其
間，故而開啟遙念之思。如果說，抒情詩時或也有一定情節，
是詩人深入自我靈魂後，對外部世界進行情感概括的直寫，
以期得到一種「超越自我」的境界。那麼，或許這首在 2006
年冬發表的〈月桂樹〉，也是詩人柔情的顯現，他描繪了古老
浪漫的希臘風貌後，又生發出一種思念之情，反復纏綿：

未曾在夏天前去希臘群島
僅知圖片儘是透明之純藍
東正教堂圓頂襯以灰白牆面
紅是九重葛，綠是咖啡桌

妳是我夢中最最純藍的想像
千噚深海間幽然歌吟之水靈
是水手的滅絕或真愛的召喚
或者我就是妳眸中的一抹純藍

深海無聲，但願心是潔淨的最初
我的等待是岸邊佇立千年的月桂樹
採葉為戒，堅信島與海是一句誓言
憶及永恆的戀人，為我點起一盞燈

渡海夜航，從一個邊境到另一個邊境
凝視波堤且利的維娜斯自貝殼誕生
我知道有個女子與月桂樹同名
信仰文學，幸福乃生命之印證

　　詩句又蘊含著詩人對藝術的思考和生發出某種哲思，溫柔且深晴，耐人回味。如說「我就是妳眸中的一抹純藍」，而且從這一「佇立千年的月桂樹」引向了對真愛的追求與對「幸福」的一種徹悟，十足敲人心弦。他浪跡異國，也正是在追求幸福的真義與精神「涅槃」後的空靈世界。尤其近些年來，他幾乎少參加媒體活動，只專於構思寫作。他以旅遊中所獲得的感動，向詩注入了自己的生命，而詩也給了他新的生命。看，這部詩集，就是他從事詩歌創作的藝術結晶。最後這首在 2007 年發表的〈初雪〉，可謂詩集中的拔尖之作；他採用托物言志和即物生情的手法，不僅寫出京都的初雪令人夢思

魂牽，即便等待的日子很長很長，也願持以充滿激情和美麗
的想像。由於林文義在散文上不斷地探索、精進，因而他的
詩風有女性的委婉和清麗，也有獨出心裁的奇想：

長髮是黑夜的風
白衣是無聲的雪
那是京都
旅次寫成一首詩

白霏霏的雪啊
羽般悄然飄來
是遲開的櫻瓣嗎？
吻著妳的長髮我的白衣

奔向妳，以潔白之純淨
挪近我，用溫柔的長髮
夕暮初雪是幸福歡呼
京都，南禪寺

四月怎會有雪？
那是妳長髮美麗的吹拂
櫻遲開就以雪告白

其實妳就是最絕美的櫻
白衣的我羽化為雪
千言萬語俱在凝視中

　　詩裡，這種超越時空的漂泊與追尋，其實，也不失為藝術創作另闢蹊蹺的一個新領域。正如俄羅斯文學評論家別林斯基（Vissarion Belinsky）所說：「詩歌的本質正就在這一點上：給予無實體的概念以生動的、感性的、美麗的形象。」〈註〉我也以為，林文義寫出異域風情的詩最有詩味兒。這是因為家鄉的親友以及他所鍾愛的自然景物最能牽動他的心神，撥動他情感的絲弦。他是有感而發，才能寫得動人。全詩有很大的感情容量，他寫自己的所愛並把它形體化，通過櫻與雪之戀，襯托出作者濃濃的思戀。這種對愛情應有幸福的渴望，溶解在詩集中藍天、秋雲和窗外雨滴等等的美好感覺中，或許就是詩人把愛的神秘、憂傷和幸福感化為「千言萬語俱在凝視中」的獨特意象，別有風韻。今後如能在詩歌題材的廣度方面加以彌補，他的詩歌將會通過它的蛻變和轉型，再次以新的面貌呈現於廣大讀者面前，為臺灣詩壇注入了一泓清泉。

　　　　註：吳開晉著，《新詩的裂變與聚變》，頁 633，中國
　　　　　　文學出版社，2003 年。

　　　　　　　　—— 2013.5.6 作
　　　　　　　　—— 刊臺灣《海星詩刊》第 11 期，2014.3 月
　　　　　　　　　　春季號，頁 16-19

8. 陳義海詩歌的思想藝術成就

　　摘　要：陳義海，作為雙語詩人已走過了三十年的創作歷程，現為鹽城師範學院文學院院長。他的詩歌曾經獲得沃里克大學 40 周年校慶英文詩歌競賽第二名。三十年來，他以浪漫、纖細的詩思為表現出他所理想的美而歌唱，並以清麗多彩的筆墨，描繪出了各具其態的藝術形象，也翻譯出版過世界名著與文學著作等多種，為中國當代詩壇做出了實質的貢獻。本文以其詩集《狄奧尼索斯在中國》為基礎，嘗試對其詩歌的思想藝術做一探討。

　　關鍵詞：陳義海，詩歌，藝術，唯美主義

　　陳義海接受了中西合璧的正規教育，並吸收、轉化為自己的現代詩歌書寫。我們可以從《狄奧尼索斯在中國》詩集中窺見、感受陳義海的身影與豐富的藝術形象，甚至發現對法國後期象徵主義詩壇的領袖古爾蒙（R.de，1858-1915），隔世繼承、並重新發揚了其抒情形式；而意象主義甚或唯美主義的精神情懷，也在作者的創新承續中，鎔鑄為全新詩作。

　　在閱讀此詩集過程中，該如何經由對藝術形象的解剖，以體會隱於詞外之「情」或鑑別其詩歌藝術之美？關於此，

作者在自序裡已提及，他始終堅持，詩歌不能缺少兩樣東西：
一是美，二是崇高。作者也將此詩集與過去的詩集做了比較，
稱這裡的詩歌，似乎多了些許蒼涼，他稱說，這種蒼涼是「跨
文化語境中的秋風辭」。其實，陳義海的可貴之處，恰恰在於：
他既是「用生命和詩歌結合」的學者詩人，深邃而憂傷，寫
實又似幻影，又善以在平凡中鋪陳出不凡的聯想與想像。當
然，他的詩篇裡的孤獨與愛情、痛苦與期盼……時而冷凝，
時而溫馨，忠於生命又追尋詩歌永恆。因而，不論其描寫生
活中的感觸或是異域題材的詩，都可看出作者並非只關在象
牙塔裡的自我吟咏和悲吟，而是呈現出淨化後靈魂之音這一
鮮明的思想傾向。如這首〈希爾頓酒店〉詩中這樣感情炙人
的句子：

> 我數了數
> 我是第二十七個
>
> 我在燈光無力的一角坐下
> 我看不見鋼琴
> 所以鋼琴也看不見我
>
> 但我聽見她
>
> 音樂用二十七雙細膩的手
> 撫摸著二十七顆粗糙的心
>
> 當 whiskey 把我的血染成咖啡色

我的血管裡奔騰著多瑙河的咖啡因

雖然淚水朦朧了我的雙眼
但我依然看見
隔著窗紗
空中的月光是用一種象形文字寫的

　　全詩在酒店琴聲中寄託深摯的情感，他的預感、思慮和
深深的憂愁，不僅是愛情磨難的見證者，而且也是想鏟除這
不幸的思想者。也許有人稱呼他為「唯美主義者」，雖不無道
理，但畢竟不夠全面。陳義海，還有昂然勤奮的一面。確實
如此！他在完成這部詩集的寒假裡，每天埋首於辦公室工作
10 至 12 個小時。他說，我一直在努力，但不知努力的結果
如何。從中可以看出，有不少詩就是寫酒神，也寫出了詩人
對未來的憧憬與孤獨的探索。如小詩〈酒〉。陳義海在進行詩
歌創作的同時，還致力於翻譯詩歌的探究。他在 2009 年出版
了第一本個人詩集《被翻譯了的意象》後，不到半年，2010
年 8 月又出版了中英雙語詩集《迷失英倫》；接著，又立即出
版了這本詩集，並在書後寫下一篇後記，陳述「詩人怎樣翻
譯自己的詩歌」。其中研究了詩歌與英譯之間的一些問題，對
學術研究是有裨益的。在此詩中，詩人一面形象地理解世界，
一面又借助於形象向人解說世界的深度：

我自以為世界上只有我一個人醒著
其實，醒著的還有酒
不管夜有多深

　　它總圓睜著它的眼睛

　　我自以為世界上只有酒醒著
　　其實，醒著的還有我
　　請不要說我的淚已乾
　　杯沿上依然掛著一滴露珠，苦的

　　　　在這部詩集裡所創造的酒神狄奧尼索斯〈註 1〉形象，
似乎已將酒神的想像、聯想等透過形象思維的延伸，透露出
詩人的孤獨。可見，形象思維確是陳義海詩歌創作的生命；
而浪漫觀念在其心底孕育，終結成粒粒真珠。在這裡，詩人
抒發了一種五味雜陳的複雜感情，並表達了一種想要新生的
欲望。如同法國著名詩人古爾蒙的代表作《西茉納》，在〈十
四行的春天〉裡，作者也延續了古爾蒙鮮明塑造出翹首企盼
的情人形象來。此詩裡的西茉納，很可能也是陳義海所愛好
的名字；以見譬喻之精巧，予人溫婉輕靈之感：

　　生命之偶然如同一朵紅玫瑰
　　死亡之必然如同一朵紅紅的玫瑰
　　西茉納，請你從草葉上輕輕滴下
　　像絕望一樣完美，像完美一樣絕望
　　只有梨樹，站在絕望的那一頭
　　一邊盛開一邊朗誦下一段：

　　死亡之必然如同一朵紅玫瑰
　　生命之偶然如同一朵紅紅的玫瑰

西茉納，太陽在緩緩升起
露珠在溫柔地死去
只有最後的桃花
在水邊一邊凋零一邊朗誦上一段

西茉納，春天如一只頹廢的小羊
在我的憂鬱上快活地蹦著，唱著

　　此詩所用的藝術手法自然是擬人，其中，「愛情」是「憂鬱的」；在舊有的意象中又派生出新的意象，加上又有美麗繽紛的色彩反覆地點綴其間，令思念之情若現若隱，更增添了美感力。詩行至最後一段，在一種迷離幽隱的意緒中，忽然連結成不息的愛的節奏，反而帶來赫然有力的情感。陳義海在這本集子共收錄詩歌 120 首，其中，有 20 首是出自二十多歲時的詩作。雖自認是生澀，難免有「為賦新詞強說愁」之嫌；但卻不失為清麗俊逸，又浪漫、奔放，洋溢著想像的筆調。當詩人中年後，詩性更具有時間上的伸展性，又具有空間上的廣闊性。如這首〈夜晚應該有一個自己的名字〉，當詩人以濃重的色彩描繪了夜，交織著人們的希望，憂傷和想像之後，又發出了深沉的嘆息：

千萬年來，夜晚沒有一個自己的名字
夜晚應該有一個屬於自己的名字
而不是借用我的筆名

夜晚應該有自己的國籍

　　夜晚應該有自己的故鄉
　　夜晚應該有自己的母親

　　夜晚應該有自己的語法
　　夜晚應該有自己的衣服
　　夜晚應該有自己的情人

　　夜晚應該有自己的詩歌
　　夜晚應該有自己的酒杯
　　而不是固執地附著在我的杯子上

　　夜，這戴著神秘面紗的姑娘，在作者筆下形成了紛呈凝
煉的「意象群」，以凸出「孤獨」之意。此詩比之於陳義海過
去的作品，思想更為深邃，精神境界更為宏闊。作者自己強
調，生命短暫，詩歌永恆。寫詩應該通過自己的心寫，陳義
海的詩歌常與花草的舞動情狀或動物、四季的表情等，自然
地連結在一起，想像與取譬俱美。如這首〈寂寞的城〉，就是
作者誠摯情懷的抒發：

　　我總是在夜深人靜的時候上路
　　只有在夜深人靜的時候
　　耳朵才開始傾聽，只有
　　在夜深人靜的時候
　　沿街的房子才開始長出大大小小的耳朵

　　美麗的鮮花因為有了欣賞才格外嫵媚

清脆的馬蹄聲因為有了傾聽才格外美麗
夜色中的背影因為有了注視才格外孤寂
是啊，因為有了風
我的斗篷更像一面絕望的旗

夜深了，馬蹄聲激勵著我的孤寂
如果我的心是一座寂寞的城
我希望有你來居住
如果你的城是一顆寂寞的心
我希望你的心中有一座寂寞的城

　　抒真情，乃是詩生命。在中國北宋畫家郭熙的《林泉高致‧畫意》書中，曾提出著名的「詩是無形畫，畫是有形詩」〈註 1〉的論斷。其論點，就是從藝術的目的 —— 美上來要求。陳義海也指出，正是狄奧尼索斯讓他找到了這本詩集的靈魂；換言之，他的這部詩集洋溢著他對酒神崇高美的想像與愛。他以一個中國詩人試圖突破時空的界限，循著藝術之神的光輝去描繪出心中每一感動之美。如這首〈孤獨有一張美麗的面孔〉，雖呈現出偏於調和性的陰柔風格，但情味綿渺，有著「孤獨」本然面貌的懷想：

孤獨有一張美麗的面孔
倒映在水中
像一朵水仙花
呢喃著水中的天空

　　天空流經之處
　　皆有河岸鉗制
　　致使天空不能自由散漫

　　孤獨有條不紊地流淌著

　　她的臉上刻著蒼老的年輕
　　她的皺紋青翠欲滴
　　她流淌在陽光下面

　　橋樑交流著此岸和彼岸的絕望
　　一葉輕舟
　　像個失敗的勸說者
　　航行在美麗的面孔上

　　也只有痛苦的美才能蠶食遠方

　　作者在追隨狄奧尼索斯的遨遊想像的宇宙之際，不免也
會想像到自己孤獨的愁味。他認為，酒神精神在生活中，也
是一種短暫的超脫；在文學中，卻能把情感、美感、性情的
「狂喜」〈Ectasy〉，更符合生命本體地表現出來。幾乎和狄
奧尼索斯一樣，作為雕塑的酒神狄奧尼索斯的表情是平和
的，但有著時間藝術所獨有的美感力；陳義海的詩歌也同樣
有同繪畫相通的那種繪畫美。這種以感情注入物象的繪畫
美，不僅體現在對多種畫面的描繪上，而且也從人物肖像的
描繪上表現出來。如這首〈一個把憂傷描繪得無限美麗的

人〉，或許是勾勒了詩人自己的外部形象：

　　一個把憂傷描繪得無限美麗的人
　　上帝一定會寬恕他

　　每當我走過考文垂郊外的紀念公園
　　我的腳步總會被那無名的小花喚住
　　是的，電台裡說，已經是春天了
　　他們告訴我說，我的憂傷青翠欲滴漫山遍野
　　一直伸展到艾汶河的那一邊
　　終於被沃里克城堡擋住去路

　　一個把憂傷描繪得無限美麗的人
　　可以飛行在天使的行列中
　　當我墜落
　　軌跡潔白如憂傷
　　憂傷如梨花在東方的一聲嘆息

　　沃里克城堡是一座位於英國中世紀風格的古堡，而艾汶河是取自名詩人莎士比亞故鄉的河，兩岸綠柳成行，景致典雅。據作者自序，當「悲」和「憂傷」被藝術地表達時，其實，那也應該是一種符合酒神精神的「狂喜」。其實，詩人對他的內心是非常理解的，那孤獨絕塵的身影、不求名利的心情，以及對昔日自然美景的緬懷，透過詩人的懷想，形象鮮明的表現在文字裡；這使得整首詩中所欲塑造的詩人本然面貌，有更清晰的展現。

　　總的說，陳義海詩歌的思想藝術，曾有多種評論，但最確切的恐怕是「深邃、絕塵」四字。他在近些年來寫了不少翻譯詩歌，這恐怕更得力於他對外國詩歌的研究和借鑒。深邃和深沉是兩個不同的概念。深沉的詩，一般也較為含蓄；但含蓄的詩，有的可能是深沉的，有的也可能不是深沉的。陳義海詩歌的可貴之處，恰恰是把「深邃」和「絕塵」兩者結合起來了。他在藝術手法的運用及語言的音韻上，都有自己的特點，這就構成其藝術風格不可或缺的因素；而詩人總是自覺不自覺地把自己的孤獨情緒及想像糅入詩作中。

　　　註 1：書名的狄奧尼索斯（Dionysus）是古希臘的藝術之神，
　　　　　也是葡萄酒與狂歡之神。據傳說，他是宙斯（Zeus）
　　　　　和西姆萊公主（Semele）所生的兒子。在希臘國家博
　　　　　物館的古幣館中陳列著一枚鑄有狄奧尼索斯頭像的古
　　　　　希臘錢幣，他面帶希臘眾神所共有的平靜表情，頭髮
　　　　　是用葡萄蔓結成髮髻，並有葡萄葉裝飾著他的前額，
　　　　　猶如頭戴王冠，這是酒神狄奧尼索斯的象徵。
　　　註 2：沈子丞，《歷代論畫名著匯編》，文物出版社，1982
　　　　　年版，第 72 頁。

　　　　　　　── 2013.5.17 作
　　　　　　　── 刊內蒙古《集寧師範學院學報》，2014
　　　　　　　　　年第 3 期，第 36 卷，總第 126 期，頁 7-10。

9. 讀丁文智詩集《重臨》隨感

　　丁文智（1930-）是山東諸城縣人。1949 年隨軍來臺後考入陸軍航空隊，工作之餘，仍癡迷於寫小說、散文及詩，幾十年不間斷；2004 年獲文藝獎章「新詩創作獎」等殊榮。最近在爾雅的支持下，把近作七十首連同寫作年表，編成《重臨》出版，成為人們關注的獨特的一本詩集。這不僅是他晚年創作生活的總結，也昭示了他強大的藝術生命力。可以說，所有的詩篇，都是作者真實心聲的流露；特別是由於他的悟性，從而寫出了許多詩味兒很濃的詩。他以心靈去感受身邊的一草一木，用自己的熱血寫個人感情的湧動和人際來往以及對時間匆逝的返思；也有不少寫離鄉背井的牽念與對人性圓融的追求，但基調已比過去沉重了。

　　先說其詩。他的詩總體上看，是美好心靈感覺的外化，寫得比較舒展而富哲思，敘事和抒情的自然滲透體現得比較明顯。像這首在 2009 年發表的〈說與未來〉，除了繼續展現個人的心靈感應外，更多地把目光投向外部世界；對意境的營造也進行了不懈的探索，這正是這時期的代表作：

　　迎你以深深意念之外
　　放眼被廣植希望之林的

那片心情綠意

迎你以切切
嚮往之外
如同星空之眼波覆蓋後的
那種生活純靜

迎你以紛紛
雲雨之外
勿讓生命源頭流成越流越窄的
那河水之淺薄

　　這世上，有的作家到了老年，可以自得其樂或頤養天年，恰如車到低谷，可以停轉或閒置起來；但這都不是丁文智前輩的性格，亦非其所願。這種車到低谷仍要前開的精神，不僅僅是丁前輩要繼續創作的宣言，同時，也體現在他詩作的精神內涵上，這讓我們也跟著看到一顆永遠年輕而火熱的心臟跳動。如他的這首入選於《2012年台灣詩選》的作品〈只想〉，言簡而意賅，多麼富有情趣，又是一首閃爍著詩人生命之音的旋律的佳作：

在時間的荒原
疾走
而不為尋春

只想

再看一眼
剛被夕陽擄走的
影子

　　這是洋溢著思辨性審美的新詩，是詩人通過向「時間的荒原」的「走近」的過程展開的是對自然、社會、歷史、現實及命運的多元的思考；其中，和著濃郁的詩情及和諧的旋律，因而呈現出一種內在的強勁張力的美。原來詩人的內心世界是那樣豐富，有微妙的瞬間感受，也有深沉的哲思，情感的流動又是那樣多彩。在 2013 年 6 月底，收到丁文智的新詩集時，正值到醫院做完腹腔鏡手術返家之際。一氣讀完，立即被詩中所體現的意志力所感染。詩人創作生涯已有大半個世紀，但迄今詩情仍未泯滅，除了在《創世紀》詩雜誌身為大老引以為樂外，還在詩壇報刊上繼續耕耘。詩中所體現的「老驥伏櫪，志在千里」〈註〉的奮鬥精神，讓我感佩。如這首 2012 年底發表的近作〈昂首與低頭〉，這並非是老生常談的如實描寫，而是從平凡生活中寫出了不平凡，使理與象、與情結合，發人深思：

如老愛把自己塞進
不著邊際的那種心思空泛裡
走向你的必然是成群落寞

若一旦生活無所事事到
沒有生氣靈性
只想得個打高空式的什麼彩什麼券

　　或眨眨眼
　　便有一堆不勞而獲
　　其實成就是無從撿拾的

　　這就該自無聊的空想中及時跳脫
　　否則生成定然黯淡
　　折磨與衰敗
　　也必然浪頭般向你翻滾

　　當然，能在失望之餘
　　放低身段自瞭解中重新向實事觸及
　　相信一條光燦大道
　　必然自你腳下走出
　　如此看來要在生活中測度得失
　　恐怕昂首當真不如低頭

　　這也是詩人心靈的寫照，此詩在把哲理形象化方面，也
做了有益的嘗試，由讀者自己去體味詩中的真諦。總之，丁
老在他那粗獷豪放的東北漢子的個性外，其實，其作品中常
呈現出一種陽剛之氣的崇高美；加以他經歷過種種生活的苦
難，給讀者在細讀之餘，從而得到些諧趣性的歡樂之感。當
然，使他最受感動的題材還是寫思鄉、寫摯友的那些場景和
細節，也寄託了不少對臺灣景物的回憶，寫得很貼切；特別
是他對社會現實的直接關注，詩中的悲苦之情可見，也有生
活氣息。他這時的詩，所顯示的是孤獨而有力，揮灑而又盡
融於平和，這是這部詩集獲得成功的基礎。

註：成語出處曹操《步出夏門行》：「老驥伏櫪，志在千
　　里。」，其解釋為比喻有志向的人雖然年老，仍有雄
　　心壯志。

　　　　　　　— 2013.7.9 寫於左營
　　　　　　　— 刊臺灣《乾坤》詩刊，第 69 期，
　　　　　　　　頁 128-131.

10. 夜讀劉克襄詩數首

　　劉克襄（1957-）是臺灣詩壇上一位深具生態意識的詩人。從他大學畢業後，1978 年出版第一本詩集《河下游》，繼而出版《松鼠班比曹》、《漂鳥的故鄉》、《在測天島》、《小鼯鼠的看法》、《最美麗的時候》開始，就顯示了自己獨特的風格。詩人擅長於自然觀察與賞鳥、思索生命與探觸生物存在環境的悵然。如這首 1978 年發表的初期詩作〈河下游〉，就有一種對美景的嚮往與對保育責任和守護的尊重，也描述了詩人被那雪白的河鳥所吸引和由此引起的落寞：

　　　　有人沿河下游走去
　　　　最初只有蘆葦在他背後搖動

　　　　他蹲視著河對岸
　　　　注意到河鳥的飛旋停駐森林

　　　　後來他出現沙洲
　　　　一隻鷺鷥在黃昏時翔視

　　　　當他沒入森林，鷺鷥沿著
　　　　河下游 ── 落日旁邊飛過

　　正因詩人對追求真善美的基本態度，才能保持孤傲和純真，甘心與繆斯為伴。詩裡的鷺鷥可看作是純潔、光明、美好事物的代表，也像是詩人自己渴望洗掉世間一切偽善虛榮，返璞歸真的化身。當他自海軍退伍後，曾在報社副刊任職，也開始喜歡從登山到航海，收集他詩裡的鄉愁，乃至他內心對國事的憂患與痛苦，便借助於詩歌傾瀉而出。如這首在 1984 年發表的〈旅次道中〉，正是當時心靈之聲的交響：

火車駛進時
車站醒了
一陣喧鬧地吵雜
混合著本地與外來的聲音
伴隨每個人
進入車廂
或者，離開月台
如此零落、上下的流動
每個城鎮我都聽過

車廂或車外
我的同胞們
睡著的，醒來的
不管去哪裡
從故鄉到異地
從異地回故鄉
多少年了

　　　　為了生存
　　　　他們沿著縱貫鐵路
　　　　沿著西海岸
　　　　散佈在每個城鎮裡
　　　　沉默地往來

　　有詩歌就有暴露。詩人如一隻漂鳥，以憂鬱的沉思為臺灣族群共存所發生過的民族歷史而感喟；尤其對 1947 年發生的「二二八事件」造成歷史悲劇，多次為受難者而冥思。此詩，也刻劃出他鄉遊子用勞動創造出的孤寂感，特別是，對生養他的土地的感情十分深沉，令人感動。年近 30 歲的詩人，開始從歷史與社會反思中，對臺灣青年未來的命運的哲理思考。如 1984 年，他所寫下的這首短詩〈福爾摩沙〉：

　　　　第一個發現的人
　　　　不知道將它繪在航海圖的那個位置
　　　　它是徘徊北回歸線的島嶼
　　　　擁有最困惑的歷史與最衰弱的人民

　　在許多詩裡，都可發現出劉克襄忘情於自然、並展開對自然、社會、人生、歷史的探索；但另一方面，詩人也對臺灣定位在現實中的種種問題與徬徨提出了自己的價值判斷。細讀其詩，覺得劉克襄的藝術感覺是敏銳而善感的。詩，其實就是詩人心靈的反光。他來自美好的村間，在鄉情的薰陶下渡過了愉快的童年；現在面對這嘈雜繁鬧的都會，難免感受到生活上的壓力，因而，在詩中展現出渴望對精神家園的

尋求。如詩人在 1986 年寫下的〈山雀〉，感人的心懷，讀來頗有韻味兒：

> 春天，一隻失群的山雀，徘徊在森林的邊陲。
> 金屬似的鳴聲，生存欲望的呼喚，留下更多自己的吶喊。
> 啊！她一直停棲於我城市的高窗。

詩人淡泊名利，但面對一片片高樓和車水馬龍的世界，當然與幽靜的鄉野不同；於是，那隻棲息於窗的山雀，就不經意地撞擊著他的心靈，詩情便源源而來。鳥本來就需要廣闊的天地和無污染的空氣和水的滋養。愛鳥成癡的詩人，在 1987 年寫下的〈鳥類學家眼中的世界〉，這兒寫的是他孤獨心靈的自我投影，實際上也是居住在城市生活的詩人的渴求：

> 島。孤獨
> 希望。自足
> 鳥。無翅

我認為，情感還應是詩人的主導方面。看，那飛越大洋的身影，讓世界和生命在美感現象中表現出自己的價值與真實。此時，詩人長期從事自然觀察，範圍已從臺灣本島延伸到相臨島嶼；如在 1996 年發表的〈前往彭佳嶼〉，當時詩人駐足停留，詩思純潔如天空，其澎湃的熱血與渴望奔放之情，讓人過目難忘。之後，他在 1999 年又寫下的〈島嶼之歌〉，此時，已進入中年的他，正進行了更深入的靈魂的反思，也

表達了臺灣子民在國際間地位的屈辱感與那沉重的歷史壓
力：

　　一個島的悲哀
　　建立在距離的遙遠
　　和時間的凝視

　　它會被顏色淹沒
　　脆弱和盲目的灰色
　　不安和自傲的褐色
　　混濁和固執的黑色

　　此詩，是詩人對臺灣歷史的悲劇、二戰後，對社會的深
深關注與憂患，並帶有較強的思辯性和厚重感；在感情的光
照下，他轉而積極去尋找自我存在的價值與詩人的使命。同
年，他發表了這首〈黑面琵鷺〉，在藝術上的起點頗高，境界
遼闊而蒼茫，使人把視角移向高遠的時空後，又回到存在溫
馨的現實世界上。詩裡的黑面琵鷺具有頑強的生命力，也滲
透著詩人的孤獨和人道主義精神：

　　空曠意味著安全
　　遼闊包含了幸福

　　如此遙望時
　　在團體間
　　我們傳遞著

　　白色的溫煦
　　以及，摩挲著
　　一些
　　黑色的孤獨

　　我們是北方的森林
　　在南方的海岸棲息

　　詩人對詩藝的追求是永無止盡的。如他自己所說：「詩是
靜寂森林裡最後掉落的一片葉子；黑暗落葉層下最早蠕動的
甲蟲。」（註 2）這詩觀，別出心裁的比喻，是很可稱許的。
此外，由於他旅遊閱歷豐富，又能用睿哲的目光去審視大自
然的演變與生命的紛呈，常能創造出一個恬靜又充滿哲思的
境界。如在 1999 年所寫下的〈在地球上〉，就頗具代表性；
言簡意賅、一下子就給人腦中打下深深的烙印：

　　輕輕的活著
　　重重的沉思

　　短短的視野
　　長長的凝視

　　可見詩人在形式和語言上的探索，是成功的。作為一個
詩人，他所要做的，是傳達自己獨具慧眼的經驗，而非抽象
或浮誇的語言。關於這點，劉克襄的感情真摯而自然，能感
受到詩人對客觀物象捕捉瞬間的藝術感悟。他，就是在台灣

作家之林上深具探索精神與多才的一位。

註 1.劉克襄，臺中縣人，文化大學新聞系畢業。歷任報
　　社副刊副主任等職，現為專業作家，出版過詩集、
　　散文、動物小說、報導文學、兒童文學繪本等多種。
註 2.摘自李敏勇編，劉克襄集，國立台灣文學館，2010.04
　　初版，頁 118。

　　—— 2013.11.7 作
　　—— 刊臺灣《笠詩刊》，第 300 期，2014.04，
　　　　頁 165-170.

11. 一枝芳馥的曇花

—— 葦子的詩世界

在大片的永安溪水下，我想在黎明前盪一葉小舟順流而下，遠離高雄這都會的煩囂。囊中僅有的詩，讓我品味到葦子（註1）—— 這杭州著名的抒情詩人，似雲般的淡雅輕柔，像曇花晶瑩的白倚在微開的窗櫺上綻放。細讀其間，詩裡充滿幻想、矛盾，憂傷與孤獨是同時存在的。語言是那樣地脫俗聖潔，尤以歌頌思親、純真的愛及對故鄉生活的描述最引人入勝。

今年冬至，乍雨乍晴，倒是墾丁海顯得寂靜。我欣喜於葦子的出現，一如輕鬆地看見春的來臨。在她清澈的眼瞳裡，我讀到她的渴望與純真；凝視她一臉素顏、斜背包與布鞋更使我頓時吃驚。我也特別注意到她的手指特別纖細、優雅而修長。她的歌裡儘管有它獨自知道的悲哀與凋零的心緒，但她所抒發的情懷，不同於某些浪漫主義詩人赤裸裸的吶喊；能刻劃出愛情的幻變與脆弱，既有真情，又有形象。

如今的葦子，彷彿吹笛的牧羊女，原想歸於沉寂的心，又開始慢慢振醒，靈魂也變得淨明；加以唯一的兒子為求學即將負笈他鄉，也成為她不懈寫作的驅動力。在我們墾丁兩

日旅遊的歡樂與清醒的寂靜空氣裡，我也有意無意間認識到葦子以生命之流所創作的功力、體認到她發乎於心的自然情感。

　　統讀其詩，給人印象深的，是葦子構思中的多向思維；如這首〈母親〉，且看那痛苦中態生而出的字語，足以讓半個宇宙感到歎息：

　　　　這一天，睫毛悄悄掀開我的淚光
　　　　我用去了三分之一的心情去生存
　　　　用餘下的三分之二心情去追憶母親
　　　　我追回了門前的流水
　　　　反射的水光照軟了過去的雲朵

　　　　流水旁邊
　　　　一株小草上貼著我的臉
　　　　而母親的目光浮在我的上面
　　　　——秀秀，秀秀
　　　　清晨的名字柔軟而簡短
　　　　它藏在我雜亂的頭髮下面
　　　　這一生
　　　　只讓我親愛的母親來呼喚

　　　　那一年，夏天過得有些快
　　　　秋天抓跑了我的一件花衣裳
　　　　而冬天與一分硬幣一樣冷

只有母親的臉龐與火爐一起溫暖閃爍
而我，把自己縮小成雙腳
藏在一雙棉鞋裡過冬
身心在母親烤出的暖意裡擴大

手握書本的母親
她的雙手也握著我的童年
── 秀秀，秀秀
我的名字連著她的血肉與過往
我小小的驕傲被母親喊出
我小小的聰明與倔強被母親喊出
一如門前流水中的小魚蝦接受天空的歌唱

母親啊！可我童年的拐點來得太早
那個春天來得太突然太黯淡
悲傷與大地帶走了你的名字
你帶走了對你的秀秀的呼喊！
母親，如今門前流水依然
如今的舊屋已經更加的陳舊
如今秀秀這個名字高翔在雲朵的深處

今年的青草已經再次返青
今年的清明將再次來臨
母親呵，我伏在大地表面深深呼吸
你的清冷的氣息在草尖上和著細雨
把我的身心再次顫慄、濡濕！

　　自孩提時代起，葦子不斷地在磨難中茁壯、成長。她渴望親情、追求愛情，也追求詩文上的創新，但生母的驟然去世與時時遇到的挫折，無不使她感到苦悶，是無可奈何到極點。然而，她的氣質與精益求精的文學素養，導致她十分講究詩的音樂美，更增加了詩的內在力度；我們不得不承認她也是用語言文字彈響出和諧流暢和樂曲般旋律的高級樂師。這首〈母親〉，應該是中生代詩壇上，少有的佳作，讀來令人動容。詩人通過某些通感手法，透過誠摯的真情和哀悼的淒然，使思親之情與大自然的包容更融合無間。

　　對於這次與葦子的偶遇及墾丁海域的瞥視。在半濕的泥土中，還有幾許未被細雨所澆薄的童心所致，讓我們齊從寒冷的水域上望向遠方，沿著岸頭繞之行而又行，沉醉於浪花在礁岩之上的岸邊碰碎……直到夜晚變得濃厚，我們才彼此傾吐自己童年的困頓與堅強。從詩裡看出，大凡是寫她經歷過或經過認真思考過的作品；內裡蘊聚著詩人對母親、對家鄉深厚的愛，也有一種沉重的愛戀情懷，如這首〈慢節奏的郵差〉：

> 你要知道，我的滿紙的軟弱詞語
> 就要掉到你的內心的空洞裡去
> 它們要趕在你蒼老之前
> 為時間建築一座甜美的墳墓
> 在那裡，藍天也彎下腰來
> 看著你我，慢慢在合成一個
> ── 永遠的，永遠的： ──

　　這是其中的末節，這些帶有象徵意味的意象，無非是為了體現對愛的真誠和堅貞，因為這也是從葦子血脈裡跳躍出來的生命音符。全詩韻味深邃，技法上也找到了有意味的形式。葦子詩的獨創性不僅在於溫婉靜美的風格，而且在於思維方法、藝術探索及其他。如這首〈孩子〉就是一例，她既非簡單地抒發情懷，也不是一味地苦口叮嚀，而是以一種獨特感受去關照自己的情感歷程，並時時把較深刻的影像與哲理思考融入其中，現又重讀一遍，感到葦子那澎湃奔湧的詩情確實動人。且看：

　　　　一個孩子，住在母親柔軟的衣襟裡。
　　　　他穿越她的三分之一的旅程。
　　　　在小小的朗讀聲裡口吃、成長。
　　　　並且飛跑，用哭喊和脾氣讚美母親的驚訝！

　　　　樹木低下頭來。用湖水的橡皮擦擦亮他童年的
　　　　天空。
　　　　用加法做他的衣裳。來去安全、快樂！
　　　　在親情的大廈中，他伸手觸摸 ──
　　　　移開父親這塊灰色的積木，
　　　　母親是橙色的、粉色的、純藍的。

　　　　要走來走去。要被母親牽掛。
　　　　還要來回走動，用氣息吹亮母親黯然的容顏。
　　　　在家裡，在路上，在學校，始終有著俏皮的姿

勢。
而這時鬧鐘跳起來 ——
催促又一次的早餐：牛奶、麵包和反覆的叮嚀。

拍拍手。童年的積木被輕輕地搭著。
哦，穿越莫干山路的孩子，
他的親愛的母親因此被他舉向頭頂 ——
被一片朝霞一陣歌聲慢慢地刷新、圍繞！

　　面對孩子一步步成長過來的歷程，卻讓葦子打開了想像的空間，其延伸發出的詩聲，也體現了對孩子關護與痛惜之情。從以上葦子的三首詩作內涵及藝術形式上看，以下幾個特徵似更顯著。

　　其一，對自己為愛的勇氣及生命力的展示，是葦子生命詩學的藝術體現。她有時叩問宇宙，詩人雖未直接點出，答案顯然是明確的。除了孤獨原是詩人特質的原因外，她認為，傾吐對無數生命剎那間消亡的愁悵或哀悼或喜悅，都是命定的機遇。而她也始終相信世間真有「緣份」的存在並勇於珍惜。其二、詩歌字語清新、情感裡有一種痛苦的疲勞，更見沉鬱之風。但隨著詩人足跡踏遍於青海湖畔、寺院、山海，新的詩作也在各地開始開花，並取得了成就。其三、從審美心理規律上看，葦子的〈母親〉與艾青的名篇〈大堰河——我的保姆〉相較，其中，相似的是，詩裡所表現的哀傷與孤單的思緒，都是經過回憶、沉思、再度體驗的情感。所不同的是，艾青的乳母大堰河，無疑，已反映出中國勞動婦女的

傳統美德，他是以充滿無限的信心為光明的即將到來而高歌，這正是此詩「以傳不朽」的特點。而葦子也以「沉鬱」的筆調，以率真、熾熱的情感抒發了思親之情，也構成了獨特的藝術風格。也因此，使我深信，儘管她飛翔的翅羽流過血，她也絕不會沉淪與絕望。因為，詩歌與文學創作仍是葦子的精神財富，相信今後的她，定能在文壇踏上一條光明的坦途，且要繼續飛翔。

誠如意大利語言學家、美學家維柯(Giambattista Vico，1668—1744）說：「詩的最高工作就是使無知的事物具有知覺的感情。」（註 2），葦子詩中所蘊含的內容較具有夢幻色彩，通過對於意象的描繪堆砌，其所創造出來的詩境往往引人入勝。另外，葦子也很注重押韻，其詩以善於朗誦或譜曲聞名。除了寫詩，她也寫過許多散文發表在刊物，並寫了劇本、擔任文學編輯等。她的詩歌圍繞生活、憂思、愛情三大主題；詩風纖細而鬱抑，音韻輕柔而不失嚴謹；其肆意設置的密集意象相互撞擊或表現成長的生命力和母性的關懷，更是葦子奏響的一曲曲生命之歌。而我也有幸分享了那一份古典的憂愁和謐靜！

　　註 1.葦子（1970-），本名張秀娟，是出生於浙江的
　　　　詩人作家，現居杭州。
　　註 2.《外國理論家作家論形象思維》，中國社會科學
　　　　版社。

　　　　　　　—— 2013.12.27A.M1.11 於高雄
　　　　　　　—— 刊臺灣《大海洋》詩雜誌，第 89 期，
　　　　　　　　2014.07，頁 74-76.

12. 深秋裡的白鷺

── 讀鄭勁松的詩

　　現任《西南大學報》執行主編的鄭勁松（1968-），是四川富順縣人。其作品多以敏銳而富於同情的藝術筆墨來表達充沛的詩情，恰如深秋裡的白鷺，時而佇足於坡岸，對空鳴叫；時而翱翔於空中，隨風起舞。詩風淡雅、真誠；常用赤子之心看待世界。對感覺的描繪生動、詞藻優美；因而，在語言與境界上更為豐富，格律也活潑。

　　如寫於執教期間的〈一隻蜻蜓在教室裡飛〉，作者以細膩的筆調把一隻誤闖的蜻蜓慘劇發生的過程寫出，並在最後以自責的口吻剖白；這純真的愛能勾起讀者回憶起美好的童年時光的情感共鳴。且看詩人寫道：

　　　　一隻蜻蜓在教室裡飛
　　　　像空中小姐
　　　　美麗自由而輕盈
　　　　透明的翅膀
　　　　還留著四月人間的芳菲
　　　　好像在唱著歌兒
　　　　好像帶著玫瑰花的笑聲

好像閃著動人的眼睛

突如其來的美
攪亂了我的教室
我的學生
我的枯燥的課堂

就是這只蜻蜓
有著嬌好的身姿
有著善良的眼睛
有著天真的表情
然而涉世未深
滿懷好奇的心靈
衝撞在冰冷的黑板上

一次又一次
我心中的魔鬼
突然起舞
啪！粉筆刷子起落
沒有擦去一個文字
是一隻蜻蜓慘死在我的手中
不，一隻輕盈的蜻蜓
從黑板上降落
長方形的黑板
成了長方形的海洋
恐怖而幽深

　　一聲驚呼
　　是一個學生
　　看到了魔鬼的罪惡

　　兒時那只蜻蜓
　　鄉下那只蜻蜓
　　多年不見的蜻蜓
　　又停在窗外的樹葉
　　圓圓的樹葉紅了像一顆泣血的心

　　詩人把蜻蜓比喻成美麗的空姐，闖入教室，仍會用天真與善良的本性，歌唱著、歡愉著，並且使課堂上學生受到喜悅的感染，驚訝起來，發出溫柔的光，驅散枯燥；但筆鋒一轉，因一時不加思索的反應竟讓蜻蜓慘遭拍死，因而讓詩人飽受愧疚之苦。這裡有隱喻、象徵、超現實的幻覺、意象疊加等等，文字樸實，感情熱烈又不失率真。如同呂進說過：「詩是人的本真存在的言說。」（註）鄭勁松的這首詩不僅比喻生動貼切，而且富有浪漫色彩和藝術感召力，顯示出詩人悲憫自然萬物的藝術風貌。

　　接著，這首〈陽光〉，是作者看著窗外陽光，忽想起一次回老家所見而速寫成敘事的短詩。這不僅是他對故鄉某些因貧困帶來寂寥景象表現了深深的憐惜之情，也是他熱愛著在那裡的鄉親，因而吟咏他所見到的真實而美好的事物，情真而意深，這就增加了詩的深度和力度：

木門內的老奶奶形容枯槁
迷戀門外那束
林間漏下的遙遠的陽光
它似乎有著往事般濃濃的清香

顫巍巍的兒童就爬出門去
手捧那只小小的茶缸
到了樹下望見了縫隙中
似乎淌著細沙的炫目的太陽

他又爬進門來
怕漏似的緊緊捂住蓋子不放
「奶奶我給你舀來了一盅陽光來！」
可是當他小心地打開茶缸
裡頭依然一片黑暗空空蕩蕩

我穿過林子回到家鄉
走過小院斑駁的泥牆
正好看到這一幕心中驚慌 ——
天啦我已多麼陌生
　　—— 這樣的陽光

　　這是具有悲天憫人的人道主義思想的詩作，詩人設想這咀嚼陽光與歲月的老婦的具體形象，借由孩童無私的天真，給世界帶來了愉悅的溫暖，也抒發了自己對故鄉赤誠的愛。

值得一提的是，鄭勁松在創造詩美的過程中，往往通過視覺、聽覺等，來表現客體物象獨特的魅力。如這首〈雪花飄落在舊城上〉，就顯示出他的真摯情懷：

> 我和風站在破落的庭院
> 表情古典而時尚
> 在庭院深處閱讀高高的牆
> 一年一度雪花飄落在舊城牆上
> 血脈和葉子席捲殘冬意象
> 鴿子越過千山萬水回到我的肩頭守望
> 守望我的溫暖和吉祥
> 野外有人打獵歸來
> 訴說山中的刀光劍影和我的夢一摸一樣
> 死亡與血像失散多年的兄妹
> 竟相微笑著歌唱
>
> 一部殘缺的經卷翻開記憶的波浪
> 冬天的盡頭是雪花在徜徉
> 舊城牆突然變得年輕
> 童年的城門盛開一枚好看的月亮
> 我聽見孟家女子的哭聲
> 打濕了我薄薄的衣裳
> 爬上這古老的傷口我又看見
> 冰條在手上閃爍著柔和的淚光
>
> 伴隨著雪花城牆缺口滾出好多明末清初

都伸著長褂子張開寬大的手掌
母親說這全是歷史全是啓蒙課堂
從異鄉到異鄉
我再也離不開一段舊城牆

　　詩人筆下最出色的作品多是寫鄉景草民生活的、或地理詩。打鐵匠、農家等平凡生活中寫出了不平凡，或為歷史的背影留下印記，發人深思。而這首詩裡許多場景是作者對一段舊城牆的回憶，也許是心靈中瞬間的感受，生發出一種懷古嘆今之情；但在這多重樂奏中都始終呈現出一種優柔的旋律－詩人的生命律動，即對鄉土的珍愛，對底層勞動者的弘揚和要與自然和諧的一種宣言，也有一種清純的味道在內。正如北京大學教育家朱光潛（1897－1986）所說：「詩的姊妹藝術，一是圖畫，一是音樂。」（註2）可喜的是，鄭勁松詩歌給人們的想像空間是頗多的，他對詩的探索，可謂付出了心血；不僅為他在學校裡贏得了諸多的稱譽，而且詩行讀來頗有韻致，也有一種潛移默化的感人力量。願他像秋鷺那樣，自由而平和，翱遊於大自然的恬靜與幽美。

註1.呂進，《呂進詩學雋語》，台北，秀威，2012.11版，頁56。
註2.朱光潛，《詩論》，台北縣，頂淵，2004.01版，頁138。

　　—— 2014.1.6 作
　　—— 刊臺灣《新文壇》季刊，第39期，2015.04。
　　—— 臺灣《大海洋》詩雜誌，第91期，2015.07，
　　　　頁62-63。

13. 率眞的歌聲

― 讀李魁賢的詩

　　作為著名詩人李魁賢（1937－）對詩的熱愛，激勵著他
一生都用生命在寫詩。特別是癡迷地於散文或評論、翻譯等
文學創作，能夠以一種美學高度去思考人生、悲憫臺灣人民
的生活。他對自己的詩的態度是極為認真、執著的，也有自
己的個性和美的色彩；其溫儒的談吐與微笑，如春日透澈而
溫暖的日光，常讓讀者倍感親切。作者在 1982 年發表的〈牧
童與牛〉，可以說，詩裡契入了其真摯感情和清晰的理性認
識：

　　　　牛是
　　　　大地的牧童

　　　　牧童是
　　　　生活的耕牛

　　　　鳥兒知道秘密
　　　　不許天空揭穿

　　這樣的真誠情懷來自大地之心，能多側面地表現自己對鄉土的熱愛、世界的思考和發現，以及對農村生活的感悟和咏嘆。他也是一位睿哲的詩人，善於沉思和懷想。曾在一篇序文中寫過一段話：『對於詩作的總括性認識，應以「自然率真」為尚。詩貴創作，創作必以技巧為先導，但詩質為體，技巧為用』（註），從中，我意識到這位活躍在國際詩壇的老詩人有著自己獨特的人生感受與高潔的人文情懷。在他筆下，比如這首〈街道樹〉，無疑，這些擬人的藝術形象，都是詩人咏物激情的物化，也是真悟人生真諦的詩人對美的發現與凝視：

　　　　我站在街角
　　　　背景很好
　　　　背景是庭院
　　　　有矮牆
　　　　所以我是一棵樹
　　　　很自然
　　　　站在街角

　　　　我伸出枝椏
　　　　把書本當做牆

　　　　我讀着

　　　　牆上剝落的世界
　　　　牆外有車聲
　　　　狗吠聲

叫麵的聲音
不知道有沒有人
走過去

我站在街角
一棵樹
在等待鳥聲
鳥會和春天妥協嗎
我專心等待
樹葉是我的稿紙

向春天亮着

一首又一首的
詩

春天出現時
我向著春天走過去
樹拔腿
撞開圍牆
急急地
沿路甩落的樹葉
不妥協地
在地上打滾

　　此詩貌似寫物，實際上寫的是一種精神；借街道樹的
物狀〈象〉把詩人寫作的遐思表達得活靈活現。而詩人所

推出的每一個意象，都是他洞悉自然、感悟人生的窗口；尤以最後一段結尾，使我們看到了一位純真詩人充滿溫馨與憧憬的話語以及對其生命本體看得更為澄明的一面。閱讀李魁賢的詩，可以首先體會到他對生活的那份熱情，的確是一種鄉土情調的審美享受。主要是他始終在文界守望著精神家園，又吸納著中外各方詩學，因而在國際上贏得許多殊榮及恰切的定位。他對勞動人民常存著一份永遠的感激和真情。比如這首〈農閒樂〉，已傾吐出對農閒生活濃濃的愛意：

> 只有在真正閒暇時
> 我們才會湊在一起
> 給彼此一點清悠的娛樂
>
> 我們敲出伐木之歌
> 我們吹出刈稻之歌
> 我們彈出犁田之歌
> 我們拉出插秧之歌
>
> 只有在與大地融合時
> 我們才會有安樂的心
> 交織成一片祥和的天地

　　從詩人出生於臺北淡水鎮、求學到寫作等生活經歷，幾乎是和著臺灣土地的脈搏一起成長起來的。其作品的蹤跡所至，多半與大自然、外層空間、歷史人文的都有了密切的聯

繫。其中,有理性的昇華,也有在 1983 年發表的〈晚歸的鴿
子〉,類似這樣的抒情短詩,無不契入詩人的感情,而染上一
層浪漫色彩,情真而手法新穎:

> 妳說要走了
> 就和雨季一樣
>
> 我抬頭
> 看到一隻晚歸的鴿子
> 掠過被大廈群
> 包圍的天空
> 那灰色的羽毛
> 在暗夜裡
> 竟然像是錦上的花朵
> 雨季真的過去了嗎
> 雨季終究會過去嗎

　　詩人將情感的深化促成了意象的深邃,時間跨度很大,
但卻用一條感情之線繫起來。那晚歸的鴿子、雨季裡的回憶、
詩人的靜默,特別是最後兩句疊仗語言的運用,更添一層傷
感,把離情的愁緒、孤寂、顧盼都展現出來。所以,詩人的
思想不能離開他的情感生活去研究;而一首好詩,首重於能
耐人長久反覆玩味。再讀一讀作者的〈臺灣阿美族舞〉,是首
情趣與意象恰相契合的佳作:

> 要是你真愛我

就翻山越嶺來

我繞著火堆
為你舞出內心的情懷

假如你真要我
就靠到旁邊來

我在月光下
為你唱出內心的情懷

能在月光下欣賞阿美族舞是一種愉快，詩人把營火晚會的熱情、甜蜜、歡樂都一一呈現。語言坦蕩明爽，有一種輕快美和流暢美；讓讀者感受到族民無憂無慮的莫大歡欣。我認為詩人在其創作實踐中是實現了他對詩美理想的追求的。他是以赤子之心，抒赤子之情；從大自然的創造中聆聽到了愛和生命的鐘聲，也從鄉土文化中蘊含著對歷史的沉思。接著，詩人在 1982 年發表的〈國劇化粧〉，從中可看出詩人高度的藝術概括力：

用油彩塗繪我的面孔
塑造歷史的人物

鏡子是不變節的心
映現出我這個人物的歷史

　　此詩情含有深切的道理，從字裡行間，使人讀後難忘；同時，也看到了詩人有深厚的文化修養與愛國詩心的融合。人們常說：「生活是創作的源泉」，李魁賢先生通過自已對生活的深刻體驗，以一顆單純的心和率真的理念去寫生活中美好的東西，讓詩人的生命詩學與文學得以不斷地拓展，這可能是他能夠獲得讀者的敬重和友誼之因吧。我期待著這位前輩永保著不老的詩心，為我們描繪出更多鮮明多彩的藝術形象與更美的詩篇。

　　　　註：摘自李魁賢著，《李魁賢詩選》，新地出版社，
　　　　　　1985 年版，頁 3。

　　　　　　—— 2014.4.11 作
　　　　　　—— 刊臺灣《笠詩刊》，第 301 期，
　　　　　　　　2014.06，頁 104-108.

14. 一隻優雅昂起的九色鹿

── 讀梅爾的詩

　　梅爾，原名高尚梅，江蘇淮安人，1986 年開始寫詩，1992 年赴北京求學創業。從事過教育、記者、旅遊等職；現為詩人兼實業家。《海綿的重量》是梅爾的第一本詩集，卻具有強烈的詩意。讀了她的詩，才瞭解到，為什麼綠蒂與西川會喜歡她的詩。因為她喜歡親近自然，在梅爾筆下，對大自然的真、善、美都能引發出讀者對一切美的追尋與想像。我們來看梅爾這一首〈回到從前〉：

　　　　讓雲朵飛回藍天
　　　　讓江河流入大海
　　　　讓螞蟻回到自己的洞前
　　　　星星說回到從前
　　　　找到自己發光的位置

　　　　風在低唱
　　　　雨在傾訴
　　　　皮膚下的每一條暗流
　　　　都順從一個低低的聲音

回到從前

雲和雲的邂逅撞成了雷聲
人和人的邂逅可能是一次錯誤
花的觸摸成就了柔情
葉的輕吻卻擊傷了一個頭顱

回到從前
回到從前
夜晚的長路蕩漾著這首回歸的歌

回到從前
讓腳回到鞋裡
讓波浪回到海上

　　全詩寫得縹緲、淡遠，是一首心靈之歌。那一系列的意
象，碾過時間和空間的滾滾車輪，緬懷著過去如飛的時光；
不僅注入詩人的喜怒哀樂，且直樸地反映出梅爾激越的情
感、對愛情的懷想和現實的悲涼。作者通過它表達自己內心
的漂泊無依但對未來仍滿懷希望；而詩行連續朗誦，自然也
出現了節奏效果。大自然的美，那怕是小小的畫面，就是梅
爾短暫的心靈感受。然而，世間歡情，如同雲煙。它讓梅爾
等待，讓梅爾希翼，讓梅爾追求。但或許沒有這種渴望，人
生就沒什麼色彩，生活很快又歸於呆板的一統。梅爾的詩，
讓我們相信，凡人雖無力挽回逝去的歲月，但大自然仍生機
無限。有一首詩我很喜歡，題目叫〈雨中飛行〉：

雨前進的沙子
飛在光裡

飛行的意念穿在萬米高空
呼與吸
在空間停留
氧，卸在背上
一條飛魚
貼著航線
穿梭

　　這絕非一般的雨景詩，而是梅爾雨中剎那間的心靈感應外化為某一客體。作者除了打開了藝術思維的廣闊空間以外，也意味著生活隨遇而安的從容。無疑，詩人寫的是自己奔波於各地的孤獨與思念，不論詩的形象性，或是詩的意境美，無不打動著讀者的心。梅爾詩歌的特色是韻腳常具獨創性，語氣真純，文字精緻；有的詩深刻而真實，有的蒼茫而神秘。我嘗試轉達，但惟恐能力有限。且看她的這首〈淺淺的鴿子〉一詩：

時光碎片劃傷我的腳
我的骨是空的
你能聽到我
翱翔的聲音

　　　　我的視力有限
　　　　在深沉的獅子面前
　　　　我輕薄如紙
　　　　暴風雨來臨之前
　　　　每落一根羽毛
　　　　都是一個平安的信號

　　這裡沒寫鴿子的天空和翱翔的自由，反寫了牠居高空的
孤獨與眷顧；使人體味到梅爾對自己生命價值和為家人與現
實生活博鬥的堅強。雖然，寫詩成就了梅爾生命與大自然「冥
冥中」的某種聯結，也從擁抱山水的純淨中獲得了一種安慰。
如同這首〈夢回清溪湖〉，則展現出梅爾對淺意識中故鄉的想
望，充滿一種崇高感和浪慢情懷，且已昇華為一種悟解生命
的東方智慧：

　　　　一只母鹿夜裡來過
　　　　日光溫柔如靜靜的湖面
　　　　蹄印裡滲滿了水
　　　　月色傾瀉
　　　　小小的鴛鴦相擁而眠

　　　　王子從上游漂下來
　　　　落進你絲綢一般的懷裡
　　　　一朵腰枝細軟的百合
　　　　立在鱗片上

我是一條乾淨的魚
在遙遠的夜裡
與水有釐米之遙

不如做那沉默的碼頭
或木訥的甲板
或者瘦成一根松針
成為螞蟻的竹筏
從險峰橋過老岩溪
飽覽風景之後像喝醉的蟋蟀
泊在七星島的港灣
與鴛鴦的女兒眉目傳情

我可以不再醒來
躺在一朵棉花裡愛你
只要你心如翡翠
我便在斷壁的瀑布和青苔裡
再守你億年

　　詩中的童貞、夙願與作者的幻想和那些跟現實貼得太近的詩不同，可說是梅爾多年以來痛苦心境的展現。詩人目光如水，她通過每每夢回故鄉，在這種時刻，便把繁忙的諸事遺忘。也從中揭示出內心的感悟、大自然的力量與痴迷於那片清溪湖交融在一起的時光；其詩語中蘊聚著詩人的理想與為美好愛情願意付出的力量，則令人感念。

　　據上論述，可看出，梅爾觀察自然現象很細膩，她為詩壇帶來新氣息。誠如中國詩家郭沫若曾說：「抒情詩是情緒的直寫，情緒的進行自有它的一種波狀的形式，或者先抑而後揚，或者先揚而後抑，或者抑揚相同，這發現出來便成了詩的節奏。」（註）梅爾的詩正是由情緒的變化而來，更可貴的是這詩中表達的內在節奏是為理想而獻身於詩壇的精神，也再再顯示出在淒冷世界中頑強地生存而給人帶來希望的景象。其豐富的思想容量在每個人的心裡就如她自己在詩集封面所言：「像藍天的重量/像大海的重量/空氣的重量/像一顆心思念另一顆心的血液的重量」既有真情，又有形象，正可以陶冶讀者的情愫。她在明鏡中的倩影，其純潔之光在我面前，就像隻在清溪湖畔優雅昂起的九色鹿，兀自諦聽著繆斯的音符；而對詩美上的探索與影響，也值得我們期待。

　　　　註：《論節奏》，詳見《郭沫若論創作》，中國，上
　　　　　　海文藝出版社。

　　　　　　　　　　── 2014.4.15 作
　　　　　　　　　　── 刊臺灣《秋水詩刊》，161 期，
　　　　　　　　　　　　 2014.10. 頁 56-58.

15. 讀吳晟的詩隨感

　　吳晟（1944－）生於彰化縣溪洲鄉，屏東農專畢業，曾在溪洲擔任國中生物老師；出版詩、散文等多種，人人稱頌其詩文洋溢著對土地關懷的執著。吳晟一生大都在故鄉度過，基於這樣的背景，他早年即熟識農家的生活，確然，這是他的創作指南；但他真正要表現的是「臺灣文學」的生命，並不是「農家的生活」。其詩文之美是精心建築起來的，他強調，「鄉土就是泥土」、「所有文學都來自土地」，因而有「農民作家」的崇高名聲。

　　清代詩人袁枚曾說：「詩人者，不失其赤子之心者也。」可喜的是，吳晟的鄉情詩，也具有一種純真的感動力。他的內心世界是那樣豐富，無論是淡淡的愁思或含蓄的喜悅，都是其微妙的瞬間感受。只要留心觀察，他的詩，沒有那種因社會不公的批評家的漫罵抨擊或疾言厲色的譴責，也沒有嘻笑怒罵的嘲諷；那帶有芬芳氣息的語言裡，其情感的流動是那樣多彩，也含有深沉的哲思。那博大胸懷與對鄉土與農民關愛，是血液裡流淌出來的真誠的歌吟，也是悄悄回憶中的靜默。如作者在 30 歲時發表的詩〈水稻〉中所說：

　　風雨怎樣凌遲

蟲害怎樣侵蝕
不可信靠的天空
怎樣以多變的臉色戲弄
吾鄉的人們

千年以來，吾鄉的人們
怎樣默默揮灑
費盡思量的汗水，滋潤你們
並以怎樣焦慮的深情
殷殷勤勤呵護你們

而你們無閒去思索、去議論
千年以來，一代又一代
你們的根，艱困的扎下土裡
你們的枝枝葉葉
安分的吸取陽光

當鐮刀和打穀機，開始
忙碌的和唱
鳥仔在你們的頭頂上
興奮的飛翔
只有你們明白
每一粒稻穀，是多少的心酸結成

　　詩人使用許多描繪田家生活的字眼，如鐮刀、打穀機、
鳥仔和稻穀，藉以歌頌簡單、樸實、自然的家鄉情景，是那

樣充滿著悲憫之情。很顯然地，歌吟農民的勞動及關切生態
是其主旋律。誠如作者的這首在 1975 年發表的〈土〉所言：

> 赤膊，無關乎瀟灑
> 赤足，無關乎詩意
> 至於揮汗吟哦自己的吟哦
> 詠嘆自己的詠嘆
> 無關乎閒愁逸致，更無關乎
> 走進不走進歷史
>
> 一行一行笨拙的足印
> 沿著寬厚的田畝，也沿著祖先
> 滴不盡的汗漬
> 寫上誠誠懇懇的土地
> 不爭、不吵，沉默的等待
>
> 如果開一些花，結一些果
> 那是獻上怎樣的感激
> 如果冷冷漠漠的病蟲害
> 或是狂暴的風雨
> 蝕盡所有辛辛苦苦寫上去的足印
> 不悲、不怨，繼續走下去
>
> 不掛刀、不佩劍
> 也不談經論道說賢話聖
> 安安分分握鋤荷犁的行程

　　有一天，被迫停下來
　　也願躺成一大片
　　寬厚的土地

　　這樣的詩句叫人感到心痛，內裡蘊聚著作者對家鄉深厚
之愛，對農民始終懷著一腔疼惜與同情。如果作者不是非常
熟悉農作的辛勞，是寫不出這樣生動的詩行的。如作者這首
在 1978 年發表的〈蕃藷地圖〉中的句子，對農民的淳樸生活
的描述為臺灣詩界立下重要的里程碑：

　　阿爸從阿公粗糙的手中
　　就如阿公從阿祖
　　默默接下堅硬的鋤頭
　　鋤呀鋤！
　　千鋤萬鋤
　　鋤上這一張蕃藷地圖
　　深厚的泥土中

　　阿爸從阿公石造的肩膀
　　就如阿公從阿祖
　　默默接下堅韌的扁擔
　　挑呀挑！千挑萬挑
　　挑起這一張蕃藷地圖
　　所有的悲苦和榮耀

　　阿爸從阿公木訥的口中

就如阿公從阿祖
默默傳下安分的告誡
說呀說！千說萬說
紀錄了這一張蕃薯地圖
多災多難的歷史

雖然，有些人不願提起
甚至急於切斷
和這張地圖的血緣關係
孩子呀！你們莫忘記
阿爸從阿公笨重的腳印
就如阿公從阿祖
一步一步踏過來的艱苦

　　由這首詩，可以看到吳晟特別是在最後一段裡對遺忘臺灣本土者的斥責與痛心疾首的呼喊，可以從詩人的憂傷和感嘆看出其中的不屈服於命運的搏鬥精神和生命的律動。吳晟對故鄉與家人真誠的愛僅管已過了數十寒暑，但這份感情卻能超越時空。如這首在 1997 年發表的〈油菜花田〉一詩，不管是在意象的選擇上，還是在意境的營造上，都是一首佳作：

初冬的陽光，暖暖撫照
盛放的油菜花田
慵懶地躺臥
躺成黃絨絨的寬敞花毯
補償田野長年的勞累

一隻一隻蛾蝶，翩韆穿梭
這一大片燦爛金黃
和童年嬉戲的夢境
交織飛舞

我禁不住停緩腳步
依傍著青澀的香氣輕輕躺下
靜靜尋索無須寄望收成的閒適
有否妥切詩句來描繪

我禁不住低聲詢問
雜沓的車聲，可否遠離
急速氾濫的聲光資訊，可否遠離
遠離消費文明的追趕

就這樣跟隨天邊雲霞的寧謐
跟隨滿天月光與星光
放任恬淡自足的夢想
一起去遨遊

待春風春雨重臨田野
耕耘機勢必無暇留意
閒散開放的油菜花
卻是我永遠的憧憬

　　作者捨棄了完美的詞藻，轉向大自然尋求靈感。他透過觀察與思索，可以看到油菜花田的喜悅是瀰漫於田野和鄉里之間，同時也看到了追憶中的自己。這樣的景象讓讀者一同沉浸在大自然的洗禮和甜蜜當中。

　　基於以上所述，欣賞與理解吳晟詩歌之道就在於，讀者必須仔細觀察其詩中所呈現的內容形式和「智慧巧思」。嚴格地說，凡是藝術的表現〈連詩在內〉都是「象徵」（Symbolism）（註），而吳晟的詩，多半象徵著愛鄉土的冥思，或有關於農村多重面貌的體悟和把握的；其靈魂裡的淚水已沉澱成至純的鹽，能洗滌世俗的偽善與虛榮。他「寫台灣人、敘台灣事、繪台灣景、抒台灣情」的這種「詩建設」對於臺灣文學現代詩的發展來講，雖然他絕棄學術上的刻意探索與表現，但不可否認，這反而成就了他在文壇上的特殊地位。他是名真誠的歌手，其奮進向上的生命動感的確給人印象頗深。

　　　註：朱光潛，《詩論》，2004 年版，臺灣，頂淵文化事業有限公司，頁 85。

　　　　— 2014.4.18 作
　　　　— 刊臺灣《臺灣時報》，台灣文學版，2014.12.21-22。
　　　　http://www.twtimes.com.tw/index.php?page=news&nid=457390

16. 陳義芝的浪漫與沉思

　　陳義芝（1953－），一個從海濱土地裡奮鬥出來的詩人、學者；在物欲橫流的喧囂年代裡，他在詩路上坦然地跋涉、奔跑，直面自己的孤獨。他生於花蓮市，成長於彰化，獲得高雄師範大學博士；曾任中、小學、大學教師及聯合報副刊主任等職。他的詩屬於別一世界，唱他熱愛的大自然和生活、唱給他生命的親友，是一個行走者的心路歷程，坦誠而率真。如作者在 1978 年所發表的詩〈塵衣〉，是刻在他靈魂深處最重的刀痕：

　　　星空漸漸黯淡一張寂寞的臉
　　　流螢飛出衫袖
　　　如寒星千萬點起舞
　　　一句一讀一詠一嘆

　　　血從咬破的指尖墜落
　　　心字顆顆含淚化作蝴蝶翩飛
　　　苔上的身影是褪下的
　　　塵衣
　　　渴望人辨識
　　　詩的鈕扣

情的瘡痂

詩裡有著詩人精神上的追求和堅守者的姿態與努力。我們可以看到在凡俗人生中，作者生命的原色與痛苦的昇華。接著，另一首在 1981 年發表的詩〈蓮霧〉，則在感情的表現角度上全面而直率流露於語言：

　　在園中
　　我看到果子垂掛
　　如晶瑩的顆淚
　　許多年前
　　一個心愛的女孩
　　一張仰起的臉也曾如此

　　後來
　　她輕輕地合睫
　　走了
　　像花開花又謝
　　留未了的心事給我
　　一輩子也解不開的謎

此詩是如此的純粹，也有一種浪漫的青澀與堅持。作為詩人，陳義芝寫「愛情的真諦」，但並不以旁觀者的姿態寫其幻變，而是以自己身歷其境的方式直探愛情消逝的感傷，也產生了自我意識。他的精神世界多情卻孤獨，忠誠堅忍卻敏感迷惘。

在中國古典詩論中，晚唐詩人司空圖曾有「不着一字，盡得風流。」（註）的說法，也就是說詩歌只需把意象呈出即可，無需說教或多加陳述。作者可用一個可感性很強的具像畫面去喚起讀者心靈的體會；而使所謂的「象外之象」、「味外之味」由之產生。我們舉作者在 1976 年發表的這首詩〈蓮〉為例：

　　夜在千種引頸的風姿裏
　　只揉出一聲低呼的
　　憐

這三行詩的劃分有助於加強詩的節奏感，確形成了一個完整的聲畫蒙太奇結構，也有濃重的禪學意味。這樣的有縹緲搖曳風致的蓮，詩人用其姿影反襯出萬籟俱寂的幽暗，給人在視覺意象的同時又引入了「低呼」聲在寂靜中回響之妙。

陳義芝在早期作品中，其抒情詩主觀意象和具象畫面均很鮮明，如這首在 1976 年發表的詩〈戀〉，詩人有意地強調具象畫面的主觀色彩，讓詩中的「花」和「蝶」都點染著自己浪漫的想像：

　　翩然
　　飛出一隻蝴蝶
　　草茨裏掙出一朵花

　　這就是「見景生情」之作，詩人選取了「飛蝶」、「草茨裏掙出一朵花」這兩個具有青春活力的具象來做他熱情讚頌了愛情不可抹滅的力量。再如作者於 1980 年寫下的這首記遊詩〈偶興〉，則寫得清靈精巧：

木落秋空一片澄碧
迴望煙塵嚷嚷
驀聞鐘響，一聲潑剌
遊魚自清溪中騰躍而起

　　此詩相當準確地傳達出詩人在大自然懷抱裡、在秋陽下那種陶醉、物我兩忘的內心體驗與寧靜悠閒的心境。作者三歲時全家遷居彰化縣，其父與友人合資經營「務本農場」，他的童年曾在遍植防風林的濱海農村度過。然而，令人欣喜的是生活儘管艱難，但他仍頑強地起飛。陳義芝這株秀木，幾經風雨而壯大，他在 2006 年發表這首〈海濱荒地〉的感慨，他唱養育了他的家鄉山水，讓自己的詩歌之鳶在天空自由翱翔：

又看見父親的鋤頭在田中起落
日頭已近午，他用力鋤地
母親從提籃端出一缽猶溫的稀飯
置放在一叢矮樹蔭下
約莫四十年前光景
旱地沿著防風林邊緣
防風林沿著彎曲的海岸線

那時海有耀眼的陽光劇烈的風濤
不像眼前這一灘冷卻的油湯
那時父親帶著斗笠向日葵一樣
我們也日日戴著它
頂著風濤彷彿要挖出死者的骨骸
父親用力鋤地，而我們
是田中戲耍的稻草人
有時又變作麻雀
飛進陰鬱的防風林
風在林子裡迴旋小廟在更深處
煙雲在天邊飄飛蟬聲大作
我蹲在破陋的穀倉上頭
四處張望我的稻草人
浮起又落下的記憶在海濱
向日葵一樣的那頂斗笠在荒地
父親用鋤頭埋下汗水的塚

　　詩的時空是流動的，而鄉土開墾的細節卻用特寫鏡頭突
現出來。他用做過農事的手寫下了這感人的詩稿，鄉村沃野
培養了他樸實、敦厚的個性。這是一個離鄉赤子的坦蕩之聲，
也是不加偽飾的靈魂和生命展示；是無拘無束的天真歌唱，
同時又帶著滄桑歲月中對父母的追緬和跋涉者腳上的泥痕。
字裡行間有著親情的關懷，這是詩中最令人感動的部分。
　　成長於農家的陳義芝，文學之路是艱難的。正如他自己
所說：「我用詩篇記下一次次思想情感的冒險，通過自己對生
命凝視角度的修正，完成心靈的洗禮。」他是以抒情的詩性

堅守，語言舒展自然，流暢如山間的清泉，且始終不忘根本。
雖然他平時教學與工作很忙碌，很少與詩界圈子內的人來
往；工作之外就是寫作編書，孜孜不倦地筆耕；但是學養會
幫助詩人走向生活的寬闊與深度。在詩情的燭照下，他也從
事於評論研究，豐富讀者從新詩中獲得美感，並得到許多認
同與好評。而其散文文字清瑩澄澈，在樸實中又透出光采；
題材廣泛，文字細膩而清新。尤以作者追憶因一意外而離世
的兒子所寫下的懷親文，每一讀之，頓覺鼻酸。儘管命運造
化弄人，他卻不怨天尤人。他奉獻畢生的心力，致力於新詩
美的不倦探求與教學，為人謙遜、忠厚。在孤寂的星空之間，
他已走過許多崎嶇或平坦之路，完成許多部著作；其勤奮的
精神實值得稱道。

　　　　　註：司馬圖：《詩品・含蓄》，河北人民出版社，
　　　　　　　1979 年版，第 22 頁。

　　　　　　　—— 2014.4.22
　　　　　　　—— 刊臺灣《海星詩刊》第 15 期，
　　　　　　　　　2015.03 春季號，頁 19-22。

17. 關懷情、赤子心

── 讀焦桐的詩

　　焦桐〈1956-〉，高雄人，輔仁大學博士畢業，現任中央大學中文系副教授，著有詩、散文及論著、童話等多種。焦桐的詩心是寬敞的，其目光指向對底層人物與不幸的悲憫，也傾吐在現實紛紛複雜的矛盾下產生的憂慮與諷刺。他大學時期的第一本詩集《蕨草》多為抒情言志之作，表現出一個詩人面對社會的大關懷，表現出對弱勢環境的赤子心。這也是他的詩歌價值所在。

　　古希臘著名思想家亞里斯多德（Aristotle）在他的《詩學》中說過一句有意味的話：「被情感支配的人，最能相信他們的情感是真實的。」我們在焦桐的詩中看到，他把內心最真摯的感情化為詩篇，便可確信這一點。比如他早期之作〈蕨草〉就頗有情致：

　　　　那道斑剝的牆角，
　　　　蕨草困頓地抽芽生長。
　　　　焦灼的根荄，
　　　　不安於粗屬，不安於
　　　　沉寂。如此小心地
　　　　向外試探並且學習，

學習謙卑以及堅毅。

如此質樸的蕨草探出新綠，
斷然伸向雨後的牆沿。甚至
堅持在狹窄的泥土，
抵抗鬱苦的霜寒；
這樣的鬱苦必須隱忍，
隱忍地域的禁錮。

（有人推動除草機聲音蠻橫地掩蓋所有的寧靜）

青翠獨立這蕨草，上昇
追求一種信念，
在龐大的黑暗，黎明的邊緣；
遠遠彷彿看見，
看見陽光的草原，
草原的呼喚。

　　全詩有很大的感情容量。作者把蕨草形體化，實際上也是作者內心情愫的投射和外化。暗喻為了生存而努力向上爬的「蕨草」，它經受了種種磨難和考驗，透過「有人推動除草機」似睹其容的意象，更襯托出在自己的歌聲中更盼望黑暗過後的歡快合鳴，其頑強的生命力也給人以鮮明的形象感。此外，作者還有不少篇幅中展示了自己對弱小者的深厚同情，這些都增添了詩作的內涵。比如這首散文詩〈她的一生〉，應是作者採取一些戲劇性濃厚的表現方法，或詠嘆，或造境，並嘗試著創造出一種感人的詩美，力圖擺脫功利性：

　　自從她唯一的親人，當水手的阿兄漂赴異國杳無音訊。
一晃十三年，她流落酒影燈綠的港都。三十歲的她，在傍河
的窄巷裡學習冷暖人情，在菸蒂檳榔汁的違章建築兜售春
天。一晃十三年，河水從清澈到混濁，兀自流向大海。

　　那晚，她發覺赤裸在床頭的客人竟是，睽違的阿兄。她
來不及流淚來不及披衣就奪門而出，迅速把她的一生全部的
愛交給茫然的河水。

　　是年冬天，大火燒夷了窄巷所有的違章建築。

　　故事寫得細膩傳神。從藝術表達方式上講，正是敘事與
散文結合。它把作者的慨嘆、惋惜等心理活動串在一起，讓
讀者去思考各自不同的命運。原來滄桑變化無時不在，而作
者把賣春女奪門而出到尋死的絕望，盡可能以情投景，內裡
卻隱藏著沉重的悲涼，也有悲苦歲月的堅韌；從而引起人們
深深的同情，尤為可貴。這也恰恰說明了，作者閱歷增多，
思考也多了。有些詩則轉向了更深層的社會人生的哲思及批
評諷刺的性格也逐漸顯露。如 1986 年發表的詩〈分期付款〉：

　　　　假如夢想也可以分期付款，
　　　　我要先預支一點點歡樂、事業與愛情，
　　　　在現實生活的彼端
　　　　重新聽一遍昂貴的笑聲……
　　　　我時常站在櫥窗前流連盤桓，
　　　　張望一個儲蓄了很久
　　　　很久的願望 —— 假如，
　　　　假如夢想也可以分期付款，
　　　　讓我再虧欠零碎不堪的未來，

　　努力使今日更圓滿。
　　雖然債務週期不斷地縮短，
　　我願意按時繳納幸福的利息和預算，
　　並抵押淒然的笑容，
　　那笑容，註定終身去償還。

　　作者用調侃的語氣，看似幽默，實則蘊聚著著眼淚和在城市生活不易的辛酸。詩人不但堅持為現實生活的直觀描寫，而且還以情作為統御，每行的押韻也造成了一種鏗鏘悅耳的音樂感。此詩用的是一種反諷手法，顯然，在世俗世界的自我搏鬥中，作者已獲得了勝利。他雖然走出了傳統的調侃之氣的吟咏方式，但直面社會的課題至此已逐漸形成一種風格，引領著他走向更深沉與莊重。如 1988 年作者寫下的詩〈超級市民〉，形象地概括出在功利社會下人們的各種陋習以及堅守光明陣地的孤獨與毅力：

　　小時候在學校爭分數，
　　長大後在辦公室拼考績，
　　這圈子裡流行派系、耳語
　　和小道消息。
　　生活是一盤不安的棋局，
　　我們習慣用一百個紅包
　　連絡友誼；
　　用一千封黑函
　　剷除異己。

以前在學校考試作弊，
今天在社會上角逐權力，
我們崇尚成功和名氣，
講究衣著、營養和禮節，
在移民前夕，
日漸肥胖的財富，像心靈裡
堆積太多的膽固醇。我們喜歡
在彼此的笑容中互相排擠，
在名利的飽嗝中鼾息。

　　此詩以戲謔的筆調對現實生活揭示得十分生動，不僅有著對生活的直觀和思考，而且更關注著未來。由於作者進入社會工作後的生活積累，腦中早已貯滿了對形形色色人物的藝術圖象，如詩作〈等因先生〉、〈奉此小姐〉、〈台灣雅輩〉等人物的嘲諷。自然也寫了多種不合理的社會現象的嘲諷，如〈咆哮都市〉、〈路過西門町〉對治安、污染、色情等各種社會問題的批判。而這些詩，其畫面之真實、情感之熱烈，在當時年代是有其必要性，焦桐也做出了他應有的貢獻。

　　焦桐也是個勤奮不懈的學者，寫詩以外，他曾自稱是庖廚的中年人。四十多歲時，他為了文學創作而成了飲食文化的學徒並編印食譜、開出版社。如今，蘊聚著勃發的生命力的他，有價值的詩歌創作和理論探討並未停止，從中我們也看到臺灣詩壇的希望。

—— 2014.4.29
—— 刊臺灣《臺灣時報》臺灣文學版，
2014.5.11-12.

18. 爲故鄉而歌 —— 讀陳黎的詩

　　陳黎（1954－），生於花蓮，臺灣師範大學英語系畢業，任中學教師二十餘年。著有詩集、散文集、譯書等多種。他曾說：「我的家鄉花蓮與詩和音樂，是我一生最美好想像之所在。」由此可知，使他最受感動的題材還是寫家鄉、寫家鄉至親的人的那些場景和細節。花蓮海域深廣，尤以蘇花公路的險峻與清水斷崖的美，蔚為特色。然而奇妙的自然景象還不僅如此，那四周的風景伸展成一幅幅生動、秀麗的壁畫，也讓我們感受到青天、雲彩和陽光的美好。

　　比如作者在 20 歲時發表的詩作〈海的印象〉，就寄託了不少對故鄉的回憶：

> 儘纏著見不得人的一張巨床
> 那蕩婦，整日
> 與她的浪人
> 把偌大一張滾白的水藍被子
> 擠
> 　來
> 　　擠
> 　　　去

此詩描寫逼真，意境新穎。最突出之點，是其想像的奇特性。余光中曾在散文〈海緣〉裡頭說：「海的呼喚愈遠愈清晰。」同樣的，對陳黎而言，花蓮海的表情在他眼裡都成了詩。可以說，此詩已成為他的呼吸，成為他進入了經典詩人的行列，成為他與故鄉、與自然溝通的唯一的語言。在我看來，這是一位詩人為大海的碧綠清澈注入的永生元素。詩的內容自是讚頌海的壯麗，而其節奏的鮮明與猶如波浪的排列，也給人一種特殊的視覺美。

正因作者內心的感情如波濤澎湃，驅動著他想像的風帆，因而，一個細小的生活片斷或一件具體物品，都可以化平凡為神奇，在詩中呈現出感動的力量。如作者在 25 歲時寫下的〈採菊〉一詩，把情感轉化為意象，並做到意象的多樣性的體現，是此詩的成功之處：

> 我必須感謝無心的父親
> 他把塵封的溫度計從書房一角找出
> 掛在後院的牆籬
> 讓我在泥陷的日子裡重新察覺
> 陽光許諾給花跟心情的變化
>
> 那是對局限的生命不斷求超越的衝動
> 在約定俗成的刻度間升降
> 在暑與寒有限的溫差裡放馳夢跟
> 想像，雖然我們知道

未知的新雪不一定好過今夏的雷雨
而菊香 —— 也許還只是去年的菊香

但是在走出去跟走回來的當中
我們不已經同時移動了習慣的座位？
就像日日圍鎖我們的房間、門窗
每一次打開
都會有新的風景出現

　　這些帶有象徵意味的意象呈現，恰好地體現了作者的千
情百感與對大自然的嚮往，令人讀後會感到生活的美好；內
裡也包含著作者追求生存價值的永恆。此外，作者的山水詩
中所體現的情趣美與意境美，更是讓人耳目一新。如作者在
34 歲時寫的詩〈遠山〉，是作者由美好的童年記憶提煉而成，
頗有情調：

遠山愈來愈遠了
曾經，在童年的早晨
跟著每一天新生的理想
晨歌般升起於心的旗台；
曾經是棒球場的看台，胸口的徽章
曾經是夢的屏風，淚的撲滿

遠山跟著你長大，又看著你老去
在午後的風與天線間
在人間的暮色與污濁裡

　　　在房子，車子，繩子，刀子，種種
　　　規則與不規則的非積木後面 ——
　　　遠山向遠山說話

　　　告訴你不曾說出的沈默。
　　　遠山，在你愛的時候
　　　一夜間又近了

　　在這裡，作者似一隻夜鶯，或棲息在樹梢中，或在空曠裡獨舞，用美妙的歌聲唱歌，以安慰自己的寂寞。詩人同樣用以小見大的藝術概括力去看大自然的率真、雄奇，因而呈現出一種恬淡、靜秀及更寬廣的自然境界，並寄予深厚的思念。這當然和詩人親歷險峻奇絕的故鄉山水有關，同時，也和詩人追求一種寧靜的意境美分不開，使讀者也如親臨其境。

　　隨著作者人生閱歷和文學創作經驗的日益豐富，陳黎也抒發了對忙碌中生活的感喟，如他在 39 歲寫的詩〈邊緣感覺〉，這與其早期的詩作相比，在許多方面是有明顯的突破的：

　　　在全線塞車的市中心大街上
　　　我孤獨地享受著熱鬧的喜悅
　　　如果我的汽車是世界
　　　這世界是溫暖的囚室
　　　外面是燈火通明的人間
　　　裡面是黑暗舒適的夜

讓夜長存，讓人間的喧鬧
永遠在我的四周
我甘心囚禁在
靜止的繁華裡

全詩作者的感情是多層次的，為了增添語言的形象性和
感染力，他把外在世界加以形體化，這也標誌著作者在微觀
世界與宏觀世界的靜照中合而為一。因為無際的心靈宇宙已
經沒有了窗戶，於是，作者甘於靜寂，而遠離繁囂更能體味
到黑夜的溫暖與沉靜下來的舒適。除了上述所說的通過形象
思維創造出的質感很強的意象美以外，他也常以故鄉大自然
的景物象徵自己的心靈感受和要歌唱、讚美的客體物。如作
者在 46 歲時寫下的名作之一〈車過木瓜溪〉，就體現了情象
的流動，也使人看到了陳黎富有特色的記敘抒情方式：

車過木瓜溪，十九
遇雨。或謂地形雨
飽含水汽之氣流
沿迎風面之山坡
上升，溫度降低凝
結而成：不在溪北
我住的大街，不在
溪南你在的西瓜田
多情的木瓜山
投給木瓜溪的木瓜

投我以木瓜溪的陣雨
報之以時速一百二十公里

　　據悉，花蓮古稱奇萊，木瓜溪是花蓮溪最北，源於高聳的奇萊主山及其南峰、能高南山，因木瓜山〈2426公尺〉於龍潤發電場旁，屹立在木瓜溪旁，形如「木瓜」而得其名。而地形雨(orographical rain)係暖溼氣流遇到山地，沿坡上升，水汽凝結，即興雲降雨。此詩妙就妙在作者不僅烘托了故鄉木瓜溪周圍的環境，寫了從車上遇到逐漸大起來的陣雨，寫了懷念著那木瓜溪南方的友人，感情的浪峰形成一道道水紋，使人回味。

　　總之，陳黎是馳名臺灣的詩人，一位思想深邃的歌者。他用他的快樂或者痛苦，熱愛或者痛恨，回憶或者希望去歌唱。他的詩心是敞開的，他的目光從抒寫鄉情到指向現實的關照，指向關懷土地及戰爭的破壞與民族歷史的大悲憫。這種揮灑自如、靜觀萬象的藝術表現力，就構成陳黎愛自由、縱橫變化的寫詩風格。作者的許多優秀之作，韻律流暢和諧，可看出他在詩歌上的精心追求和達到的詩藝成就。尤以圖象詩有更多的言外之意和味外之味，就更加耐人咀嚼了。

　　　　　　　　── 2014.5.13
　　　　　　　　── 刊臺灣《臺灣時報》，臺灣文學版，
　　　　　　　　　　2014.5.25

19. 詩美的探求者

—— 讀羅浪的詩

　　羅浪（1927-），苗栗市人。曾任職於地政事務所及臺灣中小企業銀行，著有日本詩集《牧場之歌》、《羅浪詩文集》等。對詩的興趣，據《台灣詩人群像》書中所述，應是從羅浪年輕時以日文寫詩便開始了。他的詩作並不多，都是在繁忙的工作之餘創作的；但奉獻給讀者的詩歌卻十分豐富。

　　在我的想像中，羅浪慈祥而謙遜，就像一般客家籍老人一樣，一點兒也沒有想像中的大詩人的氣度。然而，羅浪雖已兩鬢蒼蒼，一談起話來，他詩人的氣質便流露出來，仍保有那份樸真。他是詩美的探求者，為人也極坦直。儘管他在撰過詩觀短論裡寫道：「詩，我懂得太少了。我是無能做清醒的醫生或傳道工作者，我只逃避在小小世界無為地沉思而陶醉。」但我以為，這位歷經 228 事件及白色恐怖年代的詩人，其艱苦真是難以想像，但在那樣艱難的日子裡，他也沒有消沉過。反而於 23 歲就寫下〈白雲之歌〉，可窺其心跡。詩的出處，應源於杜甫的可歎詩：「天上浮雲如白衣，斯須改變如蒼狗，古往今來共一時，人生萬事無不有。」用來暗喻世事變遷難以捉摸與當時動盪不安的時代裡，不禁使人有白雲蒼

狗之嘆！此外，也謳歌有為的年輕人勇於追求人生的理想與
自由以及作者也熱情地唱出對故鄉的愛。由此可知，他是可
敬的老詩人，他的詩歌所體現的美，是與善相統一的美；這
與東方審美意識注重純淨的道德感也是相一致的。我們來看
這首歌詞：

　　　　白雲是天生的流浪者
　　　　輕輕的輕輕的飛過田野

　　　　飛過河壩飛過清秀的山崗
　　　　飛過小孩子長大的故鄉

　　　　漂泊的雲哪請你跟我講
　　　　看到什麼看到什麼
　　　　是不是看到一群年輕人在等候黎明

　　　　沈思的雲哪請你跟我講
　　　　聽到什麼聽到什麼呢
　　　　是不是聽到一群年輕人在為自由歌唱

　　　從藝術創造的角度看，羅浪詩歌的東方藝術精神，還表
現在對於所創造出生活的某種清新與生動感的追求上，表現
在「靈趣」、「神韻」的追求上。羅浪尤愛其故鄉的山水，因
為愛得深沉，所以山水與人是化在一起的，通過意象渾然一
體。如作者在 1956 年發表的〈山城〉，詩的原意在詩的文字
裡：

給山圍住的童話的城市，
玩具般的一切都向你打著親切的招呼。

如輕妙的爵士樂那樣可愛的鄉土語言，
露著肩膀的處女美，粗野的笑。

飲了過多的綠的醉者，
躺在草裡吸著煙斗睡了。

　　這裡，我們可體會到作者對苗栗市的深情，他登上山，
飽覽晨昏，躺在草上聽風聲蟲鳴的暢快。他不只用眼睛、耳
朵，還用他整個心靈。在他眼裡，山城是活的，自然也是純
真無邪的，但是我們不能只停留於陶醉，因為他是大自然的
兒子，他的心仍在家鄉的畫山繡水之間。其詩並非純記山城
之美，還包括羅浪人生態度和品格境界。同樣，在 1956 年所
發表的〈章魚〉一詩，他用事象、心象、景象三重結構方式
來完成此詩的統一：

我是章魚，
讓我吹起口哨來吧！

寂寞時請給我一個吻，
把生之熱情和智慧，
都流露出去。

因為我這好大的腦袋裡，
充滿著
尋求美好的生活之慾望。

　　我認為，在每個詩人身上都有那麼一點兒孩子氣。此詩
深層是隱在的，是作者那顆孤獨、唯美的心把章魚幻化成自
身，亦真亦幻，詩人意不在詩中的景象而在心，他用心來守
候靈感並想像創造。羅浪不僅是歌頌者，也應該是沉思的哲
人。在 1965 年發表的詩作〈垂釣〉中，即展現出詩人的覺知
與清醒：

癡於坐禪，
漁人，困於寂寞。
釣竿，投向閃動的倒影，
探索生命的訊息。

寡默的心靈，
以一種超然的嗜好，
點綴而餐食風景。

思索的喜悅，終而
衝破閃閃蕩漾的波光，
跳躍的魚，
反抗的旗。

　　詩人是社會的良心，作為詩人的羅浪自是多情客，除了

家鄉草木、風情成為他詩中的華彩樂章以外，在 1950 年代的臺灣是被威權統治的白色恐怖時代，之後的十幾年，羅浪既要展示社會的進步與發展，又要關注民生，以表達出對社會的關愛與悲憫。他於垂釣寡默中得此詩。此詩時空開闊，勾畫出作者的寂寞與探索生命的渴求。因為他明白，深藏於內心的律動與釣竿上獵物的掙脫或上釣，都是生命的某種形式。此時，當詩人感受到隨時間無可挽回地流失時，他更加珍視與時間並肩行走，並靜靜地坐在空寂之外。雖然，在 1970 年代的羅浪已加入「笠」詩社，但因故，曾長時間停止創作與翻譯。但我仍在《笠詩刊》第 275 期中找到了他的一首詩作〈結婚〉，這是作者心的仰望，當羅浪的詩作變得深刻時，他的詩歌意象也發生了變化，以前常出現在他詩中撫慰心的詩被更具深層意識的意象取代。全詩如下：

　　將要觸及
　　觸及有刺的藩籬

　　敏感的
　　生活窄門以及
　　圍牆

　　發抖的手伸進命運的魚缸
　　將捕穫的魚
　　捕起……

至於羅浪為什麼會寫「詩人與釣者」或者「詩與魚的關

係」？他自己曾解釋，前者純是個性使然，後者則為創作心得的體會。（註）但我以為，羅浪也是敏感的詩人。對於婚姻的看法，古云：「十年修得同船渡，百年修得共枕眠。」也有古文學家錢鍾書所說：「婚姻是愛情的墳墓」。而晚年的羅浪，時時刻刻感覺到時間的流逝，時不我予的感懷。或許此詩不在於討論結婚的旨義，而是在感情的光照下，一種通感手法的運用。或者說，他在這些時空中所取得的自由運行的藝術上，賦予對結婚的象徵意義，應是心靈家園與詩園的疊合。詩中暗喻他走過一生的種種困難，如今愛書成痴的他，只想如輕盈的魚兒自由地悠游，心便莫名地靜了；也想持續地拾筆寫作，一如不會衰老的自由的風。坦白地說，閱讀其詩，沒有一點矯飾的語言，有的只是看到「一位充滿青春的老人」的詩人本色。

註：莫渝，《台灣詩人群像》，秀威，2007 年，頁 91。

—— 2014.5.19 作
—— 刊臺灣《笠詩刊》，第 302 期，
2014.08，頁 146-150。

20. 堅守與理想

—— 讀葉笛的詩

　　葉笛（1931-2006）作為臺灣著名的詩家，曾在年輕時就以那嫻熟的寫作技巧給我們留下了深刻的印象。他的詩富有深厚的西方文化的傳統，常以超現實、諷刺的手法對現代詩語言作獨特的探討和實踐。

　　生於屏東市的葉笛，曾任國小教師 18 年，赴日攻讀博士後，歷任東京學藝大學等教職及日本臺灣學術研究會理事；62 歲時，毅然返台定居，以行動愛鄉土並專於臺灣文學研究及翻譯。其詩歌最為清晰的特徵，是他不求名利，只用心於寫作和翻譯並真情地關注社會。他的興趣和喜愛，就是寫詩文，為其日常生活的一部份；曾說：「詩是凝視自己，生活和社會的省思和反映」並盼願「它會發出微弱的燃燒的聲音，一縷帶熱的火舌」。對我而言，他的詩歌洗滌了世界的貧乏與多變。閱讀其詩，才最終瞭解，為什麼水蔭萍會喜歡他的詩。因他們都忠於自己，堅守於身為詩人的精神與使命感。他們倆對詩美都具有一種高格的掌握能力。

　　別叫醒我，我們來看葉笛這一首發表於 1968 年〈夢的死

屍〉：

　　我還要繼續我的夢，
　　怎能離開夢的碼頭呢？
　　只有在孤獨的夢裏
　　我才清醒。

　　扭掉收音機「早晨的公園」，
　　燒掉門縫投進來日報，
　　天氣預報、明星、車禍、謀殺、強姦，
　　冷凍的熱戰、開花的炸彈、逮捕……
　　夢在顫慄！

　　誰叫你打開門窗？
　　陽光一踱進來，
　　向日葵枯萎，
　　靜謐的山野變成戰場，
　　七彩噴泉乾涸，
　　白鴿斷頸折翼，
　　頌歌嘎然而止，
　　滿床滿床夢的死屍。

　　每天每天
　　從清醒的夢中醒來，
　　總是看見哭紅眼的太陽。

　　這首詩仍然是葉笛最為優秀作品之因，就是詩裡的一切
思想和含義並不只限於夢境與現實的距離，是對於希望與夢
想的追求，是對於和平未來的嚮往。這可能和作者在服役期
間經歷了八二三炮戰，讓他體驗到戰爭的驚悸「冥冥中」有
某種關聯。雖然我們無法正確得知這是一種什麼關聯，但我
已意識到葉笛的反戰思想有多麼迫切，在此詩努力地探索繆
斯聲音表現的同時，突出了作者最感傷的主題 ── 由過去經
歷瀕臨死亡的一段足跡中，暗喻他對戰爭與威權的不滿。他
也始終不渝地探討「自由」兩個字。富有探索精神的葉笛，
在此詩的形式上同樣具有諷刺意義，也無疑涉及了臺灣存在
的社會問題。

　　雖然葉笛曾經中斷過寫詩的創作，是以投入譯介日治時
期作家作品的工作為代價的。我們甚至可以認為：超現實主
義在臺灣詩界的某種程度上也許葉笛應取得了重要貢獻。而
此詩從某種意義上講卻是更準確地體現了詩人悲憫的情緒，
並代表了臺灣人民對於威權時期生活的厭惡和恐怖。

　　葉笛還有一首在 1990 年發表的〈島的聯想〉，我也很喜
歡：

　　　　北回歸線的海島呦，
　　　　不論我在哪兒，
　　　　不論醒著、還是睡著，
　　　　都聽見你的呼喚，
　　　　都感到你愛撫的手。

　　你是曄曄的陽光
　　永遠在我心裡微笑！
　　永遠在我夢裡發光！

　　這首詩寫於葉笛返台定居的前幾年，它甚至不是現實
的，但體現了詩意的思想，也造成了一種罕見的形式美和一
種詩意的美。同時，此詩還具有雙重含義：一方面是他用新
穎清麗的語句道出了心底的深蘊，描繪孤獨地在日本生活和
抒發思念之情時，表達了對臺灣故土的依戀。特別是詩的結
尾，浸入了一種對臺灣未來的冀望，一種思鄉的渴想。顯示
出他是一個天才的詩人，詩界的至寶。

　　事實上，中年的葉笛仍以充沛的體力，並富於想像力地
去創造著一種新的現代詩形式。在他的詩歌中，往往以詩意
的對話，引人入勝的視覺影像，透徹的社會分析，充沛的感
情，豐富多彩的哲理暗示，以及機智與魅力構成了一個抒情
的、細膩的，表現出在思想上的成熟。他在 1994 年出版的第
二本詩集《火和海》的書中，已有許多對生命和死亡的探索。
再看他的這首〈詩人和貓的憂鬱—輓詩人水蔭萍〉：

　　您在病榻上
　　翻著我贈送的詩集《火和海》
　　也許百年來海島上的
　　火和海湧上心坎
　　您微弱地道了聲「謝謝」
　　澄澈的眼神裡

閃過將寂滅的 esprit nouveau

您追求過比現實
更現實的超現實
以詩人的執著因為
您比誰都認識現實
您比誰都愛花短暫馨香

讀您的詩
我測量現實和超現實
夢土的距離和時間和生命的距離
我讀著您貓的憂鬱
跌進空濛濛的悲哀裡

　　他們相知多年，友誼深厚。水蔭萍（1908－1994）涉足詩界比較早，他是台灣日治時期的重要詩人，台南市人。他曾入東京文化學院深造，受聘於報欄主編及「風車詩社」發起人、記者、臺南市文獻委員會委員等職。他的詩歌帶動了超現實主義（註）的發展，也就是說，詩必須超越時間、空間，思想是大地的飛躍。也主張主知的「現代詩」的拋敘情，拋棄傳統詩的音樂性與型式，建立了新的文學理想，—— 亦即努力顯現蘊藏在人的內心深處的東西。這些觀念也驅使葉笛等人不久也投入到這個潮流中來。我相信，葉笛在老友眼裡閃過即將寂滅的靈魂裡已看到了愛與永恆。

　　雖然，葉笛在 75 歲時就離開了人世，這幾乎成為詩壇的

一大憾事。他同水蔭萍一樣被看作是最早把「超現實主義」
帶進臺灣詩界的主要人物之一。在臺灣人的眼中，無論從何
種意義上講，葉笛都是一個最典型的知識分子、詩人。誠如
葉笛自己說過：「你能夠做什麼你就盡量去做，這就是生命的
光和熱，祇有這樣而已」。他留給後人的作品不多，那光明而
堅守的理想，那奉獻與犧牲，那不死發光的夢想，即使已成
詩史，也不愧為愛與詩美的結晶。

> 註：超現實主義〈surrealism〉（1898-1986）是受達達
> 主義影響而產生的一個藝術流派，它的主要特徵是
> 以「超現實」、「超理智」的夢境、幻覺等作為藝
> 術創作的源泉。

　　　—— 2014.5.22
　　　—— 刊臺灣《臺灣時報》台灣文學版，2014.12.14.

21. 走進周夢蝶的沉思歲月

　　生長在河南省的周夢蝶（1920-2014），自幼失怙，戰亂期間，自師範學校中途輟學。隨軍來台，自 32 歲起寫詩，退伍後加入「藍星詩社」，在臺北市武昌街明星咖啡廳騎樓擺書攤二十年。60 歲時，因胃病開刀後，勤於禪學、佛法，於 2014 年 5 月 1 日病逝於新店慈濟醫院，享壽 94 歲。

　　初次見到周夢蝶，那是到臺北參加婚禮時，當時他沉靜而特別，但並不瞭解他的內心世界。當我細讀其詩便走進了他的沉思歲月，原來他的內心世界是那樣豐富，有微妙的瞬間感悟，也有深沉的哲思，情感的流動又是那樣多彩。他在 60 年代以前收錄了 57 首詩，第一本詩集《孤獨國》，多從時空相交錯的大時代背景中展示其自我的心靈哲思，對現實的觀照也是朦朧的。第二本詩集《還魂草》則呈現把禪宗和道家的觀物方法和價值觀融入其中，從而代表周夢蝶具有禪道意蘊的特殊風格，可說是他融入天地之間回歸虛空世界的心靈歷程，也可說是一部情感史和心靈變遷史。

　　其它，在《周夢蝶詩文集》套書中的〈風耳樓逸稿〉收錄了周夢蝶發表於各文學刊物但未曾集結出版之散逸詩作，約六十篇左右。《有一種鳥或人》收錄了周夢蝶 2000 年後的詩作，而〈風耳樓墜簡〉則收錄周夢蝶與友人、讀者往來之書信、日記、手札、隨筆等，因而瞭解周夢蝶具有了神性寫

作的品格。最為人稱道的，是內裡閃爍出雲淡風清的逸懷。
詩的結構脈絡是以「自我靈魂」為線索推進詩情的進展。但
這一「自我」並非狹隘的個人，而是一種願承受苦難而去淨
化世界的精神象徵。正因如此，他從冰雪的高寒中走來，有
顆雪一般澄淨的心。他從茫茫的虛無中，從神性的光芒中沉
思悟道。如在〈剎那〉一詩中寫道：

> 當我一閃地震慄於
> 我是在愛著什麼時，
> 我覺得我的心
> 如垂天的鵬翼
> 在向外猛力地擴張又擴張……
> 永恒——
> 剎那間凝駐於「現在」的一點；
> 地球小如鴿卵，
> 我輕輕地將它拾起
> 納入胸懷。

　　此詩從重視意象營造和抒發浪漫情懷的角度看，這可以
說是詩人追求神性與人性的結合。詩人寫出對愛的追尋到從
而化入時空，愉悅的靈魂隨大鵬涅槃飛向遠方，遨遊天地八
方和宇宙太空，氣勢浩大；尾句又帶有濃郁東方色彩的宏大
意象，給人以遼遠、開闊之感。是愛，灌注了生命給它，使
詩人在一剎那心領神會中獲得一種超越時間性的生命；而這
種對實我的虛化，便使自己進入禪境。

　　此外，〈行到水窮處〉一詩在語言上也極有特色，可以

說是達到了形象性與哲理性的有機融合。此詩題在構思上顯
然受了唐朝王維·〈終南別業〉古詩的影響，意在揭示身處絕
境時不要失望，因為，那正是希望的開始。詩人也因為有了
繆斯，更體會到寬廣深遠的人生境界，再也不會覺得自己窮
途末路了。全詩如下：

　　　行到水窮處
　　　不見窮，不見水 ——
　　　卻有一片幽香
　　　冷冷在目，在耳，在衣。

　　　你是源泉，
　　　我是泉上的漣漪，
　　　我們在冷冷之初，冷冷之終
　　　相遇。像風與風眼之

　　　乍醒。歡喜相窺
　　　看你在我，我在你；
　　　看你在上，在後在前在左右：
　　　迴眸一笑便足成千古。

　　　你心裡有花開，
　　　開自第一瓣猶未湧起時：
　　　誰是那第一瓣？
　　　那初冷，那不凋的漣漪？

　　　行到水窮處
　　　不見窮，不見水 ——

　　　卻有一片幽香
　　　冷冷在目，在耳，在衣。

　　這恰巧與王維以安適怡然的姿態仰視天際，尋覓不同心
境的風景不謀而合。看來喜歡離群索居的詩人似乎都在追尋
達到在詩中物我兩忘的境界。在新店山城隱居的周夢蝶，常
於垂釣之餘深刻體會世事離合難料，遂而在萬物造化間參得
禪機道趣。我們總是看到他反覆在淒冷世界中孤獨又頑強地
搏鬥，在佛與莊之中找尋生命哲思與心靈的昇華，從而又給
人帶來新生的喜悅。在另首〈六月 ── 又題：雙燈〉中，詩
人設想自己如蝶生出了翼翅，其實也不是客觀的實體，而是
詩人那顆渴求自由、九天飛騰的心靈。然而，在飛翔中它又
失望了，這又暗示著在現實中詩人「求而不得」的苦惱。全
詩格調是低沉的，詩人充滿著愛與自責的感情，隨著詩句的
變化而展現：

　　　再回頭時已化為飛灰了
　　　便如來底神咒也喚不醒的
　　　那雙燈。自你初識寒冷之日起
　　　多少個暗夜，當你荒野獨行
　　　皎然而又寂然
　　　天眼一般垂照在你肩上左右的

　　　那雙燈。阿，你將永難再見
　　　除非你能自你眼中
　　　自愈陷愈深的昨日的你中

脫蛹而出。第二度的
一隻不為睡眠所困的蝴蝶……

在無月無星的懸崖下
一隻芒鞋負創而臥，且思維
若一息便是百年，剎那即永劫……

　　從詩的全意看，詩人要借〈齊物論〉莊周夢蝶的轉化和
必須從昨日的你中「脫蛹而出」，再度化為新我，從而再成為
一個全新的生命。詩人那種要求自我改造的情緒，是誠摯的，
也是熱烈的；但終究無法擺脫愈陷愈深的昨日而深感徹底挫
敗，因而苦悶。最後，則展現了主觀之情 —— 為了愛，寧願
受著痛苦的煎熬的獻身精神。這剎那即永劫，正代表著詩人
凋零的心緒；而最初的「你」縱是再回頭時，「我」也已化為
飛灰了；即使是如來的神咒也喚不醒了，這又象徵詩人想要
振醒又不想變成為情所困的靈魂。詩的內涵，並不刻意去解
釋自己的痛苦與不幸，倒反而引起了讀者的聯想。當他面對
著瞬息萬變的現實，詩人選擇直截道出其精神寂寞，情仍執
著，終未能得。可見，詩人抒真情，說真話，亦是其詩生命。

　　綜觀周夢蝶一生，年輕時，擁有早慧天賦，但天涯飄泊，
生離死別。正因已看盡人生多變，到了中年，其心境轉趨淡
泊，曾獲第一屆「國家文化藝術基金會」「桂冠文學」獎章；
也有深厚的書法藝術功底，給人以視覺上的美感。晚年仍癡
迷於寫作的詩人，導演陳傳興於 2011 年拍攝了文學大師系列
的周夢蝶紀錄片，終於為當代詩壇留下了最精美的一頁。

—— 2014.5.26
—— 刊臺灣《海星詩刊》，第 13 期，
2014.09

22. 《小詩‧隨身帖》讀後

　　一提起張默（1931-），大都會想到「創世紀大老」這個名銜。這本由他編著的《小詩‧隨身帖》選自近十年來《創世紀》在臺灣、大陸及海外共計一百五十五家的作品。在我的閱讀視野中，彷彿可以聽到宇宙的草原與綠樹，感知到生命的歌唱，靈魂的舞蹈 —— 這也正是張默晚年仍肩起對詩壇這個神聖的責任和使命，為之默默的，傳播繆斯之神的光芒的理由。

　　詩象即心象，是對真實與夢想間最真實的記載，尤以精短的詩更為純粹、耐人尋味，最能表現出煉意、煉象、煉句的功力。於是，張默集各家藝術想像和人生思考中的淬火，為小詩帖做精細的觀察和選擇。書裡的每一首詩多以時空跳躍得很輕靈，意象清新得如孩童天真的笑；也有的是記錄下生活和情感中的美麗瞬間或景語，讓讀者從中得到美的啟迪。

　　下面是詩人溫少杰寫的〈孤獨〉，詩短而象大，詩質很堅實：

　　　身影長長的拖在地上
　　　隱隱，作響……

感覺敏銳的讀者一定會發現，此詩是喻自己，寫得很貼切、很形象地傳達出他的詩性意識，而其所具有的感情內涵已經深入到生命的層次。再者，莫云的詩潛力如蓮，鮮少喧囂和炒作。她記遊踪、寫山水，多屬觸景生情之作；不過，若只看成是山水詩就錯了。她的詩作在山水意象之後都還有一重，那就是善感的詩人的內心世界，真切是其特色。如這首〈溪流上的枯葉〉：

　　無風自落的禪意
　　無言地，隨波
　　流向喋喋不休的人間

語言清新、質樸。它之所以能予以美感，是因為詩人以溪流為景語，卻與心語融合為一。由此可見，回歸自然在她心中是一塊逃離塵囂的樂土，也是她嚮往的真誠而富有詩意的所在。

大意象並不一定存在於長詩、大詩中，小詩一樣出大象。比如辛牧的詩如他的人一樣樸實無華，在自然簡約的語言裡流淌著濃郁的詩情；多能喚起人們的力感體驗，是想像的力，而非實在的力，它具有審美的意義，卻不能用儀器去測量。但讀到幽默之處，往往也會讓人會心地一笑。如這首〈問魚〉：

　　問魚
　　快樂嗎

> 魚回我
> 一個泡泡

詩人在這首詩裡著力描繪的就是他自己在性格方面的複雜性。他的談吐表面上給人以崇尚自由、甚至有點「特兀寡言」的印象,其實他打從心裡避開諂媚,崇尚坦白的陳說,沒有一點矯飾的語言卻有著直入人心的力量;而選擇編輯、持續寫詩則是心甘情願。此詩讓人能細細回味這一奇妙的瞬間,相信他在與魚兒的交流中得「道」了。

誠然,意象的轉換節奏雖古今有別,但意象之所見,如一時空連續的長鏡頭,往往也能反映出詩人安寧自適的心境寫照。再讓我們看看須文蔚的這首〈茶與春雨〉:

> 陣陣春雨從壺中湧出
> 紅燭灼燙過的少年情歌
> 大雁遮不斷的中年旅愁
>
> 老禪師乘坐旋轉木馬聆聽到
> 流轉在雨中無聲的悲歡離合

此詩意象的轉換幅度大,時空跳躍強,使詩頁中的大面積空白有了禪味,也傳達出一種恬適和悵然。越是在現代大都會裡,越是感到個人的渺小和孤獨;而環境的繁華與內心的嚮往往成為反照。此詩的前段,暗示著詩人在現實中的

內心苦悶和孤獨，但看到老禪師悠哉遊哉，與自然相和，這才領悟出自然中有真意，又蘊藏著玄思和感慨。而詩裡所用的語言，也富有音樂般的魅力。

與須文蔚的茶詩有異曲同工之妙的還有沈奇所作的〈茶渡〉中的句子，其所描繪的氣概，就流貫出中國茶文化的根性之美：

野渡無人
舟自橫

……那人兀自涉水而去

身後的長亭
尚留一縷茶煙
微溫

此詩第一段是遠景，第二段在給你視覺畫面的同時加入「那人涉水而去」的惆悵，第三段則推成近景。這幾個意象畫面，由遠而近，時間的連續性很強，就像攝影機逐漸向前推近而拍出的一個鏡頭；而傳達出時光難再，美好記憶不可復回的感觸。由此可見，詩能沉澱昨日卻是詩人的奇想。

不妨舉個例子來說明。洛夫的詩向來以從現象中發掘超現實的詩情、技巧嫻熟著稱，小詩則簡約自然。他總是積極尋找一種新的語言形式，以驅使自己可以捕捉到外面世界的

極細微的動向和精神高度的深掘。而探討生死和夢境無疑也
是其表現的內容，這樣才能充分展示詩人的精神世界的無限
豐富性。如這首〈昨夜〉，其情感完全隱藏在意象之中，朦朧
而淒迷，卻頗有天真童趣：

剛入睡
我便隨著雨走了

醒來
滿臉淚痕

趁被窩還是熱的
趕緊摟緊濕透了的自己

　　這是首純意象化的小詩，意象是非寫實的，詩意也就靈
動起來了。洛夫的意象較側重於輕柔，雨輕輕地來，又悄悄
地去，而兒時的回憶如五光十色的夢，夢醒的淚痕如雨，儘
管他胸中燃著思鄉的火焰，但我知道，遠方就在他的內心深
處。

　　詩人也是靈魂的守望者，我很高興地看到書中收錄了林
德俊的這首〈亂針〉：

那隻
思緒的鳥
牽著你的神經

在天空來來回回
把消失多年的
山的稜線
重新織了出來

　　這是質感多麼強的畫面！這恰好為詩人思念家鄉，寂寞
空寥的內心作了襯托，同時也暗含著對現實的社會勢力的無
力而流露出一種傷感。詩是詩人個性的總和，此詩也正是用
他的靈覺創作出的具有純詩特徵的佳篇。

　　其他多位詩界的佼佼者，迄今仍持續不間斷創作，這種
精神令我鼓舞；值得欣喜的是，這些新生代詩歌新苗出土便
生機勃勃，在茂盛的詩林裡也有其獨秀之姿。從這本書上，
我看到了臺灣詩壇的希望。更重要的是，它對臺灣詩壇的繁
榮做出了貢獻，為小詩的發展開拓了更廣闊的途徑。我祝願
它永遠根深葉茂，欣欣向榮，成為詩界引人注目的風景。

── 2014.8.22 作

── 刊臺灣《海星》詩刊，第 16 期，

2015.06 夏季號，頁 15-18。

23. 清純與哲思的交匯

── 讀陳明克的詩

　　第一次見到陳明克，那是笠詩社四十五週年到台文館開詩會時，當時他和陳千武前輩分別坐於兩側，沉靜而有些靦腆；第二次見是榴紅詩會於府城，眼裡閃動智慧的光芒和沉默的知識。他是三十多年來以詩人兼小說家的身份，筆耕於文界的物理學者。然而這一切都是表面現象，並不瞭解這位來自嘉義民雄鄉的詩人的內心世界。當我開始細讀其詩便發覺，原來他的內心深處是那樣豐富，溫文天真的詩性以外，有深沉的哲理思考，情感的流動又是那樣多彩。如果從詩人的思想感情不同的表現形態來剖析，又可分為清純的詩與蘊含哲理的詩兩大類。

　　我是比較喜歡明克清純的愛情詩、鄉情詩的。他就像一個大孩子，以好奇的眼睛觀察世界，除了對於時間和空間的認識，在實踐中不斷地深化著，而成為一自然科學探尋者外，又用原有純樸的靈魂中反覆構思，並努力找回那失落的部份。那淡淡的輕愁，含蓄的喜悅或深層的痛，不僅僅是其心靈的漫步，更是用心去體察現實生活，有時把詩人悲涼之心和憂患意識隱藏於嘲諷之中，以激起讀者心靈的震動。

　　明克是有才華而特立獨行的詩人，他嚴格地走著自己的學術之路，並創造屬於自己的詩文天地。其詩的結構脈絡是以「自我」為線索推進詩情的進展。但這一「自我」並非狹隘的單個人或稱具體的人，而是一種願承受時間之河流過的種種記憶底的苦難而去淨化自我靈魂的精神象徵。正因如此，這個「我」的誕生便不尋常，往往是以「我」為中心，同時又站在「我」之上，抒寫了生活中的遐思，又嘗試了感情的甜與苦並進入孤獨，以及在對現實社會的觀察與體悟後走向融入天地之間回歸虛空世界的心靈歷程，也可說是一種人生歷程的藝術抽象，多以形而上的角度或說是從超現實的夢幻世界寫自我的經歷與觀感。比如最近在笠詩刊看到的這首詩〈流動〉：

　　　　看見河水心想或許可以
　　　　再見到妳
　　　　霧慢慢升起
　　　　我好像隨著河水流動

　　　　我慌亂地想抓住牢固的物體
　　　　卻仍暈眩地旋轉

　　　　奇蹟地看到
　　　　妳眼睛裡柔和的亮光
　　　　我因此踏到河岸邊的地磚
　　　　河水裡燈光搖搖晃晃

妳輕輕走動的聲音靠近我
卻越過河面
越過城裡一棟棟大樓
隱入霧氣迷濛的遠處

我感覺河水慢溢出河堤
漸漸淹過我的腰
如時間一般到處充滿
我將隨著河水流逝？

　　感情真摯，意象美好。這真誠的愛儘管可能是單相思，但這份感情卻是超越時空的。此外，作者對大自然之親近與嚮往，常從現代詩句中借用生動的詞匯和比喻。與此同時，又充滿了強烈的憂患意識和浪漫色彩，藝術手法上也常用現代詩中的幻覺、象徵、暗喻等，具有某種超現實的感覺。如下面這首〈樹頂之鳥〉中也揭示了一些醜惡現象，詩人對其進行了鞭笞，從中也體現了他的現代審醜意識：

一隻黑鳥飛落
苦苓的樹尖
黃澄澄的果實
浸在陽光中
纍纍垂掛
這樣的至高點
會怎樣改變牠？

熟黃的苦苓柔順地下垂
在牠展翅撲擊的範圍
牠高抬又紅又尖的啄
赤紅的爪扣住樹枝
踞坐王者之位
牠卻嬰嬰啼叫
定定地望著遠方
底下警察急促地吹哨
黑壓壓荷槍圍住路口
等待遠處馳來的車隊
我畏縮地躲在牆角
站在樹頂的黑鳥
仍細聲悲鳴
一代又一代
為什麼棄絕爭奪
不成為有力者
一串串熟黃的果實
在鳥啼中無聲地掉落

　　這是一種對現實生活高度的抽象和概括，給人留下思索的空間。這種智性思維的出現並非偶然，作者以當代時下青年的心態去鋪敘白色恐怖年代記憶中的歷史事件，同時把自己一腔激情濃縮再濃縮，別開生面地創造出感人的詩境。其特有的感受則投射到執法者以武力恫嚇抗議群眾的一個典型事例上，並注入了對臺灣社會的關注。由此可知，明克的詩多半是一時一地的點滴感悟或剎那的情緒閃現，也有對親情

的緬懷，或是對往事的片斷回顧。而有些小詩也有其細膩新鮮的觀察，作者把自己在生活中的真切體驗進行了藝術上的昇華。如這首小詩〈開窗〉，就頗有情致：

> 打開窗戶
> 拍著玻璃的蝴蝶
> 就可以飛出去
> 可是我
> 找不到窗

作者從細微中著墨，以一隻蝴蝶的不諳世事、純真無邪，引發出對人生社會的某些感悟。內裡有一處擺脫世俗、返樸歸真的追求，言簡而意深。而直描城市生活的繁囂與多種矛盾衝突，並非一般現實主義的詩人的專利。在明克的詩中，更有奇異的展露。如這首〈野鴿子〉：

> 車輪快速滾動
> 飄浮到高樓
> 密密地包圍野鴿子的叫聲
> 我聽到野鴿子用力叫喚
> 似乎向我說些什麼
> 神啊！祢真正聽著我？

這種內向性的心靈獨白，看似幽默風趣，實則蘊聚著眼淚和心酸。詩人久久地凝視的心理活動，展現得既真切又有層次感，從而也更能打動人心。可見，揭示內心世界的孤獨

與描繪客體世界的多彩，雖有顯著不同，但並非完全對立。它們是一對矛盾的統一，只要是發自內心，都有廣闊的馳騁天地。如果仔細研究，仍可看出，作者詩中所體現的是一種人要在大自然和歷史中找到自己的價值和位置的現代意識。

　　作者曾說：「人在俗世中，確實有迷失的可能，可能把來自利益的感動，誤為詩的感動。但，只要回想最初的詩的感動，那時日常熟悉的世界崩解，露出真實的面貌。也許只有小小的一角，也許也只在一霎間，只要還記得那種感動，就不會迷失。」〈註〉，看來，寫詩不只是明克精神上的解脫，更是完整地敘述了「我」的心靈及精神的成長，同時，也是達到一種人性的昇華及自我救贖的可能了。

　　　　註：摘自《笠詩刊》，第 290 期，2012 年 8 月，頁 5。

　　　　　　—— 2014.8.26

　　　　　　—— 刊臺灣《笠詩刊》304 期，2014.12。

24. 夜讀莫云《夜之蠱》

　　早知莫云是作家，是同行，著有短篇小說、童話故事集、散文及詩集等多種，心儀已久，可惜未曾正式相識。近來才知，她又有新詩集《夜之蠱》問世。這位羈旅美國的他鄉遊子，憑著對臺灣、對故土、親友的一腔思念之情，在飄泊多年後毅然回台，為文學這塊神聖的高地，建立一個小小的精神家園，並肩起《海星詩刊》的主編，怎不令人欣喜。蘸著飛越大洋的詩情，她向詩注入了自己的生命，詩也給予她新的生命。這部共收錄了八十四首詩的新作，無疑，就是她行腳世界或生活所見所思的藝術結晶。它咏唱美好的藝術作品、愛情和親情，緬懷家鄉的新面貌，也傾吐在現實紛紜複雜的矛盾下產生的苦惱和憂慮，此外，除了浪漫氣息濃厚的旅遊詩、走訪外國名人故居以外，也有關注海內外重大災情及對地球暖化的憂思。在藝術表現上，更多的是意象詩、情境詩和具有多意義的用隱喻、象徵等手法寫成的小詩。這些詩輕靈委婉、色彩淡雅，但令人回味。

　　且舉幾例，先看〈山櫻〉，全詩擷取的是先有情和意念，源於作者對山櫻的綜合觀察，再創造出動人的情境。像這樣的句子：

這滿天花雨
不為説法 ——

而你眼中紛紛飄墜的
無非是我前世今生
未啓齒的紅塵心事

風中，一株山櫻
因苦戀春天而消瘦

　　詩，是重抒情的藝術。淡淡幾筆，就展現了山櫻的深邃
意境，它也是一個忍受了年復一年的孤獨又想掙脫孤獨的生
命體。作者把蘊聚了多年的澎湃激情濃縮在這一意象之中，
感情藏匿，但卻可叫人體味到。再如前往新北市五股區觀音
山的〈千手觀音 —— 遊凌雲禪寺〉：

垂眼觀世間水深
攘千臂
解八方苦熱

金身端坐 ——
祢有相而不著相
而我是，貪嗔俱足
無所不求的眾生

　　此詩思想內涵雖無道家之超脫塵俗、清淡寡欲，但卻有

佛家之天地輪迴觀念。應該說，它是追求詩的隱逸、含蓄、空靈和對意象的淡化，並通過心靈的體會去道出一種大自然和人生滄桑的感喟。這端坐的千手觀音彷彿成了宇宙智慧的代表，可見出詩人追求的是對潛意識中欲望的過濾，而昇華為一種悟解生命的東方智慧。類似這種超然於現實的富有禪道精神的詩作，可能是作者中年過後心境趨於追求祥和，而審美心理結構的變革也促使莫云尋找新的表現途徑。如下面這首〈水語〉，辭約而意豐。既體現了對最高禪境的追求，亦蘊含著對喧囂塵世的超脫，其思想形態已有一種禪宗觀念的顯現：

　　天地錯位 ──
　　我心始終包容

　　盡數收納了
　　這十丈紅塵的
　　顛倒夢想

　　從現實性來看，此詩不止是揭示一些可觸及的內心感情，而是更多地把某些感覺、情緒或潛意識融入詩內，打開了心靈世界更廣闊、更深層的思維。它是在揭示經過種種磨難的人們，只要借助於佛教世界的無限時空，把世欲之愛宗教化；亦含有必須歷經磨難，以臻於內心寬廣的禪意。

　　接著，這首〈凍頂烏龍的滋味〉，莫不是作者真實而深刻地抒發了心靈的真切感受：

如晨風輕吻過
乍暖還寒的草原

那縷情愛出萌的清香
迂迴著，自杯底
氤氳昇華……
而萎凋了一季的毛細孔
紛紛復甦的時刻

我知道
我已用一瀑熱水
喚醒了春天！

　　這裡，筆調抒情隱逸，其中的婉約風格不變，但作者已
將對凍頂烏龍茶的讚頌之情昇華到一種浪漫境界；尤以最後
一段，更具有生活氣息，內在的力度更加強了。另外，還有
些詩作，試圖以象徵詩人要表達的一種自我改造情緒，是誠
摯的。她又攫取一些富有詩情畫意的物象，以物體情，借物
抒懷。如這首〈蛻〉中所描繪，其抽象視點也使詩句具有了
可感性：

竹籬笆從記憶走出
牽牛花移居鐵絲網上
倉皇織補一身襤褸的新綠

　　陽光下
　　一隻破蛹的蝶
　　蹁躚著……
　　迷航在時空的邊界

　　詩的前段採用了含蓄的象徵手法，內裡有無限的弦外之音，令人思索。童年在記憶中竹籬笆上的牽牛花換成鐵絲網的冷酷中褪色，象徵著凋零的心緒，而後段出現了輕快地跳舞的蝶形成了一個流動的意象，則象徵著詩人開始振醒又變得鮮明的靈魂。作者構思的當時，或許正是她完成自己生命的使命的時機吧。早年的莫云，時時在追求理想，也追求深刻有致的作品，但時時遇到的挫折，也曾使她感到迷惘與愁悶。她的氣質及素養，導致她不在詩中作赤裸裸的表白，而是用一種暗示或象徵手法加以表達，這就常使她收到事半功倍之效。又如她另一首小詩〈匆〉：

　　生命的列車
　　從來過站不停
　　只留下幾幅
　　定格的心靈風景

　　正由於詩人在藝術上有著自己獨立不依的追求，迄今仍保持了清純含蓄的藝術風格，感情也比較細膩而委婉，所以才形成了此詩使人感到一種渾樸的美感。情象的流動，或稱意象的幻變，是在詩人感情的催動下展現的。如下面這首〈真相〉：

　　傳奇的迷霧散去
　　所有不可言說的
　　都在風中顯影

　　而你終將發覺
　　我是荒野孤獨的狼
　　暗戀著滿月
　　直到被冰冷的月光
　　灼傷

　　換一個角度，這或許是詩人一段感情的回憶或友人故事的內視體驗，真中有幻，但無論屬於哪種情況，詩人筆下的形象並不是生活的寫實，而同樣是用一種象徵手法表達自己的心緒或暗示愛情的真相有時是冷酷總讓人心傷。總之，此書的成功之處，在於採用了新鮮的象徵手法，加以栩栩如生的點描，從而為新詩建造了一座各具形象的藝術畫廊，而讀者也將在其筆下的藝文內容與旅遊中，學到閱讀美的詩篇之永存，這也可以說此書受到我喜歡的原因之一吧。

　　　　　　　　　── 2014.8.28 作
　　　　　　　　　── 刊臺灣《海星詩刊》第 14 期，2014
　　　　　　　　　　　冬季號，頁 18-21。

25. 深情與哲理的雙向開掘

—— 讀莫渝詩集《陽光與暗影》

以現實主義人文關懷享譽詩壇的詩人莫渝〈1948-〉，近來出版了一本讓人耳目一新的新詩集《陽光與暗影》。這是他整理 2011 至 2013 年間所寫的新詩結集。詩人說，每一天的陽光與暗影，美與醜，良和莠，歡愉和不悅，皆在光影交錯間浮現隱退，沉澱心版留刻印痕，是備忘，是見證，都化為表徵的詩。果然，在這本詩集中，我們不僅讀到了描繪臺灣景物和日本淀川、京都金閣寺、前進關東、夜宿仙湖農場等等風光的精彩詩句，而且也欣賞到了穿插其中的感性冥思和衍譯波德萊爾（1821-1867）的〈貓〉、愛倫坡（1809-1849）的〈黑貓〉、埃梅（1902-1967）的〈貓爪〉等等貓系列的主題作品。這些詩句的字裡行間，浮現出對「貓」各種姿態和動作的生動描述。已逾花甲之年的莫渝，以其筆觸為我們打開了一個多彩的藝術世界，這恰恰是一種新人文精神的折光反照，也標示著他的詩作已進入了更高的層次。

這本詩集的最大特色是，它道出了詩人五十多年來詩情不斷噴湧的奧秘，恰如秋日春花，詩的青春長在；同時也將臺語詩，更敏銳地揉入自己的深情，又更廣地表達出對臺南

安平、北橫明池等地的心靈感受，亦可說是從莫渝所感覺到的、觀察或想像到的冥思，其實也就是用自己的藝術實踐使這本詩集獲得了新的生命。雖然大致說來，書中仍然意味深長地指出他對威權制度的不滿，然而他對福島事件的核戰勇士、為災難的島民祈福以及緬懷陳千武老詩人等等，諸如這類詩歌不僅反映出詩人對臺灣土地的深愛、也使得臺灣文學意識發展臻於成熟完整。

　　不妨舉個例子來說明。在這首〈落葉〉詩中的段落轉折，不僅表現詩人的內心與外在世界交互影響的狀況，雖然飽含著許多人生滄桑的深切體驗，但他鮮活地刻劃出詩人心境的變化，以及產生了自我意識。啊，詩句傷懷又樸素純真，猶如一去不回的往日時光……讀來令人心弦激盪，饒有興致：

　　　蟬聲嚚嚚中
　　　一片枯葉掉落
　　　一片接一片

　　　沒有誰給予哀憐
　　　惋惜感傷
　　　甚或祝福

　　　這
　　　常，抑無常？

　　詩人除了這種借物詠懷的抒情方式外，也常選取一些生

活片斷，間接體現出對大自然富有情趣的瞬間愛戀之情。像〈挺立的椰林〉、〈一隻麻雀〉等，都在詩人筆下熠熠生輝。且看這首〈絕美的夕陽〉，選題雖未見新穎，但儘管如此，那優美又有韻味的詩句，卻開掘出一個深情而動人的境界：

> 雨走後
> 水墨般濃淡不一的積雲層仍在
> 西邊太陽終於露臉
> 露臉又躲
> 把光留給周邊
> 周邊的光拓散
> 成彩霞
>
> 絕美的夕陽
> 一寸一寸流失
> 直等黑暗收留

原來這不是普通的唯美畫面，而同樣是一種對美好事物的執著追求與永恆喜悅的內心表白；尤其到了第二段詩句，我們看到了帶有浪漫的基調，因而讀來別有韻致。欣賞莫渝的詩之前，必須先有一個觀念，也就是他所迷戀的山水是具有多重意義的。其一是，重拾失落的田園生活；再者，是企圖為讀者闢一個可以逃離大都市喧囂的處所。縱然詩歌必須是非理性的，在莫渝蘊含著哲理的創作中，如這首〈無邊寧靜〉就頗具代表性，內中含有詩人直接傾訴情懷，也有對自己對癡愛的頓悟，但又不是說教，而是感性地對宇宙和人生

社會帶有規律的思考：

> 都進入酣息沉靜
> 所有的動都停歇
> 止住
>
> 這裡無風地帶
> 無疆界的寧靜
> 仿若置身與世隔絕的黑暗墓穴
> 思緒是唯一的運作機械
> 瞳仁在原地溜轉
>
> 已無所謂驚懼無所謂掙脫
> 全黑之後
> 我能與世界交會什麼
> 全盲之後
> 世界會給我什麼
> 無可再黑無可再會
> 封閉無感無愛無憎
> 平靜至極至極絕望
> 這裡無風地帶

　　這裡有情與象的有機結合，詩人的孤獨形象通過種種感覺的挪移，深切地展示了一個獨具孤獨意味的意境；而對渴望寧靜的命題給予了形象的解答，也是可感可觸的巧思。

　　莫渝的童年與求學暨工作時期，和苗栗竹南中港溪畔、赴法國進修、至現居的北臺灣大漢溪畔這三個地方有密不可分的關係，它們對莫渝的詩歌創作，也產生了深遠的影響。總之，莫渝既是一位抒情高手，又是位善於開掘哲理的詩人。他寫的抒情詩裡，如〈陪你走到車站〉、〈一縷光戀之迷〉，讓我們見識到他如何創造出兼具溫柔謙和和堅實獨立兩種特質的性格。從《陽光與暗影》書中的每首詩，無論是〈春水潺潺〉系列的十行詩，或〈風林火山—給 65 歲的自己〉、〈布袋戲〉等等……都給讀者提供了不一樣的角度，思辯無窮，詩美無限，而我也可以看到他對繆斯的摯愛已得到了應有的回報。

—— 2014.12.2

—— 刊臺灣《海星》詩刊，第 17 期，
　　2014.09 秋季號，頁 17-20。

26. 森林詩家 —— 吳俊賢

　　出生於花蓮，美國奧本大學林學博士吳俊賢（1954–）是臺灣著名的「森林詩人」。自然、鄉情、旅遊是其抒情詩的主旋律。《走出森林》是吳俊賢繼《森林頌歌》、《森林之歌》後的第三本詩集。他在序文中表白，為了想脫離林業的範疇，因而出版了這部兼具新詩及評論的詩集，以做其一甲子年的紀念。我近日讀後，覺得確有獨特的韻味。那就是它使我更開拓視野，也因此對作者的經驗與生活有了較為深刻和強烈的了解。

　　作者以純淨、透明的詩語，抒寫生活回憶並善於捕捉對自然界的微觀，從而體現出一種樸素的、清奇的風格。在當前政壇風起雲湧的時代，他的詩，可說是獨樹一幟。然而真正的詩歌藝術，並非劍拔弩張的憤慨，亦或疾言厲色的譴責，當然，也不是嬉笑怒罵的嘲諷。它必須經得起大環境的考驗與篩選的。而吳俊賢近些年來的詩歌有的是心靈搏動的折射，悄然回憶中的靜默。我揣測，這跟他專於潛心佛法，尤好淨土法門是相關的，因此，詩行就包含著引導詩人追求質樸無華的情趣，也藏有一種潛移默化的感人力量。

　　在《走出森林》的 50 首詩作中。詩人穿插了若干海外旅

遊的片斷,如〈日內瓦湖的天鵝〉、〈大汗草原〉、〈阿寒湖〉
等,和某些有意義的場景,如〈再見大崩壁〉、〈惡水奔騰〉、
〈蓮華池流螢〉等;也有人物和小故事,如〈母親的菜頭糕〉、
〈女人樹—給愛妻〉等等,以及詩文評論十多篇〈含詩評杜
潘芳格、陳坤崙、林豐明、趙迺定、林鷺、高銀等〉,從而使
此書更為豐富,也使作者擺脫了「森林詩人」的侷限,得以
盡情抒懷,這也是一種有益的藝術嘗試。而我選擇其中的三
首抒情詩,一起來領略他的才情。

　　首篇〈台北植物園春荷〉中對春荷的讚美並非即景抒情,
而是詩人抓住了當時瞬間感覺,寫得細膩傳神,已然昇華為
一種新的審美情趣:

　　　　沉寂的心弦上
　　　　春風纖手輕柔撥弄
　　　　鮮嫩荷葉舒展笑顏

　　　　穿越十萬億星雲的旋律
　　　　在池中迴旋蕩漾
　　　　尋覓知音
　　　　舞出今生同心的誓言

　　　　一朵純淨的生命
　　　　飛越宿命歷史博物館旁
　　　　四月展讀春秋等待化生

　　這本是靜態的畫面，但在詩人眼中，這佔地約八公頃的台北植物園中的春荷姿影卻讓一切都飛動起來了，充滿了強烈的生命感，這正是作者藝術追求的所在，詩中也飽滿充沛的情感。書裡的許多佳篇，都有一種醇厚的泥土氣息和純真美的追求。如接著這首〈里佳村瀑布〉，不但注意詩境的創造，而且內涵加深：

> 傳說來自藍天的仙子
> 沐浴山中遺落了白絲帶
>
> 奔放的彩虹從心底昇起
> 晶亮愛語傾瀉而下
> 迴盪里佳村尾山頭
> 滋潤族人饑渴的心靈
>
> 尋覓白絲帶的仙子
> 著霓裳羽衣飄然
> 自光音天而降
> 以豐沛的生命奶水
> 哺育越來越少的族人

　　據悉，有「藍色部落」美稱的里佳村位於阿里山鄉，為阿里山最自然的鄒族部落；不僅山巒蒼翠，溪流和瀑布為山中聚落帶來清涼氣息，夜間還可看螢火蟲。從里美步道觀瀑亭，可遠眺溪對岸的里佳瀑布。看來作者不僅僅對山林情有所鍾，且對部落也是多情的。由此可知，到了這第三本詩集，

詩人的筆力已趨成熟，感情更真摯、奔放。在體現作者另一
種風格美的作品中，這首〈雨季不來〉，調子舒緩而幽雅，不
僅意象擴大，更是向「雨季」不來的煎熬過程中詩意地思辨。
於是，他感嘆：

> 等在太平洋海岸的鮭魚
> 找不到歸鄉路
> 十月上旬依然乾得發火
> 奧勒崗花旗松悶悶燃燒起來
> 滿腹晶瑩詩句等待回鄉鋪陳孕育
> 西風不起秋雨不來
> 洄游的孤舟無法起錨揚帆
> 遲到的雨季慌亂了等待的心
> 饑渴了大地飛鷹與黑熊
> 印第安人的祖靈開始不安
>
> 等妳在太平洋海岸
> 妳是遲到的雨季
> 苦苦在雲端強忍淚水
> 傾訴愛別離
> 我像歸鄉的鮭魚
> 滿腹相思愛苗等待回鄉播種繁衍
> 當妳淚水如波濤奔向海岸時

　　這是詩人對自然、社會、現實及生態變遷的至大至微的
多元的思考，和著憂慮的詩情及和諧的旋律，呈現出一種敏

感而激越，高遠而揮灑的孤獨美。畢竟鮭魚的掙扎，是為了逆流歸鄉，這是不言而喻的；而作者那種守望的目光使詩歌所達到的思想高度，就已具有非常的意義 —— 這是別的詩人很難做到的。

這麼多年來，對森林或林業生態，吳俊賢可謂是忠誠的守望者。他一生執著於自己追求的事業，且安於寫作的孤獨。有一段話是他畫自己的，現錄之：

「……詩人是時代的良心、歷史的俠客、生命的鬥士，以詩言志，以詩斬妖除魔，以詩照亮世界及宇宙，是我的堅持與理想。……」

我想，這個「森林詩家」就是這個人的詩，他有時如地球上的巨人，為了森林的永續發展而挺身而出，有時又如一個滄桑的哲人，細數人類社會的變遷，有時是個沉潛的修行人。總之，他那「清新悅目」的詩就是這個人 ——

—— 2014.12.15 作

—— 刊臺灣《笠詩刊》，第 306 期，
2015.04，頁 120-123.

27. 讀傅予《籬笆外的歌聲》

　　數十年來，任鐵路局四十五年退休的傅予一直默默地為新詩的寫作進行積極的探索。繼他的《尋夢曲》、《生命的樂章》、《傅予詩選》之後，最近又寫出了《籬笆外的歌聲》。此書以「穿越一甲子」作為詩眼，精心苦慮地展開敘事、談理、抒情等等歌咏自然或人生的樂章；其中涵蓋十行內小詩百首、四行詩、五行詩、六行詩……以及百行詩〈生命跌宕在時間的光影中〉，等等，雖各具特色，但也都貫穿著詩人的人生觀念與大半生的深刻醒悟。

　　書中最大的特色，是以誠摯的情懷，唱出自己的生命之歌。他歌唱與癌症共舞、鄉情、親情，也吟咏愛情和生命中美好的事物，他用血液裡流淌出來的真誠之聲，去敲打那些能激起共鳴的心靈。慶幸的是，病魔非但未能擊倒他，反而激起他更旺盛的創作熱情，還開掘出許多生活哲理；因而，詩神也不吝嗇，特回報予他辛勤耕耘的碩果。

　　加以作者善於抓住短小的生活片斷或瞬間的靈魂閃光，造成獨特的小詩，最能顯出其樸實的藝術氣息。如作者初次發表的〈字〉，語言精短而內容豐富，與他的思想深度是成正比的：

　　你懂得沉默是語言的語言
　　永恆地沉默著
　　給人類做最忠實的證人

　　言為心聲，詩象即心象。詩人聯想之巧，給人以新穎之感。文字是用來代表語言的，它可以是浪漫的、自由的，也可以是光明的、抽象的；而作者以擬人化表達出「字」的內涵，比喻也貼切，很形象地傳達出詩意，是別出心裁之作。另一首〈宇宙〉，也許和他的人生經歷有關，是以心靈體驗的悟性，觀照大千世界的的一種徹悟；詩道亦在妙語，令人感到一種內在的力度和厚重感：

　　在小無內的微塵裡
　　在大無外的太空裡

　　在一條沒有起點，也
　　沒有終點的時間的河流裡，有

　　許多星星點點，它叫
　　宇宙

　　全詩境界寬遠，時間與空間相交織，有一種謙卑學習的精神，也體現了詩人向浩瀚無垠的大宇宙索取自由寫作的理想。其次，作者還善於把外在之景融入內在之情，使客體物象成為鮮活的生命體。如這首〈母親的微笑〉，是作者為愛妻

凝視懷中初生的女兒之作，它讚頌永恒的母愛，寫得親切細膩，沒有絲毫雕鑿痕跡：

> 晨曦，親吻著大地
> 用萬丈光芒，展露了
> 大自然的一個微笑
>
> 母親，凝視著從她身體內
> 分裂出來的一塊肉
>
> 第一次抱在懷裡，展露了
> 一個人性光輝的微笑

詩人是敏感的。雖然愛情詩和親情詩，是詩人最能動情的題材，或熱烈傾訴，或淒冷悲涼，或歡喜雀躍，古今中外都有許多動人心魄的詩句；然而，傅予卻有自己的達情方式。晨曦是大自然的美和力的象徵，也是詩人心靈的外化，更是詩人對愛護妻女的憐惜與生命力的展現。讓母愛的慈輝閃動起來吧，去溫暖大地，去感動人心。這不也是詩人的一顆詩魂嗎？

在前幾年的一次詩會上，認識了老詩人傅予。他有著沉靜而謙遜的個性，又樂於助人。他的生活箴言，可以拿〈破曉〉的詩句為例證：「太陽用光敲醒了大地」。是的，儘管生活帶來了磨難與痛苦，他讚美陽光，關心生活，期許自己將靈魂裡的淚水，沉澱成至純的鹽，並將詩句譜成對美好事物

的熱愛與渴望，做一個真誠的歌手。如今有幸收到他的新詩集，才有上述我讀後的總體感受。詩人無國界，雖然我們不多見面，但我期待，他會向詩藝詩美的殿堂繼續攀登，寫出更多優秀的作品，以饗讀者。

　　　　　── 2014.12.26

　　　　　── 刊臺灣《臺灣時報》台灣文學版，

　　　　　　 2015.1.4

28. 評旅人詩三首

今年(2015)元月的《翰墨詩香》詩會後,接到旅人(1944-)寄贈的詩集時,深深感受到,這位師大噴泉詩社社長,從事過中小學教師、審計部參事直至退休的大甲鎮詩人,憑著對台灣、對鄉土、對親友的一腔深摯的愛,在經過了歲月的洗禮與感情的沉澱,已然昇華為豐沛的詩情並刻畫著他對詩美追求的執著。可貴的是,他不以出版過詩集《一日之旅》、評論《中國新詩論史》及擔任吳濁流新詩獎評審等等詩藝上的成就為傲,仍保有樸素恬淡又不失赤子情懷的純真。

舉凡大自然的一草一木,一景一物,不用說,這正是旅人(本名李勇吉)孕育出豐富的性格的泉源,也是他深厚的思想內蘊、心靈的投影。但他在品銘大自然的恬靜與幽美的同時,心靈的天空始終如一圓月。那冥想寧靜,讓他的詩世界有如是深情的顧盼,也頗有禪道韻味的哲思。如收錄在《重生的音符》書裡的這首〈鷺鷥的韻腳〉,奇秀清逸,不經意地袒露出自己的羨慕之情:

> 你飽雨的夏聲
> 傾刻,飛過我屬意已久的
> 幾株榕樹

榕與榕之間，你看
拱門開向我
你每片的羽義
由風註釋自由，並且翻譯過來

於是，我開始讀你的雙翅
自北方來的翱翔速度
總有些難以捉摸的隱喻

料到你長長的韻腳
必定歇落於濃密葉裡
晃動的白色啊，仍從燠熱透出
與我即將傷別的景色

　　詩人在欣賞大自然中，彷彿一切塵世的喧囂都遠去了。
無論是繁忙的人群、台北的霓虹燈……都在那白鷺溫柔的翔
舞中，以無數視覺意象和聽覺意象組成了一首優雅和諧的交
響曲；而其中所透出虛虛實實的禪意，此乃源於他有容納大
自然的胸懷。

　　再次，詩人還善於把哲理融入形象，或把禪思借助形象
流露出來，既增加了詩的意境，又可擺脫泛泛地抒情狀物。
如收錄在《笠 50 紀念版小詩集 9》最後的一首〈我聞〉，也
透出了詩人深沉的思索：

如是我聞
聞到的是溪水佛聲
廣長溪水
聲聲入心
此心，是佛心
但為什麼念念遷流
永不止息
滾滾紅塵的榮景
在虛幻的虹中出現
七彩的朦朧
化成一彎煙雲
閃過世間
修長的手指
划過鋼琴的白鍵與黑鍵
甜美地流動梵音
於子夜，於小燈
時光消磨掉了
快到天明
離鍵，起身，合掌
窗外的溪水
依然潺潺，纏纏，禪禪
不斷灌耳

　　這是首很有深意的詩，我感到的是，真詩鑄煉於歲月的分量。它敘說了紅塵的滄桑變化，那佛聲出自天籟，不是被現代樂音刻意經營的那種節奏，而是反映了他個人生活變遷

中的種種感悟。但作者並非即景抒情，他娓娓道來，悄然回憶中的靜默。德國大文豪歌德說：「一個作家的風格是他內心生活的準確標誌。」（註）這話跟蘇軾《答張文潛書》裡提及：「子由之文實勝僕，而世俗不知，乃以為不如；其為人深不願人知之，其文如其為人。」道理是如出一轍。也就是「文如其人」、「象由心生」之意。而作者旅人就是一個注重意象營造的詩人，他的許多景物詩，大多把深情蘊聚到新穎的意象之中。如 2013 年底在《笠詩刊》發表的〈深秋〉，除了注重音韻美，也在美好的意象中透出淡淡的憂傷：

> 深秋什麼也沒說
> 只留下一地的落葉
> 翻轉大地的聲息
> 回頭一望
> 深秋的楓葉
> 掛著季節的輕雨
> 向眼眸閃過
> 也許，是一季的
> 漂泊水流
> 不知去向
> 隱於幾把朦朧的
> 月光之中
> 　在那兒呼
> 喚深秋
> 留住它的深深的心語
> 輕愁，已從書本的

> 扉頁飛去了
> 便站立小巷口
> 和旅行的風去尋覓
> 下一次的深秋
> 是否仍然藏在熟悉的山谷裡

　　句裡的深秋，已體現在「落葉」、「輕雨」「朦朧的」月光之中了，但時光如濤，而今只留下串串的寂寞。特別是「掛著季節的輕雨／向眼眸閃過」一句，頗具通感之妙；最後則以濃重的感情寫出從歲月中飄流出來的輕愁。據悉，熱愛文學的他，也在網路建立一塊小小的精神家園，網名「紅樓歸晚」，原來，裡面有一個典故，它是取自南宋中期的著名詞人史達祖在〈雙雙燕〉第二段裡的詞句：

> 芳徑，芹泥雨潤。愛貼地爭飛，競誇輕俊。紅樓歸晚，看足柳昏花暝。應自棲香正穩，便忘了天涯芳信。愁損翠黛雙蛾，日日畫欄獨憑。

　　從中可看出詩人內心的某種孤寂與浪漫風格，同〈雙雙燕〉的春燕與孤棲愁煞的佳人對照，旅人的這首〈深秋〉也是把濃郁之情，轉化為象，又從內裡滲透出深刻的體驗。他雖久居台北生活美滿，但也嚮往燕子，能天晚歸巢雙棲、安穩甜美的自由，這種以情折射生命感悟的特點也就不言而喻了。其實，在一個高明的詩人筆下，引經據典是一種難得的修辭手段。他善用了史達祖的詞句裡含蘊的思想和感情，藉以增強他在博客裡抒發的情感，而事實證明，他文才橫溢，

且用心經營博客；其孜孜不倦的精神，永遠吸引著讀者，同時，也已成為文學中被尊敬的一族。

　　註：摘自《歌德談話錄》，朱光潛，人民文學出版
　　　　社，1979 年版，第 39 頁。

　　　　── 2015.1.15
　　　　── 刊臺灣《笠詩刊》，第 307 期，
　　　　　　2015.06，頁 119-122.

29. 美麗的瞬間 ── 吳翔逸的詩

　　《親愛的，這不是一封信》是吳翔逸寄來的詩文集，他以輕靈的文筆記錄下永存記憶中的瞬間和細節，回眸生命中的風景，不僅是青春歲月的自然展示，而且我們也欣賞到了穿插其中的生動和逼真的插圖作品。已從南華大學文學所畢業的翔逸，也是優秀青年詩人之一，現為編輯與行政工作，迄今仍不懈地以多彩的筆觸為我們打開一個詩情和畫意契合的藝術世界。

　　翔逸的情感世界十分豐富，這也許是他能寫出美麗的抒情詩的主因。可以說，寫身邊的感思情真意切；寫愛情則浪漫唯美，也有生活氣息。比如收錄於張默《小詩・隨身帖》的〈印章〉，他寫道：

　　　　總是瘦瘦長長
　　　　似一棵專注守候的千年神木
　　　　從無數氣鬚發出些微嘆息

　　　　只等一回的取捨
　　　　大雨如瀑傾下
　　　　沾濕了闊葉

在路面留下行過的跡印

　　這些含淚寫出的字句，並非生活的流水帳。而是作者再次表達了他內心的傷痛，記下他生命旅途中的刻痕，也記下他生命中的體悟與懷思。第一次與翔逸近距離談話，是在台北《翰墨詩香》的詩會上，一眼看出，他是個感情執著的才俊，唯此他的詩才會捕捉到那些淹沒在日常生活中的動人瞬間。他的嘆息，似一種無言的惆悵，就像秋葉紛飛般淒美……他把愛的溫暖與憔悴鋪上了一層又一層，也讓讀者看到他渴望掙脫樊籠、指向光明的蛻變與成長。

　　翔逸有瘦高的儀表、憂鬱的氣質。由於愛情的幻滅，他的詩難免感到孤獨和寂寞。他把這種心情寫進了詩裡，奠定了悲傷的基調，如這首：

　　　　整面河床再也擰不出一滴水
　　　　頻頻張口的嘴已經疲憊
　　　　身上的鱗片也失去了
　　　　閃爍動人的視覺
　　　　映在不再晶亮的眼神
　　　　巴巴地望向天

　　　　天空仍舊是一片灰塵
　　　　映對乾荒如漠的河床
　　　　我，一隻魚，無力翻身
　　　　我，一個人，無力挽回

　　曾經的悠遊自若
　　如今成為不得彈動的雕塑
　　　　〈魚人〉

　　這裡，作者感情的直抒已轉化為意象的傳達。我們似乎
可以聽到他內心的喧響，在夜空裡激盪。逝去的愛，讓他感
覺像隻「無力翻身的魚」，無奈與煎熬，驅使他像雨聲般熱情
的愛，深陷泥沼，難以飛升。直到我讀到翔逸的這首近作〈詩
裡生波〉，於是，我看到，一個重生的生命，不再是被封閉的
困乏之魚，只有浪漫而缺乏自由。他，已然走出自我，且有
卓見。這一跳躍擴大了詩的審美空間，使此詩有了張力，啟
人遐思：

　　一個人除了在夜裡
　　或經由閱讀一本書、一段話、一句詩
　　或藉由思緒沉澱一日
　　才會發現另外一個迥異的
　　加倍柔軟的自己
　　　　　　（懂得滿足，便懂得釋放、懂得珍惜。）

　　詩能產生波動
　　有的詩讓我們暫時脫離現實
　　有的詩可以讓我們找回現實
　　惆悵有可能是因為某類詩
　　因為某類詩也會感受快樂
　　直至平靜之河

　　人的感情是複雜的。時而激昂、奮發，時而憂傷、悲涼；對於深入詩人的內心世界和準確把握意象內涵是很重要的。詩裡的最後一句，傳達出作者極為輕柔的情感，如輕風般漫游的魚。這種緩慢、沉實的節奏，也表達出一種力量，從容不迫的自由心境。

　　詩人歌德（Johann Wolfgang von Goethe，1749-1832）說：「在每一個藝術家身上都有一顆勇敢的種子。沒有它，就無法想像會有才能。」這勇敢的種子，正是翔逸開出詩歌探索之花的成因。這位德國大文豪語錄裡，還說過：「痛苦遺留給你的一切，請細加回味！苦難一經過去，苦難就變為甘美。」在物欲橫流的環境裡，翔逸仍堅持自己的精神追求。他不僅有滾燙的詩心，且以詩為自己的精神食糧，這讓他個性中脆弱的部份變少，變得自信而堅強了。翔逸的詩仍在路上，望作者更加精益求精。我祝願這株嶄露頭角的新苗逐漸根深葉茂，欣欣向榮，聳立於臺灣詩壇，成為引人注目的風景。

　　　　　　　　　　—— 2015.1.27 作
　　　　　　　　　　—— 刊臺灣《臺灣時報》台灣文學版，
　　　　　　　　　　2015.2.1-2.2

30. 孤獨的手風琴

── 讀辛勤的詩

　　當代智利詩人、諾貝爾文學獎獲得者聶魯達（西班牙語：Pablo Neruda，1904-1973）曾說：「對每一個詩人來說，詩歌應該是一種有機的組織 ── 它奔湧在詩人的血液中，是詩人整個存在的脈搏和顫動。」對於辛勤來說，詩是從少年時代就陪伴著他，讀詩寫詩成了他生活裡的主要內容；而近八年來再度重拾筆桿，雖已沒有年輕時浪漫、有感情的純真；然而，隨著年齡增長與歷練，他的詩笛裡飄出的聲音是苦澀的，還多了點滄桑，如孤獨的手風琴，在那或低沉、或高昂，或優美，或迷濛。

　　然而，真正把詩人的「本我」作為詩歌中的主體，而期待昇華為一種符合現代詩要求的優秀作品時，才是重返詩壇的辛勤的心靈之歌。給人印象深刻的詩，如近作〈孤獨之外〉，已傾訴了他自己內心的哀痛和追求：

　　　　他高高的影子，在陽光下
　　　　仰成一口
　　　　井
　　　　傷心的眸子

　　隨驚鳥之後
　　擱淺在風中那株
　　顫抖的枯樹

　　天空從此一天天地滑開

　　詩的內在感情濃烈，也可看出，作者的審美觀念發生了根本的變革，已由早期單純的美向多層次的美轉化，且增添了一種多義性和模糊性。這也許是詩人用語言創造出來的一種幻象，它包含了某種變了形的現實，或是一種短暫的時間片斷。在這一時間片斷裡浮現了許許多多互相矛盾又相互混融在一起的情感意識，使我們窺見了一個孤獨者內心的隱秘。

　　在辛勤詩歌的內向化過程中，有些作品是瞬間的感覺，也有把眼前所感同過去的回憶聯結而產生新的思維的。如這首〈夜無眠〉，小小的畫面，卻是詩人在剎那間超越了時空的限制，而展示出內心的漂泊無依：

　　打撈
　　夜的上游
　　漂來的淤積
　　竟然是
　　連連失手
　　打翻的嘆息

　　儘管，生命的旋律時而有壓抑後的高揚，也有喧囂後的冷靜。過去，再多的磨難或迷惘，正如遇到山石阻擋的溪流

一樣，它總會繞過去，或聚集更大的力量飛越它，而這些蛻
變後的昇華，終成詩美的種子，和作者的感覺相聯繫，是不
會消亡的。

　　辛勤以往的詩作基本上是依據傳統的現實主義或浪漫主
義的創作方法，但在這首〈塑膠花〉，已然開始運用象徵、隱
喻等手法：

　　　披戴一身華麗
　　　枯坐在
　　　四季的門外
　　　看蜂蝶翩飛旋舞暗自
　　　感傷
　　　身世迷離

　　詩人並非固定傳統的探索者，他不老的詩心仍透過長期
的閱讀而像海綿般不斷汲取新的養份。這裡，寫出了「它」
的苦苦地等待，就帶著某種超現實的色彩，給人以較多的品
味和多重的思考；而詩人的眼睛已看到更廣大的世界，更多
的人間悲歡離合，其主觀感情隱而不顯，只從特定的意象中
淡淡地透出。這其中，不難發現，作者已接受了一些象徵主
義的影響，但又不撲朔迷離、使人難以理解。如〈入寺〉，這
是對實有的景物的自由聯想，注情入內；也可以說是在恬靜
中展現出詩人把一種內在的生命感揭示出來之作：，

　　　入寺前
　　　請留下多餘的聲音

交給迎賓的鳥語蟲鳴
這滿山寂靜
正等著老和尚午後誦經
大殿裡
三尊如來垂目端座
暗暗手語
笑著
跪落一地尚未成就的菩提
風雨來塵土去
香爐依舊燃著東土的法喜
晚風徐徐
吹過慈航的古今

　　詩道亦在妙語。句中的人與物以和諧的方式來佈滿畫面，並臣服在「靜穆又歡愉的氛圍之下」。作者創造了一個美好時光的背景讓疲憊的旅人得以在入寺參佛中放鬆，這充滿禪意的寺院正是作者心智的外在的體現，尤以最後兩句，正是一種深刻的禪語，也生發了一種懷古嘆今之情。

　　總之，辛勤對詩的那份癡情是可貴的，同時，也是個優秀的五段棋士。他的獨白、追尋和思考，已成為其詩歌的主軸；無論是其慨嘆、驚見或咏讚，都能透射出自己真摯的情懷。值得稱賞的是，作者並未對憶往的細節如實地去描述，而是著重於多彩的意象的表現，其中也不乏用現代手法寫成的佳句，如〈不歸〉詩裡，有一種沉重的蒼涼感：

沸騰的滄海之水

煮一壺茶
來回沖泡往事
咀嚼著夢風乾的碎片

擦身而去的
都散作天涯雲煙
而夢更遠
曾經是靈魂的晶片
如今斷訊失聯

滿身油膩的頭銜
彼此生吞活嚥
熱血的身子
名利冰冷的義肢
沾沾自喜
如缸裡的水族
負著手來回踱步

　　這正是作者借助於全感官的感受，所坦露出自己心靈的
震動。看來，在心的遠景裡，在靈魂的深處，他隨著閱歷增
多，思考也多了，且已從對外在熱烈的喜愛轉向對內在沉思
的鍾情，使情象的流動更加可感。祝願辛勤在花甲之年後，
能寫出更多優美的詩作。我誠摯地期待著。

　　　　　　　　　　　── 2015.1.28 作
　　　　　　　　　　　── 刊臺灣《海星》詩刊，第 19 期，
　　　　　　　　　　　　　2016.03 春季號，頁 19-22.

31. 論丘特切夫詩歌的藝術美

摘要：丘特切夫是十九世紀俄國著名抒情詩人、象徵派的先驅。關於他的詩作的卓絕成就及其思想意義，對後世的影響，幾十年來已有不少專著，分別從美學、哲學等視角進行了比較深入的研究，但從詩美的角度探討其美學意義與藝術特徵，卻不多見，本文試圖在這方面做一嘗試。

關鍵詞：費多爾　伊凡諾維奇　丘特切夫
　　　　Fedor Ivanovich Tyutchev　詩人　象徵派

ON THE ARTISTIC BEAUTY OF TYUTCHEV'S POETRY
by Lin Ming-Li, Taiwan

Abstract: Tyutchev was a famous 19th Century Russian lyric poet and a pioneer of Symbolism. During the last several decades, there were numerous extensive studies on the outstanding achievement of his poetry, its ideological significance as well as its impacts on future generations. However, most of these studies were done from the aesthetic or philosophic point of view. In this article, we attempt to analyze the aesthetic significance and artistic characteristics from the point of view of its poetic beauty.

Keywords: Fedor Ivanovich Tyutchev, poet, Symbolism

傳　略

　　費多爾・伊凡諾維奇・丘特切夫（Fedor Ivanovich Tyutchev，1803-1873）和普希金（Alexander Pushkin，1799-1837）、萊蒙托夫（Mikhail Lermontov，1814-1841）是俄國浪漫主義時期的三大詩人。一生的詩作約有四百首，多為愛情、風景及哲理詩。然而，不同於普希金的理性、敦厚與萊蒙托夫叛逆、孤獨的文學氣質，丘特切夫的詩，蘊含深邃、優美而沉鬱；其刻意追求藝術美的主體個性，應源自家庭的先天因素和後天環境的影響。他曾說：「為使詩歌繁榮，它應紮根於土壤中。」且強調「詩是心靈的表現」。其藝術風格是把哲理思考與審美感悟變成個性化的詩語，感情豐沛；善於對自然季節的變化作了生動、雅致和形象逼真的描繪，被視為「純藝術派」，而其深刻的思想與高度的美學價值在世界詩史中也佔有獨特地位。

　　他出生於一個古老的貴族家庭，自幼熱愛詩歌，十四歲就開始寫詩；少年時代的家庭教師是詩人兼翻譯家拉伊奇。1819 年進莫斯科大學語文系直至畢業。1822 年起，在德國慕尼克等地的外交機關任職了二十二年，由於懂得拉丁語和其他新語系，開闢出一條掌握古代文學和現代歐洲文學的通路。博學多才又擅於辭令的他，也是貴族社交場上的常客。1858 年起任外國書刊檢查辦公室主任，直到晚年。當時，慕尼克是歐洲文化中心之一，在這裡，他與德國詩人海因里希・海涅（1797-1856）和唯心主義哲學家弗里德里希・謝林

（1775-1854）交往密切，其哲學觀點受謝林唯心主義影響，對精神和自然的同一性、無差別性的思考，發展成同一哲學，理念相近；而政治觀點上，則肯定重大社會變革的必要，期望帶來新視野的可能性，但又顧忌於革命，因而反映出對革命風暴的預感和心靈的不安於詩中，遭致一時的爭議。

　　30 年代前後，丘特切夫在莫斯科刊物寫了幾十首抒情詩，其中不少極為出色，例如：〈春雷〉、〈不眠夜〉、〈海上的夢〉、〈西塞羅〉、〈沉默吧！〉、〈不，大地母親啊〉、〈我記得那黃金的時刻〉等等，可惜未引起注目。直到 1836 年，邱特切夫把他的一組詩稿寄給彼得堡的友人，當詩人維亞澤姆斯基和茹科夫斯基（1783-1852）將詩稿轉交到普希金手裡，普希金欣喜地從中選出二十四首詩作刊登在他主辦的《現代人》雜誌，頁 9-11。題名為《寄自德國的詩》，署名 ф.т.（即丘特切夫名和姓的第一個字母）。這兩位靈魂知己雖未曾謀面，但丘特切夫後來得知普希金欣賞他的詩才，非常感動。1837 年，普希金逝世，丘特切夫立即為他寫詩悼念；同年，他被任命為俄國撒丁王國的使館一秘。

　　丘特切夫的第一任妻子愛琳娜是伯爵小姐，於 1838 年病故。次年，在都靈與厄爾芮斯金娜・喬恩別爾結婚，第二個妻子也是名門望族。1839 年，他被召回俄國，不久，他申請再度出國，未獲批准。由於他擅自離開俄國到都靈，因而被解除了公職。1839 至 1844 年間閒居慕尼克。1844 年，丘特切夫攜眷回到俄國，又在外交部復職。1850 年，丘特切夫認識了他兩個女兒的同學，斯莫爾學院院長的侄女二十四歲的

葉連娜‧杰尼西耶娃。這一年，丘特切夫 47 歲，杰尼西耶娃才 24 歲，沒想到兩人竟一見鍾情，終於不顧輿論，覓地同居。杰尼西耶娃也出身上層貴族，她與丘特切夫的關係引起俄國貴族社會的不滿。當所有的譏諷落在杰尼西耶娃身上時，真摯的悲痛也在他心上刻下了創痕，這段被輕蔑的愛情讓他們相愛變得十分艱辛。但杰尼西耶娃仍為他生了一女二子，關係維持十四年之久，於 1864 年肺病去世。丘特切夫為此痛徹心肺，並為她寫出許多詩作，一般習稱「杰尼西耶娃組詩」。

　　40 年代的丘特切夫幾乎沒有發表什麼力作。50、60 年代寫的「杰尼西耶娃組詩」是丘特切夫最感人的作品；但杰尼西耶娃的死，是詩人最悲痛的事件。他一生不追求高官厚祿或文學聲譽，但在 1854 年第一次詩集問世，就博得一致的好評。同年，屠格涅夫（1818-1883）編輯出版了《丘特切夫詩集》，並在《現代人》雜誌上撰文評論：《談談丘特切夫詩歌》。他和作家涅克拉索夫（1821-1878）都認為丘特切夫是位優秀的抒情詩人，並讚譽他的詩既有鮮明的思想又有生動的形象；同時也肯定詩人在語言上勇於創新，具有普希金式的美。屠格涅夫又說：「他創造的語言是不朽的，這對一個真正藝術家來說是至高無上的褒獎了。」在涅克拉索夫和屠格涅夫的宣傳下，丘特切夫也受到了俄國大作家托爾斯泰、陀思妥耶夫斯基以及詩人費特（1820-1892）的稱頌。從 50 年代起，丘特切夫作為詩人才有了名氣。丘特切夫第二次出版詩集於 1868 年，其生命的最後十年，經常生病，1873 年長逝於皇村。

　　在以往的一些評論文章中，論述了丘詩與俄國、西歐宗教、哲學與文學等多方面分析了丘特切夫對現當代俄國文學的影響與獨特貢獻，也有從文化角度挖掘了丘詩與王維詩歌的異同，但卻忽略了其在藝術上執著的追求。本文於從實事求是的分析中，試圖找出正確的答案。

譯詩選讀

　　丘特切夫一生創作的主體是詩歌，他把俄語視為最珍貴的語言，不願把它浪費在日常瑣事上，而把它為自己的詩純真地保存起來。其早期詩作，不但有運用奇特的想像與象徵手法，表達出熱情謳歌美好的人生與青春、赤誠的愛情，從而形成一種幽雅雋永的風格美。譬如 1828 年寫下的詩歌〈春雷〉，用「隆隆」疊字詞摹聲創造出春雷敲擊大地的聽象；而輕重疾徐相錯雜的雨聲更加具象化，使人如聞其聲，甚至如見其形。接下去用雷神宙斯之女赫巴，這一青春女神給眾神斟酒的畫面，渲染出春雷的具象美感，再現了詩人高超的藝術想像，象徵意蘊自然十分豐富：

　　　五月初的春雷是可愛的：
　　　那春季的第一聲轟隆
　　　好像一群小孩在嬉戲，
　　　鬧聲滾過碧藍的天空。

　　　青春的雷一連串響過，
　　　陣雨打下來，飛起灰塵，

雨點像珍珠似的懸著，
陽光把雨絲鍍成了黃金。

從山間奔下湍急的小溪，
林中的小鳥叫個不停，
山林的喧嘩都歡樂地
迴盪著天空的隆隆雷聲。
你以為這是輕浮的赫巴
一面餵雷神的蒼鷹，
一面笑著自天空灑下
滿杯的沸騰的雷霆。

不難看出，丘特切夫在詩歌中將詩中各種意象混合在一起，也有意徵和比喻的意味，這種混合交叉反而使詩歌意象的內涵更有品味的空間。

事實上，其他歐洲作家對於丘特切夫有著間接性的影響；他汲取了英國詩人拜倫（1788-1824）的詩歌中的浪漫且不倦地轉向莎士比亞（1564-1616），認真地瞭解浪漫主義及現實主義長篇小說、法國的歷史科學等等知識，這正是其藝文思考著力之處。俄國文學批評家杜勃羅留波夫曾認為，費特（Afanasy Afanasyevich Fet, 1820-1892）的詩只能捕捉自然的瞬息印象，而丘特切夫的詩則除描寫自然外，還有熱烈的感情和深沉的思考。這段論述恰恰給他早期詩作的不同風格美作出了註腳。丘特切夫詩作的本質在於抒情，但他總離不開形象思維的規律；而其動人之處，在於以情為統馭，去

調遣、選擇、分割、組合各種具體物象，而創造出鮮明的形象感。

如 1829 年寫下的〈不眠夜〉，這恰好為詩人寂寞空寥的內心作了襯托，同時也暗含著對文學運動的興起帶給年輕的族類的不同感受：

> 詩鐘敲著單調的滴答聲，
> 你午夜的故事令人厭倦！
> 那語言對誰都一樣陌生，
> 卻又似心聲人人能聽見！
>
> 一天的喧騰已逝，整個世界
> 都歸於沉寂；這時候誰聽到
> 時間的悄悄的嘆息和告別，
> 而不悲哀地感於它的預兆？
>
> 我們會想到：這孤淒的世間
> 將受到那不可抗拒的命運
> 準時的襲擊：掙扎也是枉然：
> 整個自然都將遺棄下我們。
>
> 我們看見自己的生活站在
> 對面，像幻影，在大地的邊沿，
> 而我們的朋友，我們的世代，
> 都要遠遠隱沒，逐漸暗淡；

但同時，新生的、年輕的族類
卻在陽光下生長和繁榮，
而我們的時代和我們同輩
早已被他們忘得乾乾淨淨！
只偶爾有時候，在午夜時光，
可以聽到對死者的祭禮，
由金屬撞擊所發的音響
有時由於悼念我們而哭泣。

　　在有意識的自我反思下，詩人如一匹雄邁不羈的靈魂，
儘管年輕的詩心，步履有些徬徨，但他在時間的血液中，仍
不息地飛奔……每一句，都是靈魂的力量。

　　再如 1836 年寫下的〈不，大地母親啊〉：

不，大地母親啊，我不能夠
掩飾我對你的深深愛情！
你忠實的兒子並不渴求
那種空靈的、精神的仙境。
比起你，天國算得了什麼？
還有春天和愛情的時刻，
鮮紅的面頰，金色的夢，
和五月的幸福算得了什麼？……

我只求一整天，閒散地，

> 啜飲著春日溫暖的空氣；
> 有時朝著那碧潔的高空
> 追索著白雲悠悠的蹤跡，
> 有時漫無目的地遊蕩，
> 一路上，也許會偶爾遇見
> 紫丁香的清新的芬芳
> 或是燦爛輝煌的夢幻⋯⋯

　　詩句如風吹拂過樂器那般自然！在其中，可以感受到丘特切夫詩歌創作及詩的定義，都與自然處於平衡和諧的關係，以及對希望的殷切期盼，是如此的純粹、堅持。特別是他所言所寫，具有滲透人文、擴大藝術視野與清新的特質，構成畫面中不可或缺的元素，讓人重新感知這個世界的美好，也是對祖國大地日益熱愛的美麗象徵。

　　讀者可能會發現，十九世紀俄國文學的重要人物包括寓言作家克雷洛夫、文學評論家別林斯基、劇作家格波多夫、詩人巴拉丁斯基和丘特切夫等。而普希金是俄國文學的奠基人，也是世界偉大的詩人。1837 年 1 月 27 日，普希金因妻子緋聞與流亡到俄國的法國保王黨人丹特士決鬥，兩天後，因傷重去世，年僅 38 歲。據說這是沙皇精心策劃的一個陰謀，為此，使全體俄羅斯人哀痛萬分，憤懑之士紛紛抗議，為之沸騰。而丘特切夫的詩歌大多是他經歷了 1816 至 1825 年俄國的文學運動，1820 年他讀了普希金的政治自由詩後，寫了〈和普希金的自由頌〉，並稱讚普希金「點燃起自由之火」，肯定他勇於「向暴君預言神聖的真理」。由此可見，

他對當時極權制度下的俄皇是不滿意的。

　　之後，丘特切夫不只一次地以口頭和書面的形式，甚至用抨擊的語言來批評俄羅斯共和國政府，也書面的表現於詩中。譬如普希金一死，丘特切夫滿懷激情地寫下了此詩（1837年1月29日），並為普希金的不幸而表示沉重哀悼，因為這一天也是普希金決鬥被殺死亡之日：

　　　　是誰的手射出致命的一擊
　　　　把詩人的高貴的心擊中？
　　　　是誰把這天庭的金觥
　　　　摧毀了，好似易碎的杯盤？
　　　　讓世俗的法理去判斷吧，
　　　　不管說他是有罪，是無辜，
　　　　那天庭的手將永遠把他
　　　　烙為『次殺王者』的凶徒。

　　　　詩人啊，過早落下的夜幕
　　　　將你在塵世的生命奪去，
　　　　然而，你的靈魂得享安息，
　　　　在一個光明的國度！……！
　　　　不管世人怎樣流言誹謗，
　　　　你的一生偉大而神聖！……
　　　　你是眾神的風琴，卻不乏
　　　　熱熾的血在血管裡……沸騰。

你就以這高貴的血漿
解除了榮譽的饑渴 ——
你靜靜地安息了，蓋著
民眾悲痛的大旗在身上。
讓至高者評判你的憎恨吧，
你流的血會在他耳邊激蕩：
但俄羅斯的心將把你
當作她的初戀，永難相忘！……

　　這種悲痛的感情雖沒有爆發式地噴湧出來，而是緩慢地
一點一滴流出來，但給人的心靈的搖撼卻是難禁的。

　　看，詩人不僅向陽光、春水、夏晚、大河、秋天的黃昏
或山谷、北風問候，而且擴而遠之，又去關懷他所敬仰的人
物。詩人那種要求改造舊世界因襲習慣，化為新我，從而改
造出新的社會的心是與普希金相同的。那光明的國度，應和
著新時代來臨的感應，激發了詩人的聯想，從而形成了這熱
烈而赤誠的詩句。除了表達了心底的傷悲，也毫不保留地表
達他對民族的熱情。詩人情感的昇華，同無數個俄羅斯人民
的心，又緊聯在一起，感情的抒發和形象得到了完美的結合，
進而提昇為對民族的大愛；一如魯迅，丘特切夫也是個愛國
的詩人，自然他的詩歌是不會沉默無聲的。

　　正因為形象是伴隨著感情而生的，詩人的感情除了澎
湃、激越地攫取與之相適應的那些自然界的宏大形象或偉大
的哲人、英雄以外，其實也有比較溫柔、靜謐的一面。他善

於攫取一些富有真情、雅致的物象，從而創造出一種意境美。如這首〈你不只一次聽我承認〉，詩句是那樣真摯，體現了詩人細膩婉轉的藝術風格美：

> 你不只一次聽我承認：
> 「我不配承受你的愛情。」
> 即使她已變成了我的，
> 但我比她是多麼貧窮……
>
> 面對你的豐富的愛情
> 我痛楚地想到自己 ——
> 我默默地站著，只有
> 一面崇拜，一面祝福你……
>
> 正像有時你如此情深，
> 充滿著信心和祝願，
> 不自覺地屈下一膝
> 對著那珍貴的搖籃；
>
> 那兒睡著你親生的
> 她，你的無名的天使，——
> 對著你的摯愛的心靈，
> 請看我也正是如此。

這是 1851 年丘特切夫寫給杰尼西耶娃的詩。「無名的天使」指詩人和她所生的第一個女兒。丘特切夫對著愛情的結晶「屈下一膝」，充滿了深情，而他深知杰尼西耶娃為這婚

姻承受了多少恥辱而感到慚愧，不覺也對愛人「屈下一膝」
和「我也正是如此」，展現了詩人優美的情感世界，同時，
也是一種昇華。

　　我們再舉一首詩人於 1868 年寫下的感人詩作〈我又站在
涅瓦河上了〉：

　　　　我又站在涅瓦河上了，
　　　　而且又像多年前那樣，
　　　　還像活著似的，凝視著
　　　　河水的夢寐般的瀲灩。

　　　　藍天上沒有一星火花，
　　　　城市在朦朧中倍增嫵媚；
　　　　一切靜悄悄，只有在水上
　　　　才能看到月光的流輝。

　　　　我是否在作夢？還是真的
　　　　看見了這月下的景色？
　　　　啊，在這月下，我們豈不曾
　　　　一起活著眺望這水波？

　　這是詩人對杰尼西耶娃永恆的懷思，也可以視為一首安
魂曲。從月光的流輝在涅瓦河上波盪的視覺美轉化為詩人的
設問「我是否在作夢？」的情緒變異，不都給人以幽深和雅
致的審美感受嗎！這正是其多姿的風格美的一個側面。

　　當然，他絕對不只是一個描寫絕望愛情的詩人，而是表現出深具社會內涵的愛情悲劇。杰尼西耶娃臨終前曾經過長久的昏迷，僅管他們長達十四年婚姻倍受折磨，但杰尼西耶娃直至臨終時，仍深愛著丘特切夫。讀「杰尼西耶娃組詩」的感覺，像是閱讀了一部托爾斯泰式的小說，調子舒緩而幽雅。然而，同那些狂呼吶喊的詩歌截然不同的是，丘特切夫對新舊制度的衝突和民生疾苦的揭示比其他更多側面，是以自己的反思觀照一個時代的反思。我們再來看他的這首在1851年寫下的〈波浪與思想〉，意在表達出自己對生活的感悟和思考：

> 思想追隨著思想，波浪逐著波浪，——
> 這是同一元素形成的兩種現象：
> 無論是閉塞在狹小的心胸裡，
> 或是在無邊的海上自由無羈，
> 它們都是永恆的水花反覆翻騰，
> 也總是令人憂慮的空洞的幻影。

　　丘特切夫也是個哲人，這裡面有意味著，做大事、成大學問的人必是大求索者。在「求索」這一精神層面上，他更在意俄國民族不斷從劫難中奮起，使斯拉夫民族踏上光明的新生之路。

丘特切夫：詩人的詩人

　　綜觀丘特切夫一生的創作，可以看出，友誼、愛情與婚姻是其重要主題。他不同於普希金詩風洋溢著浪漫主義的繽紛色彩，也反映了對自由的熱烈；也不同於法國卓著的詩人傑克・斐外（1900-1977）能創造出一種超現實的景觀與寫實並濟的風格。正如俄羅斯文學評論家別林斯基（1811-1848）所說：「在真正的藝術作品裡，一切形象都是新鮮的，具有獨創性的，其中沒有哪一個形象重覆著另一個形象，每一個形象都憑它所持有的生命而生活著。」（註 3）丘特切夫詩歌雖在意象創造上吸納西方文化精神，也講求感情的藏匿，重視意象的選擇和組合；但又不同於現實主義的如實描寫、浪漫主義的直抒胸臆，也不同於朦朧詩派的重意象和象徵，而是為了單純追求在詩中創造美的藝術境界，因而被稱為「詩人的詩人」。

　　其詩藝的成就是多方面的，除了社會的變遷給了詩人思想的震動，並提供了豐富的表現內容外，他也寫出了一種沉重的歷史感中透出哲理的思索。而人們總是欣賞他的聰明又機智的演說，這樣，他把畢生大部份時間消磨在這些活動中，直到暮年。但我以為最值得稱道的，還是他具有豐富的性格和深厚的思想內蘊而成的詩作。他是偉大、單純、坦率、浪漫的結合體。比如和他同時代的詩人費特在評論丘特切夫時，說了一句看似平常實則極不平常的話：「俄國詩歌在丘特切夫的詩中達到了空前的「精微」和「空靈的高度」。屠格涅

夫在寫給費特的信中說:「關於丘特切夫,毫無疑問:「誰若是欣賞不了他,那就欣賞不了詩。」又說:「他(丘特切夫)的每篇詩都發自一個思想,但這個思想好像是一個星火,在深摯的情感或強烈印象的影響下燃燒起來。」而陀斯妥也夫斯基也讚賞說過:「第一個哲理詩人,除了普希金之外,沒有人能和他並列。」就連小說家列夫·托爾斯泰(1828-1910)對詩人也十分推崇。

然而,丘特切夫生前曾表示,十二月黨(註 1)的起義是「喪失理智的行動」。這席話就不免落入當時文字游戰的泥潭,引起小說家屠格涅夫(1818-1883)的不滿且批評的說:「我深為丘特切夫感到惋惜:他是一個斯拉夫派(註 2),但這不表現在詩歌中;而那些表現他這方面觀點的詩都很糟。」,從總體來看,顯然,丘特切夫的性格中除了善於思考、善良、熱忱的特質外,又有易於敏感、徬徨、苦悶的一面,正是這多種性格的綜合,才使得丘詩具有更高的審美價值。晚年多病的他,於 1865 年仍寫下了這首〈東方在遲疑〉:

> 東方在遲疑,沉默,毫無動靜;
> 到處屏息著,等待它的信號⋯⋯
> 怎麼?它是睡了,還是要等等?
> 曙光是臨近了,還是迢遙?
> 當群山的頂峰才微微發亮,
> 樹林和山谷還霧氣瀰漫,
> 啊,這時候,請舉目望望天⋯⋯

你會看到：東方的一角天空
好像有秘密的熱情在燃燒，
越來越紅，越鮮明，越生動，
終至蔓延到整個的碧霄 ——
只不過一分鐘，你就能聽到
從那廣闊無垠的太空中，
太陽的光線對普世敲起了
勝利的、洪亮的鐘聲……

　　這是以象徵的手法，寫出東方斯拉夫民族（註 4）的政
治覺醒；意象警策，令人過目難忘。它唱出了詩人對國家邁
向光明這一熱切的願望，也展現了身為詩人燃燒自己，照亮
世界，而又給人帶來希望的景象。

　　古今中外，文學上一種思潮的興起，總是和社會的變革
分不開的。中國詩人艾青有句名言：「人民的心是試金石。」
他終其一生的創作都在為揭示生活現實的典型意義，為世界
的光明而奉獻一切的思想感情。反觀丘特切夫的詩歌是對一
種美好理想的更廣闊的追求。在筆者看來，他們都是追求光
明的歌者，晚年的丘特切夫詩作更可看出這一鮮明的思想傾
向。1868 年，當他寫下〈白雲在天際慢慢消融〉，五年後便
病逝了：

白雲在天際慢慢消融；
在炎熱的日光下，小河帶著炯炯的火星流動，
又像一面銅鏡幽幽閃爍……

　　　炎熱一刻比一刻更烈，
　　　陰影都到樹林中躲藏；
　　　偶爾從那白亮的田野
　　　飄來陣陣甜蜜的芬芳。

　　　奇異的日子！多年以後，這永恆的秩序常青，
　　　河水還是閃爍地流，
　　　田野依舊呼吸在炎熱中。

　　此詩同樣有著熱烈而真摯的感情，且畫面絢麗多彩，能與具體可感的藝術形象融為一體。看到這樣一幅生動形象的圖畫，人們不能不為他對周遭自然風光和熱愛生活而深受感動，也不得不嘆服他那多彩的藝術畫筆。毫無疑問，丘特切夫的詩歌在思想內容和藝術形式上都取得了很高的成就。詩人對光明新制度的熱烈響往之情，經過世代風雨的沖刷，終於得到了應有的歷史評價。也可以毫不誇張地說，由查良錚所譯的《海浪與思想—丘特切夫詩選》是一部值得閱讀的奇書，讓我有很強的共鳴，同時沐浴在藝術的美感之中。

　　註 1.這是發生在 1825 年 12 月 26 日由俄國軍官率領三千名士
　　　　兵針對沙皇專制的武裝起義，地點在聖彼得堡的元老院
　　　　廣場；由於這場革命發生於十二月，因此有關的起義者
　　　　都被稱為「十二月黨人」，即 Decembrist。
　　註 2.出於人道主義精神站出來反對沙皇瘋狂的行徑，並寧死
　　　　不從，不肯拋棄尊嚴，淪為奴隸的俄國人，就是斯拉夫

派。他們強調要從俄羅斯的歷史中尋找俄國發展的動力，而不是追隨西方的道路；而在貴族資產階級和自由主義知識份子中也形成了肯定俄國歷史特性的斯拉夫派和肯定西歐文明成果的西化派。

註 3.《評〈別林斯基全集〉》，載自《別林斯基選集》第二卷，上海譯文出版社，1980 年版，第 165 頁。

註 4.「俄羅斯族」就是俄羅斯的主體民族的族稱。「斯拉夫」實際是語言的語族，即「斯拉夫語族」；延伸為超越國界的泛民族，即「斯拉夫民族」，不僅有俄羅斯族，還包括塞爾維亞族、波蘭族、捷克族、烏克蘭族、白俄羅斯族、馬其頓族、保加利亞族等等。

　　　　—— 2015.3.19 作
　　　　—— 刊湖北省武漢市華中師範大學文學院
　　　　　主辦《世界文學評論》集刊/《外國文
　　　　　學研究》，AHCI 期刊，2016 年第一輯。

32. 意趣與哲思 —— 評陳明詩三首

　　陳明（1962- ），是個優秀的馬鞍山市詩人，詩作散見於各詩刊並收錄於詩選讀本；最近又擔任起《大江詩壇》執行主編，引起許多回響。細觀其詩，多以個人遭遇和反映現實為主題，有底層生活的苦惱及所抒情的個人感受，耐人尋味。其感情樸真、意趣濃郁，思考也遠遠超出了非典本身；這或許跟他廣泛接觸社會，加深了對現實社會的理解是相關的。

　　寫詩，是陳明的追求。但他能結合西方哲人的藝術原理到美學上，師古又不泥古，站在思想的高度，的確別具一格，在安徽詩壇上將占有不可忽視的地位。

　　作者擅長以年輕的心態，體現出自己對客觀景物敏銳的觀察和豐富的想像，這種理性的思考也正是詩人發現自己、找回赤子之心的過程。如〈去色〉，這一首是較為特別的，既具像、又抽象的佳作：

　　　　月
　　　　亮出天空的節疤
　　　　偷吃倒影

　　已登陸的我
　　將一地狂亂的寶藏塞入一首歌

　　愛琴海呼聲
　　發配山中
　　碾壓水
　　為一船的冷風喝彩

　　屋簷下
　　我的土坡
　　吊上一杯攀爬
　　去色

　　陳明以幽默活潑的筆調描繪出自己豪邁狂放的坦蕩之
聲。因為當他在土坡將目光望向最遠的天邊，的確可以看見
那輪皎月的身影；但在詩人的眼中，它成了精神世界裡，超
越愛琴海的浪漫、是一根撼動於心的無音弦。作者甚至將這
一根「心弦」，化為具體的視覺形象，另一方面又注入此詩
大量的象徵性與超現實性，以期對本身存在的意義有所覺
識。在遙不可及的尋覓中，這根若就若離的心弦，將時間與
空間收納於一身，始終不曾離開但也永遠孤獨地陪伴著。而
天地間的蒼茫便都縮小在他的一紙詩稿裡，也呈現了詩人深
夜寫作「冷而微醺」的孤獨感，或感到都市文明裡的疏離。

　　因為喜歡哲學，陳明在思想上越來越趨近於哲人，在藝
術上，則已從青年時代對自己遭遇或感情的描寫，由一顆溫

潤之心轉向對社會現實的探索，走向現實主義之路。其思想
上的轉換也是心靈成長的延伸，有時也會出現類似蒙太奇鏡
頭般的畫面，或採用莎士比亞戲劇性創作的格調，如這首〈膽
色〉：

　　　手裡的三元五角錢
　　　被路邊的菜販子
　　　隨意秤的一把蒜
　　　算中

　　　我交出
　　　僅存的一句話：
　　　「大過年的運氣真好啊，你可以去買彩票了。」
　　　她樂得
　　　露一口春風試探：
　　　「中獎了，肯定分給你一半。」

　　　回到家
　　　盤踞的她
　　　與我自然形成一副對聯
　　　笑著

　　　附近排隊的雨點
　　　似乎正為我承認一本舊帳目

　　　此刻

發現相見的東西
忘記跟上

「不是頭一次吧?」
她
向眯眼的月亮發出
瞪圓的暗示

我知道
太陽要來了
老虎也要來了

退後
再退後
轉身不再轉身
我沿著一面牆
淌過去
一扇門大開
小老虎天真地跑過來:
「我家的飯還沒做好。」

接下去／隔壁的一扇門半開
中年老虎
沙啞著聲音說:
「我家的糧食早吃光了。」

後面
還是後面
有門但都森嚴得很
我依然敲著
慊急的一直敲著
想為這些閘門辦一些事

最後
敲到了一塊石頭的頭上
從血的大小判斷
這裡原來應該住過一個山洞
也許能找到什麼

一聲、二聲、三聲……
終於
傳來咆哮聲:
「死鬼
昨晚跑哪去了
弄這些稻草幹嘛?
還不快來吃藥。」

　　相對於第一首詩來表達疏離、寂寞、思念等主題,在這裡寫的則採取以深厚的同情,描繪了底層生活的圖象與其夾縫中生存的無力感,做了最佳詮釋。這也正是詩人在現代社會擦身而過後,寫下具有寫實意義的反映;同時,也反映了陳明本身對宏觀世界的豁達。詩後的畫面,則進入了詩人頓

悟的境界：世界雖有庸俗的市僧或功利社會的陳腐，但除此之外，這戲謔人生還是有某種對人性本質的淨化力量，將落魄者孤寂空洞的心境與悲哀，直接化為視覺上的具體感受的。這就豐富了現代詩的表現方式與技巧深度。

陳明的思想邏輯有如金字塔般，為了發展理性，他便於四十歲以後，經過進一步挑戰自我。他以文法和修辭為研究的基礎，開啟了鍛鍊自己的分析與思考能力，形成了柏拉圖相對式的哲思。他也師承蘇格拉底的問答法，把自己所見的現實生活視為一種啟發心智臻於成熟的過程。他通過問答對白的技巧，提出了生存的問題，揭露出社會貧富差距的矛盾，表達了最豐富的內涵與最多的詮釋的可能，引人遐思。

誠然，唯有「沉思」（contemplation）才能真正融會貫通，感覺的作用只能限於現象的理解，是無法成為獲得理念的工具的。然而，陳明在這首〈可能與哲學有關〉，在他「苦思冥想」或與古代哲人對話後，似乎有一種「頓開茅塞」，喜獲「理性」的沉穩：

> 之所以
> 我想成為一個傻子
> 是因為，在犯傻的時候
> 總讓那些聰明人
> 不知道我的下一步
> 是向前還是往後

　　詩短小卻耐讀。他也是繆斯之子，但不能只停留於陶醉，他也是有前瞻的、能從沉寂中期待奮發的詩人。透過以上的分析，我可以看到陳明在詩歌的畫面「留白」裡，無論是看到對景物的懷思，或看到對寧靜的停頓等等抽象的暗示或象徵，都能傳達出自己前衛的思考。從一個詩行到一個比喻，盡量表達出最多詩意的一個選擇。他既要繼承前人意象，又積極於加以翻新。當然，詩樹之根總得繼續扎牢，才能開出耀眼之花。冀望這棵詩壇之樹將會更加繁茂，在馬鞍山放出奪人的光彩！

——2015.3.27 作於台東

——刊安徽省《江南文學》雙月刊，2015.02 期，總第 169 期，頁 74-75。

——刊安徽省《半枝梅文學》，2015.05 出版，總第 61 期，頁 47-48。

33. 爲故鄉而歌

—— 讀鄭衛國的詩

　　收到黃梅縣前任文化館館長鄭衛國（1952–）的詩集《家鄉的窗口亮著燈》，立即被詩中所體現的鄉愁與愛所感染。這位曾獲湖北省民間文學屈原獎一等獎的詩人，創作生活已有數十年，但至今仍保有一顆真摯的詩心，為故鄉而歌。除了詩集外，還有散文、短中篇小說、報告文學等專著計八部。

　　黃梅縣是黃梅戲發源地，也是挑花之鄉，縣內名勝古蹟眾多，更有一千三百七十多年的四祖寺位於縣城西北的西山之中，是中國禪宗第一所院寺，在國際上享有盛譽。

　　作者曾主持國家第一批非物質文化遺產項目《黃梅挑花》的申報，並有顯著成績。這流傳已久的民間工藝起源於唐宋時期的黃梅挑花，又名十字挑花。它是用彩線挑繡在底布經緯線的網格上，形成色彩絢麗、立體的圖案；曾多次代表中國赴國外巡展，被譽為「無聲的抒情詩，立體的中國畫」。他也對黃岡地區諺語集的編纂工作投入很大精力，榮獲全國重點藝術科研項目民間文學三套集成編輯工作先進工作者稱號。

　　詩集中有一首詩〈家鄉的窗口亮著燈〉，並以它為詩集
之名，詩中寫盡了思念家鄉母親的悲苦，對祖國與土地的摯
愛之情，給人印象尤深。詩人用蘊聚著眼淚的語氣寫道：

　　在我歸回的時候，家鄉的窗口亮著燈。
　　沒有睡嗎？我的媽媽！

　　看多了您的愁容，
　　曾燒痛了作兒子的心。
　　我的媽媽，我的壓彎了腰的媽媽，
　　曾馱著我，翻過一個生活的坡地，
　　累不，媽媽？
　　當您撩撥黑髮。抹擦汗珠，
　　我看見了您滿臉的皺褶，
　　和舒坦的笑容……

　　在我應聲走來的日子，
　　您給做了一雙百納底鞋，
　　把一顆紮紮實實的心，
　　交給祖國和革命。

　　　　（儘管兒子不懂得革命的涵義，可母親的心中已
　　　　安排下兒子的宿營地。）

　　在崇山峻嶺間，被夜霧罩住的光輝，
　　我的夢，每每被長江的濤聲拍醒。
　　　　　　　　　　　　── 摘自原詩前三段

　　語言質樸平白，但卻有較深的思想內涵。有這樣奉獻無悔的愛的母親，又是多麼幸福！多年來致力於寫作的鄭衛國，把童年的夢和現實的感慨融入對祖國山山水水之情，無疑是對鄉情和憶舊的一種昇華。而〈鷹〉則更進一步把孩童時的夢想和思鄉情緒推向極致：

　　　　在那邊的峭壁上
　　　　鷹飛起來了
　　　　飛著，又折回自己的巢
　　　　在那太陽升起的地方
　　　　有它家居的歡樂

　　　　這只飛翔的鳥
　　　　在藍天下盤桓，在狂風暴雨中拼搏
　　　　在地做著飛翔的夢
　　　　在天唱著思鄉的歌

　　詩句的感人正源於作者切身的經驗。他望著峭壁，開始遐想及貯存兒時對家鄉的記憶。可見，揭示內心的感悟與描繪外觀世界的多彩，雖有顯著不同，但並非完全對立，而是都有廣闊的馳騁天地；而此詩均勻的節奏，對稱的詩行，給人以回味的餘地。

　　從藝術上看，詩人經過時間的錘鍊，風格日臻成熟，逐漸達到純自由的境地，詩句也更具有生活氣息。試看今年二

月寫下的〈大雪紛飛〉，則又是另一番風貌：

> 雪埋沒了我走過的腳印，昨天的，
> 今天我走在積雪的上面，一步一步
> 還是那些腳印，留下來……
> 走出家門，走出院子
> 走向通往世界的大街小巷
>
> 雪還在下，還會埋沒我的腳印，
> 埋沒我在飛雪中出走的身影。
> 當我走向人群，走向遠方的白天和黑夜，
> 走出重複的季節和時光，我相信
> 即便身後沒有人追趕上來，那些腳印
> 還有下一場大雪會紛飛而來……

此詩，在大雪紛飛中體現出詩人高尚的情懷。他不尚雕琢，仍是用平靜的、舒緩的語氣描繪出生動的形象。這雪景，已在詩人的心靈中外化為不熄的野花。詩人設想這才是生活中真正的美，也蘊含著一種再生的精神。

再如〈黃昏，我聽天籟〉一首，更像是動人的笛音。詩人似一隻夜鳥，棲息在枝枒上，用最美妙的歌聲唱歌，以安慰自己的寂寞：

> 在樹葉的沙沙聲中
> 我聽風輕輕走來的腳步聲，

　　琴聲，還有葫蘆絲
　　低沉的小街深處，滴答著小雨
　　黃昏落日的節奏裡，
　　我的心的漣漪在緩緩泛開……

　　我聽天籟，
　　那死一樣寂靜的上蒼
　　縈繞著一種孤獨
　　而我在孤獨之外
　　倍受世俗的紛擾
　　努力地試圖破譯那遠來的音律的神秘
　　哦
　　為什麼要打開她的沉寂和清靜？
　　血肉的身子在庸庸碌碌的世塵之中
　　就於此中墜落……

　　人們讀了這首詩，覺得或寓詩人埋在心底的悲傷，或感嘆時光之無情。這是作者晚年生活經歷豐厚後對社會人生有了更多的思索，從而增加了詩的力度。總之，詩人鄭衛國是那樣熱愛故鄉的文藝與編纂工作，事實證明，他的努力和奮進，對黃梅縣是有一定的意義的。

　　詩人艾青在回答一位提問者時說過：「我一生都在追求光明。」（註）鄭衛國也有自己的看法，他說：「詩人的情懷，應該說是一個詩人對社會、對人類、對自己的生存狀態表達的一種態勢。」我認為，鄭衛國也正是那樣，在貧困的年代

裡，一直孜孜不倦的為國、為故鄉而勇往直前。他，也是個
光明的追求者。他的詩，是用心血凝聚成的，是詩壇上一棵
伐不倒的白樺。在今天看來，卻也應有一個實事求是的正確
評價。

　　　　註：〈就當前詩歌問題訪艾青〉，《艾青研究專集》，第
　　　　　　409 頁。

　　　　　　　　—— 2015.4.17-
　　　　　　　　—— 刊台灣《新文壇》季刊，第 41 期，
　　　　　　　　　　2015.10，頁 25-31.
　　　　　　　　—— 轉載《根在黃梅》官網
　　　　　　　　http://www.huangmei100.com/portal.php?m
　　　　　　　　od=view&aid=467

34. 夐虹詩的神性寫作

　　生長在台東的夐虹（1940-），本名胡梅子，自幼受著佛教家庭的熏陶，東海大學哲學系博士，教職。中年以後皈依學佛，在佛光山受持菩薩戒，法號「弘慈」。曾為藍星詩社成員，著有詩集《金蛹》、《夐虹詩集》、《紅珊瑚》、《愛結》、《觀音菩薩摩訶薩》、《向寧靜的心河出航》等。她生性穎澈，及通內典。早期詩作偏向浪漫情懷，多描寫親情、愛情及鄉情。從《紅珊瑚》開始多了禪思以及佛理，在《愛結》詩集中，「讚詩」也佔了許多篇幅。其詩，可說是一部情感史和心靈變遷史，更像是一種人生歷程的藝術抽象；而詩與禪之間在現實世界裡似乎註定著某種共通的聯結，在許多文字裡也明顯有佛典的形態。

　　據夐虹自述，學佛後的詩觀與信仰是與生活日常融合一起，更認為藝術題材從普遍相轉換為特殊相，有賴於「心靈中微妙的慧性、靈性、悟性、佛性」。正因夐虹有一顆白雪般透明的心，因而也具有了神性寫作的品格。後期之作多與宗教性與童詩為主。瘂弦在《六十年代詩選》之中評夐虹為「繆思最鍾愛的女兒」，余光中為夐虹詩集《紅珊瑚》寫序時，曾稱她是「浪漫為體象徵為用的新古典中堅分子」。《觀音菩薩

摩訶薩》、《向寧靜的心河出航》則是她創作佛教現代詩的結
集。由此可知,她的詩增補了台灣詩歌璀璨的扉頁,這點是
不能抹殺的。

　　如這首〈那經聲〉,情感特徵表現在其主觀心性,而心性
的抒發則可能與夐虹生活中用心於經論的研讀,誠敬的表現
相關,這也正是此詩的任務。她寫道:
　　有一天我要回來記述
　　那焚香漫緲
　　安全依信
　　層雲上和平
　　之浮泳的
　　經聲裡的感覺

　　經聲裡默坐一人!
　　桃花河岸
　　流泉細石
　　經聲裡
　　唇嘗那悠遠的寂靜
　　回來的記述:
　　一種
　　清淚的慰藉
　　情人,擁入那邂逅你
　　花光燦漫的
　　深春……詩的本質,應是以精神主體為主的。在這
裡,也可以看出她受過佛教薰息。詩體與音韻都起了變化、

融合與反省，這是她在尋求以「偈頌」的面貌出現前，也正
是詩禪之間共振影響、交匯、合流的痕跡。想必詩人已化身
為經聲裡默坐之人，雖置身梵香，仍眷戀塵寰。這得捨之間，
如何拿捏，詩人以為，她的信仰和詩觀、乃至日常生活是融
合在一起的。如此看來，她的詩是著重心靈主體與精神世界
的一種文學。

　　畢竟，詩是情志的詠歎與抒發透過韻律化的語言而成。
在早期詩作裡，夐虹寫了許多對愛情失落的痛苦，如〈詩末〉
最末一段，「因為必然／因為命運是絕對的跋扈／因為在愛中
／刀痕和吻痕一樣／你都得原諒」，這是延續「寫情」，但似
乎找到了解脫之途，有醒悟而擺脫苦海的宣示效用。又如另
一首〈我已經走向你了〉，詩的表達也有對感情執著及「含蓄
不露」的特質，詩云：

　　　　你立在對岸的華燈之下
　　　　眾弦俱寂，而欲涉過這圓形池
　　　　涉過這面寫著睡蓮的藍玻璃
　　　　我是唯一的高音
　　　　唯一的，我是雕塑的手
　　　　　　　　雕塑不朽的憂愁

　　　　那活在微笑中的，不朽的憂愁
　　　　眾弦俱寂，地球儀只能往東西轉
　　　　我求著，在永恆光滑的紙葉上
　　　　求今日和明日相遇的一點

　　而燈暈不移，我走向你
　　我已經走向你了
　　眾弦俱寂
　　我是唯一的高音

　　此詩指為描寫寂靜勝境之佳作，主要是禪對詩的單向滲透；除圓熟運用佛典外，可以看出敻虹廣泛汲取佛典入詩的現象。但語涉禪思，從重視意象營造和抒發浪漫遐想的角度看，可看出「痛苦是成熟的暗號」，又或許睿智的敻虹，已然通過桎梏抵達了自由，顯出她對禪的某種程度的體悟。

　　此外，敻虹的短詩在語言上也極具特色，其形象性主要體現在意象營造方面，而哲理性則體現在對那些帶有禪道韻味的語言運用上。如這首〈死〉，包含了詩人對世事無常、愛情恆久不變的感嘆，以及對美好憶往的懷念，增添了詩的韻味：

　　輕輕的拈起帽子
　　要走
　　許多話，只
　　說：
　　來世，我還要
　　和
　　你
　　結婚

　　似是作者徜徉在詩意的想像或感覺片段，但她並非即景
抒情，而是要釋放出在心中的感情洪水，以減輕孤寂的靈魂
經受的痛苦。在超現實的表現手法中，另一首短詩〈夢〉，
也含有較深的象徵意義：

> 不敢入詩的
> 來入夢
> 夢是一條絲穿縮那
> 不可能的
> 相逢

　　苦惱的詩人在不斷探尋愛與死的過程中，企圖挽救墮落
現實的道路，找到美好的精神家園的入口。但，追尋詩人精
神家園的前提又是什麼？是有其深刻的社會背景的。可貴的
是，她在教書及寫詩的同時，也開始了對藝術的追求，乃至
宗教的探索，因為，只有藝術才是拯救人類靈魂的圭臬。

　　總之，敻虹的詩具清氣，韻如松風，有許多浪漫意遠之
作，也有寫些對台東特有的風土人情。其中，以柔美清麗抒
情詩最為許多人喜歡並讚美的；就好像她對詩的崇仰，永遠
燦著金輝……她對詩美的精湛創造，自然激起了許多讀者的
共鳴。詩人曾入美國愛荷華大學「國際工作坊」深造，擔任
過中學教師，從事室內設計及插圖工作，也曾任美國西來大
學教授。可能是在臺灣師範大學藝術的教育仍有著影響，她
的詩也傾向繪畫的構圖，更增添了畫面的內在的美感力。也

正因如此，我們說，敻虹在這方面的「詩建設」是有著重要
的意義的。

　　　　　　　　　—— 2015.4.22
　　　　　　　　　—— 刊臺灣《臺灣時報》，台灣文學版，
　　　　　　　　　　　2015.5.11。

35. 杜潘芳格的詩世界

　　杜潘芳格（1927-2016），生於新竹，台北女高畢業；她是以自我的生命體驗和心靈感覺為中心進行詩創作的客籍女詩人。著有《慶壽》、《淮山完海》、《朝晴》、《遠千湖》、《青鳳蘭波》、《芙蓉花的季節》等詩集，獲行政院客委會頒發『傑出貢獻獎』等殊榮。就個人學習的體會，給我印象深刻的是，她的詩是揭露的詩，愛鄉的詩，抒情的詩。但這只說對了一半；同時，她還有一顆充滿著關懷的愛的心靈。他的愛是真誠的，幽美的和深沉的。這種愛在她早期的詩中就充分地體現出來了，但卻多了對現實生活中歷史的深刻批判和對自我人生的思考與辨析。

　　如這首詩作〈蜥蜴〉，她通過視知覺從事物的整體轉向局部的印象，把內心的感受又外化為優美的意象，在詩藝上跨了一大步：

　　　　從什麼時候就
　　　　棲息在我家院子的
　　　　蜥蜴，鮮綠搭配豔彩的變色龍

　　　　因為羞於表達情感

幾千年來務實木訥

它的視覺不是眼睛
是心靈。

　　此詩給人的聯想性大。其實蜥蜴性情是很溫順而好靜
的，往往在一個地方一停就是幾個小時，不太招人厭惡；牠
的顏色大多比較鮮麗，與變色龍同屬於蜥蜴亞目。作者從這
一木訥的動物引向了對人生的思考與自我生命的追求，頗有
深度。最有代表性的要數 1968 年的這首〈相思樹〉，這是她
用中文發表的第一首詩，應該說，這首詩是詩人在詩歌創作
的一個高峰，說它象徵自己半生情感歷程也可：

相思樹，會開花的樹
雅靜卻華美，開小小的黃花蕾。

相思樹，可愛的的花蕾，
雖屢次想誘你入我的思維，
但你似乎不知覺，
而把影子沉落在池邊，震顫著枝椏
任風吹散那細小不閃耀的黃花。

克拉基四，速必度三十。〈克拉基：排檔，速
必度：速率〉
剛離開那浪潮不停的白色燈塔，
就接近青色山脈，

和繁茂在島上的相思林呵。

或許我的子孫也將會被你迷住吧，
像今天，我再三再四地看著你。
我也是
誕生在島上的
一棵女人樹。

　　這的確是響亮的生命之歌！可見，這顆女人樹不是詩人
頭腦中空想出來的，它也有一顆不屈的靈魂。意味深長的是，
因為這女人樹，就像詩人自己一樣的堅忍精神！它的命運可
能是坎坷的，但它的不屈精神卻是恆久的。另一首〈背面的
星星〉，則是由陳千武前輩具名翻譯杜潘女士發表的中文詩，
詩化的意象，也給人無限的遐想：

那個影子在湖面
亮著
卻
消逝
在深沉的幸福的
背面
常常哭泣著

一顆星星
不論處於怎樣柔弱的時候
也都很堅強的星星

今晚
仍然沉澱在湖底

依稀那樣的姿態
依稀那樣的姿態

背負著不幸
而燦然亮著
是一顆背面的星星

　　情是詩的靈魂。由於她對詩神的鍾情，在最艱難的時刻，
仍默默地在詩苑裡耕耘。或許，詩人已領悟到：生命的價值
不在於時光的累積，是不可以任意揮霍的。由於她能體會到
崇尚生命的價值，因而在持家之餘，還經常參與教會活動，
晚年，更返鄉致力客家文學。正如作者所說：「寫作應該是，
心志最深處的可能性的醒覺，不對 ── 是被醒覺的 ── 」當
然，作者也嚴格地走著自己的路，創造著自己的藝術世界。
如這首〈重生〉，把情感轉化為意象，並做到意象的多側面的
體現，而超越生死的宗教情懷，是此詩的成功之處：

黃色的絲帶
和
黑色的絲帶。

我的死，
以桃紅色柔軟的絲帶

打著蝴蝶結的
重生。

　　詩人的感悟具體而深刻，敲人心弦。正如美學家朱光潛
所說：「每首詩都自成一種境界。」（註），雖然此詩是不聯
貫的片斷，但所有的意象，或稱之為情象，均顯得新奇感人；
又為作者再次勇於邁進而驚嘆，內裡有些超現實的味道，也
響徹著珍愛生命的主旋律。中年時，一場突如其來的車禍後，
作者寫作的心已趨向於寧靜、恬淡、感情內向並關注對人生
哲理的開掘。最後介紹這首〈聲音〉，曾選入李敏勇編集的《傷
口的花 ── 二二八詩集》，詩裡指的應是 1947 年二月的「二
二八事件」了，是埋在詩人心底的悲哀和沉默。雖事過境遷，
但仍對當時歷史環境的限制心有餘悸，要作為歷史的記錄也
是可以的：

　　　不知何時，唯有自己能諦聽的細微聲音，
　　　那聲音牢固地上鎖了。

　　　從那時起，
　　　語言失去出口。

　　　現在，只能等待新的聲音，
　　　一天又一天，
　　　嚴肅地忍耐地等待。

　　這又昭示了作者對二二八事件受難者及其家屬無法言語

的痛，做出深刻的評判，內裡都滲透著詩人的靈魂之光。總的來說，她的作品大約包括日文詩五十首、中文詩百首及客語詩七十首，另有零星的散文隨筆和短篇小說等。這也是她詩意人生的寫照，由於經過了歲月的洗禮和感情的沉澱，具有感人的力量。更可貴的是，詩人對社會、歷史、現實及命運的多元的思考，和著濃郁的詩情，呈現出一種冷凝的抒情性審美，而這種美又始終潤含著一種內在的強勁張力。我深信，她手執那盞詩心之燈，終會照亮台灣的詩壇。

註：《朱光潛美學文學論文選集》，湖南人民出版社，1980 年版。

──《臺灣時報》2016.4.18 及林明理插畫。
── 刊臺灣《笠詩刊》，第 312 期，2016.04。
＊ 杜潘芳格已於 2016.03.10 逝世。

36. 論新詩的審美追求

當新詩在當代國際詩壇中呈現一片繁榮時，世界詩人大會的意義，也正體現了這一藝術規律的延伸。

縱觀世界文學史，著名詩人的詩作通過翻譯而實現跨越文化傳播的例證，已受到了推崇。然而，將詩歌翻譯成第二種語言時，仍需有獨創力、技藝和詩才。儘管美國詩人羅伯特‧弗羅斯特（1874-1963）曾說，詩歌是在翻譯中丟失掉的東西。但我以為，通過翻譯新詩不但可以瞭解到外國詩人作品的樣式，也將在國際交流時產生一種迴響。而新詩的變化，又同詩人的審美心理結構變化是分不開的。

一

儘管詩歌，是詩人通往心靈世界的一座橋樑；它是偏重於主觀表現的，也是現實生活在詩人腦海中反映的產物。浪漫主義的詩，誇張是其慣用的手法，也往往對客觀物象採取了變形處理。而超現實主義裡的虛幻、怪異、變形的意象就更顯而易見，它所提供的經驗往往超出了人們在現實生活中的一般體驗了。

　　然而，在創作方法上出現突破的標誌還是象徵運用成功的詩人，他們把西方的一些創作方法加以吸收、融化而創作出新穎的詩篇。當然，也有生搬硬套的詩人，寫得玄奧艱澀，反而喪失了審美的意義了。近數十年來，超現實主義也進入了華人詩壇，除中國的北島、顧城等詩人外，台灣也有詩人致力於此。這些詩人以一種對現實生活高度的抽象和概括，把自己特有的感受寫出來，這就不同於那些直接描繪生活的作品。當然，也有其他詩人寫得過於離奇、荒誕而使人百思不解，從而失去了它的審美價值。

　　感謝世界詩人大會歷經了三十五次的國際交流，迄今在世界和平與提倡新詩發展方面也已做出了貢獻。於今，真實性恢復和健康正確的詩歌內容是必要的，但這不是新詩發展的終點和新詩質量高低的唯一標誌。新詩的未來走向，必然應趨向真善美的境界發展，而且還可以在詩美方面有著更高的追求。

　　何謂意象？簡言之，它是包含主觀情志的具體表現。意象的蒙太奇，可分連續性和對列性。連續性結構的各種意象畫面是相連續的，偏重事件、心理過程的敘述。而對列性意象結構，主要通過意象與意象間的衝突和撞擊，來激發一種新的情結和思想。在世界詩人中，像是以色列著名詩人prof.Ernesto.Kahan、台灣的余光中、中國的艾青等詩人的詩作，多以飽滿之情和深邃的思情扣動讀者心弦。閱讀其中，常給我們提供了寬廣的遐想天地。值得注意的是，在推進詩美的創造方面，他們不論是對客體物象的具體描述，還是自

我形象的塑造，都同樣閃著個性的光彩，這對詩美的創造是有推進作用的。

二

　　世詩大會的交流，無疑是國際詩壇最有意義的一頁。自第一屆創立人已故的鍾鼎文大老，再交棒給歷屆的主席與台灣的名人綠蒂、愚溪、楊允達的協助與贊助，以越來越引人注目地登上了國際詩壇。一次次傳遞了響亮的詩音，也交織著對華人與國際詩人聯誼的相互關懷；而每一屆世詩大會也存在著一種繼承與進行新的創造的關係。當然，繼承是為了突破與超越，以發展新的詩藝。中國是詩之大國，在詩人精心追求詩美的作品時，無疑對新詩的發展起了積極的作用。而世詩活動中，無論是具有強烈的憂患意識的詩，或是生命感極強的詩，或是愛情詩等等，只要是給觀者以震撼，都是好詩，也是詩的內在力度的表現，都值得世詩加以提倡的。

　　法國思想家、文藝批評家伏爾泰曾指出，在廣闊的藝術領域裡，「任何有意義的東西都屬於世界上所有的民族」，如果世界詩人間能通過這種交流與觀察，也許可以尋找出共同的詩藝欣賞趣味來。如我本身為例，我在 2015 年四月出版的新譯詩集中，高興地看到遠方的友人電郵傳來了他的祝福，並寫下如此詩句：

　　　　Yes, I feel that beauty ...
　　　　And the song of my poet

from Isla Hermosa – Formosa
and in their hands and lips
verses and memories
and her smile that persists in me

His slight figure with his poetry rhyme
his steps are musical
and sweet melodies
follow me night and day
from the sea and from the moon
in white light

是的，我感受到
我的詩人的歌美
從赫莫薩到臺灣
自他們的雙手到雙唇的
記憶的詩句
以及她的不變的微笑

他的纖細的身影和他的詩韻
他的帶有節奏的步伐
和那美好悅耳的聲音
追隨著我的日日夜夜
從大海來，從月亮來
閃爍著白色的光芒

　　對於 prof.EmestoKahan 這位 1985 年諾貝爾和平獎得主的成就，我深表敬意。此詩無疑也讓我得到了很好的啟示，讓我對明日有了再生與飛騰。

　　法國詩人吉約姆・阿波利奈爾（Guillaume Apollinaire，1880-1918），他於 1981 年逝世後發表的遺稿中，曾呼籲：「詩人不僅是美的代表者，他們同時也是真實的代表者，由於真實為詩人們打開通向神秘的未知世界的道路，因而驚奇、意外是現代詩歌主要動力之一。」可見，詩美的創造都源於把握世界、表現世界的真實。而詩美的追求也從人們的審美情趣的逐步提高，而必須沿著新時期詩歌開闢的寬闊的大道，同時，也從西方新思潮中汲取了某些營養而使詩作更加豐滿。

三

　　總而言之，當今世界，新詩正以其巨大潛力方向發展著。新詩不是對西方詩歌的模仿，而應有著自己民族文化的根，可以更深入地吸收華文文學的營養。這樣廣泛地吸收，多方面地融合，才會使嶄新的現代詩歌出現。

　　當然，世詩的整合與交流，也繼續會多姿多色的。新詩的湧動，也需要世界詩人間推波助瀾的。呼喚更多的詩人敢於探索與追求詩美的提昇。這樣我們才能欣賞到跨越地域的詩歌所賦予的美感與力度。最後僅以一詩，以示對在 2013 年在馬來西亞舉辦第 33 屆世詩活動認識的一位特別的詩友的一份感動：

《憶友 ── Ernesto Kahan》

你可曾諦聽故鄉花海的歌聲，那
榮美而威嚴的花兒
還有撒瑪利亞城，憂傷而平靜的眼眸
忽若愛神的懶散，
又似夜的寂寥。

你含笑在我面前，
滿懷安寧和自由。
那血脈相連的地土，回鄉的渴望
已深入你靈魂之中。
啊，七弦琴的律動 ──

註　1985 年諾貝爾和平獎得主 prof.ErnestoKahan 在其
故鄉以色列拍攝一張照片並傳來電。　── 2014.4.2

Remembering My friend ── 　Ernesto　Kahan

Did you listen to the singing of the sea
of your beautiful and flowery hometown
And the city in Samaria, with dolorous and calm eyes
Like the languidness of Venus
Or the silence of the night

Your smile in front of me

Full of peace and freedom
The blood-linked land, the pining for home
Have deeply embedded in your soul
Oh, the rhythm of the lyre---

（美國詩人非馬 William Marr，馬為義博士譯）

En pensant à mon ami Ernesto Kahan

Avez-vous écouté le chant de la mer
Qui baigne votre belle ville natale toute fleurie,
Et la voix de Samarie, avec ses yeux douloureux, calmes
Et langoureux, tels les yeux de Vénus

Ou ceux du silence de la nuit.

Votre sourire en face de moi
Plein de paix et de liberté,
La terre à laquelle vous êtes lié par le sang,
L'attachement au foyer,
Sont profondément ancrés dans votre âme –
Oh, le rythme de la lyre !...

（法國著名詩人 Athanase Vantchev de Thracy 譯）

　　與此同時，我也期望能在世詩的交流中，獲得更多的學習，在詩藝生命成熟之年，寫出更多優秀作品。正如中國名詩人艾青所說：「人類的語言不絕滅，詩不絕滅！」

　　—— 2015.5.25 作於台灣台東市

　　—— 刊美國《亞特蘭大新聞》Atlanta Chinese News2016.4.29 及 2016.5.6。

37. 真情蘊藉詩情 — 讀方艮的詩

　　我見過方艮先生（1934–2015.09）有一段時日，但真正認識於 2015 年元月在台北官邸藝文中心舉辦的「翰墨詩香」詩書展會場上。在我的印象中，他成熟幹練、慈祥而坦直；創作以詩為主，兼及散文。他因甚早進入社會，為此，也吃了不少苦頭，歷經半工半讀後，得以進入成功大學等校修研，並先後取得了教師、公務員及漢東文化公司董事長等職。著有詩集《朝陽》、《水鄉》、《濁流溪畔》及散文《人生的錦囊》，曾獲文藝獎章。詩作以對社會、人生之感受為主；擅於描述心中徬徨和事業起起落落等愁思，也體現在探索人生的過程中的激動和失望，是一種孤獨者的迷惘。

　　方艮出生於山東沂南，少年隨母逃離，十七歲來到台灣，故而他的詩，不是為了逃避現實，與那般不食人間煙火的隱士不可同日而語。他是個苦吟派詩人，用含蓄的、間接的手法暗示自己一生的戲劇性變化，結尾也不拖泥帶水，少誇誕，往往透過現實而昇華，而予人身歷其境之感。

　　正是基於任教期間，接觸文學，並選擇詩為排遣心中苦悶的心理，讓他忘卻了生活中的種種羈絆。但是命運竟如此多變，讓方艮在商界多次翻滾。雖然他幫了多家電子公司的

忙，但其後因投資失利而兩袖清風。這多年來的空白，方艮決心填補上，也讓他瞭解到作家的任務，在於關切廣泛的人生課題。於是，他征服內心的悲傷，寫下了〈星空少年〉，這不單是喚起意識的幻影，而是讓我們不忘卻現實，也可說是留下些可久可長的內心話：

> 久久不聞古老的神話
> 偏又不時地想起
> 星空下的那段少年
>
> 滄桑流離的曾經
> 年復一年
> 不囿的我心隨境空
> 情蘊緣轉
>
> 戚戚然猶未放下
> 昔日的憧憬與輕慢
>
> 神話的星空
> 已找不到久遠的少年
> 幻業如煙灰濛濛一片
> 什麼也看不見

　　情，是方艮生命感悟中最為動人之處。此詩把哲理融入形象，其形象性主要體現在對上述所說的意象營造方面，而帶有禪道韻味的語言運用，讓詩句帶有的思辨色彩，也就擺脫了泛泛地抒情狀物，閃出了新的光彩。英國浪漫詩人雪萊

（Percy Bysshe Shelley，1792 － 1822）說：「一首詩則是生命的真正的形象，用永恆的真理發現出來」。這句話意旨，一首好詩應是把自己最深的感情乃至生命融入其中。花甲之年以後的方艮，詩歌依舊抒情，有夜色的凝重和鐵的沉實。在繁華的物慾世界中他堅守著靈魂的高地。這首〈愫〉就是以愛去戰勝孤獨之作，詩人以真切動人的筆墨寫道：

街燈不傘霧把子夜寫得很詩
詩卻把霧的謎寫入雙眼
讓人細讀

我漫步迷濛的靜遠離塵囂
一顆流星劃出長街的秘密

如果命運回到原點
把匆忙的歲月留住
可以尋見胸肩的那根髮線

街燈的芒蕊
遠遠地刺醒影子的夢
此刻請走近霧燈下
那些碎碎的眼神
那些閃爍又茫然的
愫

正在細細地
為寂寞補白

　　此詩幽淡而雋永。孤獨往往是詩人最真摯的朋友。然而，詩人並非試圖去填滿生命的空白，因為生命的價值不在於回顧時光的累積，而是要告訴讀者，生命是有限的，是不可任意揮霍的。這才是詩人人生中孤獨處境的思考，內在意識流的寫照。再如〈鏡裡二三〉，詩題適當擴大了意象之間的跨度，有畫龍點睛之筆，更是作者奏響的一曲生命之歌：

> 臉上表情是歲月的告白
> 官能反射了眼神的無奈
>
> 天天面對猶未肯定自己
> 你是誰如何尋找不同的你
>
> 青春到髮蒼之間
> 誰和誰和誰織入眉際
> 自縐摺的緣索
> 尋找所謂有感的邏輯
>
> 告白透徹表裡如一
> 鏡如星空神韻有致
> 卻不知如何捕捉閃爍的命運
> 是否站在鏡子背後
> 閉目入定才能面對自己
>
> 然而鏡裡二三
> 竟然無一知己

　　此詩已不單純是在營造意象中展示自己對過往歲月的感悟，而是進入了一種更高的思維層面的生命體驗，其抽象性也就大大增強。題目提示讀者，細加分辨，詩空的轉換或釀造是在靈感的照射下不由自主地發生的，這樣寫出的詩靈動自然。

　　然而，詩裡所寫的不是鏡，而是告白的人。其中第一段心理獨白，生動的描述，正得力於作者的提煉之功。接著，我們猛然感到詩人的哀傷，或調適的心情相彷彿。可以說，他把長年藏在心中的一連串問題描示出來。寫出個人感情的湧動，寫商場失意的激盪，寫透徹的告白……每一句，都是一種呼喚和質詢，一切都在筆下自然地流出。雖讓人感到憂愁的氣味，其中也不乏對知音的渴望和追求。

　　總的看，方艮在詩藝的探索上，其潛伏的文采，已取得了可喜的成績。他的早期之作，不尚雕琢，曾得紀弦與覃子豪詩人的賞識，也曾立志要做一個詩人。如今，應詩的召喚，晚年的他並不絕望，他又讓詩歌來縫補燦爛的夜和落寞的心，以上這三首皆是精妙地把抽象化為具象並調動整個心靈通感的範例。他的心靈已處於一種自由和諧的狀態，詩思已不受自囿。今後也將在平靜、自然的敘述和描繪中用生動的形象去創造詩美。我祝願他的更多作品，從而成為臺灣詩壇富有藝術個性的「這一個」。

　　　　　　── 2015.6.11
　　　　　　── 刊臺灣《海星》詩刊，第 18 期，2015.12
　　　　　　　　冬季號，頁 15-18.
　　　　　　　*方艮先生已於 2015.09 辭世。

38. 思與詩：楊華

　　楊華是早么的台灣詩人（1906-1936），生於屏東，青年時代曾以私塾教師為業，然而，因病苦困窘而懸樑自盡時，得年才三十歲。與英詩作家濟慈（John Keats，1795－1821）同為肺結核的受害者，他們的愁苦與屌弱，註定要穿戴起帶有憂傷氣質的外衣，是以生命為詩的苦吟者。

　　有人曾認為，讀楊華的詩令人陷於絕望悲觀的情緒，很難看到希望，多用悲觀的語調表達對時代現實社會的不滿。事實上，他從不掩飾自己強烈的愛憎，這正是他痛苦而短暫的人生寫照。同時，他對臺灣人民的苦難懷有悲憫的心，詩裡能表現出柔弱中現悲憤，哀愁中現勇氣的控訴。他在二十歲開始創作，應《台灣民報》徵詩，以〈小詩〉和〈燈光〉兩篇分別獲得第二名和第七名，其詩近似俳句，短小精悍。之後，將近五年，幾無訊息。他是日據時期堅持以中文〈漢字〉創作的現代詩人中，小詩寫得最有成就的一個；受中國女作家冰心（1900-1999）、梁宗岱（1903-1983）及印度詩人泰戈爾（1861-1941）短小詩型的影響，詩作有〈黑潮集〉、〈心弦〉、〈晨光集〉等，約 200 餘首。

　　楊華的愛又是赤誠的、深沉的，這種愛在他早期的詩中

就充分地體現出了。不幸的是，他二十一歲即因「治安維持法違犯被疑」事件遭日警逮捕入獄。其著名的〈黑潮集〉組詩（共五十三首）便是在獄中所寫，藉以傳達出面對殖民社會下悲慘現實的無奈及對不公不義的反抗意識與悲憤的聲音。如其中的第四首，他用滿腔的激情歌著，並以小蒼蠅自嘲、悵然慷慨地道出自己力量微小如蠅，無力採取過實際行動之聲：

> 本來是個無力的小蒼蠅，
> 他專會摩拳擦掌

楊華藉此暗指他懷孤往之志、舉世無人相知的感慨顯示於言外。再如第十一首：

> 源泉曾被山嶽禁錮在幽暗的窟裡，
> 他能繼續著催起流水的跳躍，
> 所在浸流而使山嶽崩壞

是的，詩人在黑暗勢力的重壓下，從第一首浩瀚湧動的黑潮，點明了自己受冤而不平起，到第四首自嘲為蠅，到第十一首筆鋒一轉，順勢推出涓滴不歇的「流泉」，其形象不叫人感到悲觀失望，而是給人一種生存的勇氣，暗示自己不但不能被禁錮征服，相反，卻最終能戰勝不公的迫害，也期望台灣的國土繼續繁衍自己的子民，楊華藉此砥礪自己。

楊華出獄後，像奔騰在冰層下的湍流，1932 年起大量發

表詩作，孜孜以求地營造著詩美的殿堂，也開始刻畫出當時
工人階級的心聲。作品中常透露出憂患意識及反映被殖民社
會的困境，最有名的例子是以台語詩寫成的〈女工悲曲〉，
也是擅於寫小詩的楊華最長的詩作。詩人寫道：

> 星稀稀，風絲絲，
> 淒清的月光照著伊
> 搔搔面，拭開目睭，
> 疑是天光時。
> 天光時，正是上工時，
> 莫遲疑，趕緊穿寒衣。
> 走！走！走！
> 趕到紡織工場去，
> 鐵門鎖緊緊，不得入去，
> 纔知受了月光欺。
> 想返去，月又斜西又驚來遲；
> 不返去，早飯未食腹內空虛；
> 這時候，靜悄悄路上無人來去，
> 冷清清荒草迷離，
> 風颼颼冷透四肢，
> 樹疏疏月影掛在樹枝。
> 等了等鐵門又不開，
> 陣陣霜風較冷冰水，
> 冷呀！冷呀！
> 凍得伊腳縮手縮，難得支持，
> 等得伊身倦力疲，

直等到月落，雞啼。

詩人以生動的比喻，揭示了對貧困勞工生活關注的命題。他的悲憤，具有一定的典型意義，對殖民下的壓榨與對現實生活的控訴，句句是淚，也就不言而喻了。接著，1935年在《台灣文藝》發表唯二的兩篇小說〈一個勞動者的死〉和〈薄命〉，而〈薄命〉一篇還入選了《朝鮮台灣短篇小說集》。文中能表現關懷弱小、社會、人生的繁複與矛盾，從而表現自己的生命感悟，以引起讀者的深沉思索與品味。正因如此的文學風格，楊華被歸為左翼文學的作家。直至1936年，因潦倒病苦而懸樑自盡，時人稱其為薄命詩人。

楊華是臺灣早期作家中作品較為豐富的一位詩人，活躍於1920、30年代。在楊華的詩歌與小說中，著力描寫台灣人民在殖民地統治下的痛苦與所受的侮辱，從中就折射出詩人一身正氣的性格和氣質；而入獄的遭遇，也無疑見證了身在殖民地時期文人無出路及蘊積著孤獨、激揚的情結，這又使他相遇了詩。由於他是私塾老師，對中國傳統文學品、及日本古典文學「短歌」和「俳句」的寫作方法也有涉獵，也深受泰戈爾詩中特有的哲理影響頗深，因此，楊華詩中的理念是讓黑暗給予發光的心潮，為了貫徹身處異族統治下的台灣知識分子的良知，而凝固著歲月不屈的火苗。

其實，楊華的詩也有他暫時忘掉悲苦的閒靜時刻。如最著名的〈小詩五首〉組詩是以「器人」之名發表，每一首都別有韻致，並刊載在1927年《臺灣民報》141號，第一首：

「人們看不見葉底的花，／已被一雙蝴蝶先知了。」此詩是他的全部思想、熱情、情緒，說明自己在艱辛中擺脫著平庸和膚淺，從而終於以其獨特的形象而「成為自己」。第二首：「深夜裡——殘荷上的雨點，／是遊子的眼淚呵！」，詩無雕琢斧鑿之跡，形容的語言，逼真傳神，具有個性化的特點。楊華「成為自己的詩寫作的宏觀背景，目的是尋找不斷地完成「自我超越」的審美力度。正是有了這種信念，才能保持高潔和清貧，甘心與繆斯為伴。最後第五首詩人說：「人們散了後的鞦韆，／閑掛著一輪明月。」從藝術上講，可說是寫心靈神遊的情境詩，顯得空靈而孤寂。詩人在痛苦的現實生活中，似乎悟到了什麼，從而折射出哲思之光。若沒有這個「閑」字，就不能體現詩人恬淡安寧而又怡然自得的心境。詩人的達觀，就不能躍然紙上了。

最後推介這首〈春來了〉中說：

> 春來了，
> 她 ——
> 用溫暖的和風撫摩我，
> 用笑瞇瞇的桃唇吻著我，
> 用含情的杏眼迴盼我，
> —— 我久傷的心花亦就怒放了。

寫得清新小巧且有趣味。我發現，楊華的許多詩中都體現出一種超然之境的人生追求，實際上是作者自己的心聲。在此寧謐的氛圍裡，抬頭看去，除了詩人獨步尋春景之外，

杳無人跡，只有溫暖的和風，偶爾來慰其岑寂。詩人在平夷沖淡的外表下，用心靈的觸角去探察世界，這也正是對污濁塵世的一種否定，詩就好似捕捉到詩人蝴蝶花般的一抹微笑了。

—— 2015.6.26
—— 刊臺灣（臺灣時報）台灣文學版，
　　2016.4.6，及林明理水彩畫作一幅。

39. 飛越海洋的詩情

—— 讀朱學恕的詩

在一次詩歌聚會上，認識了江蘇籍詩人朱學恕（1934－）。後來受聘於其所創辦的《大海洋》詩雜誌顧問，開始收到寄來的刊物，這份詩雜誌可說是這位曾任海軍少將、教授的他傾盡大半生心血，其驚人的毅力和對詩神的摯愛、對臺灣文壇無私的貢獻，實令人感佩。日前，年事已高又罹患重病的他，親筆寫來明信片問候時，我心裡感受到老前輩的厚愛和那博大開闊的胸襟。

學恕兄一生對大海情有獨鐘，他在〈燈塔〉詩中，傾吐著他對燈塔的一往情深：

愛如一燈塔
萬船引之
其光如故
在海上絲路正盛時
青春便欣然啟航。

浮沉是人生姿態
衝前是一份慾望

迴旋有一串思念
燈塔成海的
一聲佛號。

靜止
在莊周飛蝴蝶的夢中
栽下如斯我聞
燈塔是生命流轉於
世間的秘密航道。

　　這可能是作者當艦長期間常看到燈塔，就喜歡上燈塔，
想要為燈塔留下一些文字紀錄。詩裡暗喻燈塔如思念的愛
人，是海上的一盞明燈，是海上航行者的指引；還賦予他海
的靈魂和飽滿的詩情。除了歌唱大海以外，他還歌唱對亡妻
的懷念。如在悼妻逝世十年祭〈海的女人〉組詩中寫下了這
樣的詩句，這同樣是詩人真情的流露：

妳是我水遇綠邂近時的故事
妳是我海融河對話處的心境
在清香的花圃裡做夢和散步時
日光和影子
輕輕敲打著那懶散的幸福

　　他以沉痛的心情悼念妻子的亡靈時，也以深情的歌聲詠
讚著妻子平凡而美好的幸福。詩人經過幾十年歲月的釀製，
又寫下了美麗的寶島對他的哺育的詩作〈海島〉，正因為詩人
有海的膚色，海的勇敢，期望成為海洋的天使，為大海做出

貢獻，被世人肯定。所以在詩裡的首段寫道：

> 沉默的海島
> 想飛躍成海洋，
> 翱翔的姿態
> 像朵朵的浪花；
> 時間已成
> 不復記憶的故鄉！
> 那些憐恤的海風
> 助長著他的癡情，
> 這是他唯一在海上
> 想升騰的鼓聲吧 ——
> 因為他是海洋的天使
> 總想獲得被世人
> 肯定的奉獻和愛的富足。

　　這裡蘊含著多麼旺盛的生命力啊！情，是詩的靈魂。看來，人海不僅給了他肉體生命，也給了他藝術生命和不絕的靈思。我堅信，學恕兄幾十年來如一日，一直關注著臺灣詩歌的發展與推動海峽兩岸文學的交流。他的詩作正是心靈之聲的交響，其中不乏對光明的追求，也反映了他內心深處的真誠與強烈的愛國情操。因而，**讓詩神為他的努力而驕傲！**

—— 2015.7.30
—— 刊臺灣《臺灣時報》台灣文學版，
　　2015.8.16.及攝影合照 1 張。
—— 刊臺灣《大海洋》詩雜誌，第 92 期，
　　2016.01。

40. 夜讀阿沙納斯‧凡切夫‧德‧薩拉西《比白天更白天》

　　阿沙納斯‧凡切夫‧德‧薩拉西（Athanase Vantchev de Thracy）是世界詩人國際運動組織的會長和日內瓦的環球和平大使，也是國際詩壇享有相當知名度的詩人、翻譯家，已出版五十多部著作。夏末，忽然收到遠從法國寄來他剛出版的中法詩集《比白天更白天》，我讀到一種不同凡響的單純，使人體會到作為心靈之聲的詩與作為客體物象藝術之間，的確存有內在的有機的契合點。書名不僅有濃郁的詩意，而且象徵著他仍保持著心態的青春，同時，這種精妙的字語中，也展現出不凡的審美感悟。尤其此書是由著名的美國詩人非馬翻譯成中文，更添風采。

　　如書裡的這首〈永不遺忘的記憶〉，是寫感覺延伸到外部世界的佳作，用字靈敏、風格自由：

　　　記憶，你從不忘記
　　　人與事的面貌，
　　　血肉的世界成了純粹的抽象。

我是生命，我成了言辭，
我是永恆，我成了時間。

記憶，總是如此新穎
在接踵而來的日子裡。

　　此詩不僅節奏對稱，韻律也很整齊和諧。我們從中可以體
會到一種情緒上的消長，無論是從熱情的噴發到詩情的濃縮，
記憶裡的人與事，也反映了他的詩作風格的演變歷程。另一首
有意味的詩〈好聽得更清楚〉，有一種視覺美的表現：

你打開所有的窗戶
好聽得更清楚
田野的音樂，
好看得更清楚
趴在池塘
受驚的水面上
那棵白楊的神態。
葉子的每次顫動
都是一個天使的音符，
一片豔麗的天空。

　　不但證明詩人思路和視野的開闊，而且也顯示了詩人敏
銳的洞察力。從藝術表達方式上來講，正是以鮮明的、多層

次的意象組合，把詩人對親近自然的慨嘆、幻慕、驚見、歡
愉等心理活動串在一起，音樂性強。另一首標誌著詩人摯愛
詩歌的〈永恆的珍寶〉，也有法國色彩，比較純真而華麗：

> 在外頭唱著的這個柔和的聲音，
> 會是春光的聲音嗎
> 或是來自某個被深愛著的
> 僅僅是我心中的海邊花園裡
> 一條傍著愛情花的小徑？
> 滿懷驚異，沉思，
> 我把頭緊緊靠著時間之白，
> 我的伴侶。
> 我，試著在靜默中練習
> 不朽的藝術
> 在這有鮮活記憶的朱砂陽臺。
> 啊詩歌
> *永恆的珍寶！*
> 你，我永遠的財富，
> 我永不枯竭的產業！
> 永恆的珍寶！
> 永恆的珍寶！

　　此詩使人愉悅、回味。可見詩的基調、色彩、氛圍，是
隨著詩人心緒的變化而變化的。再如〈知更鳥〉中的句子，
亦典型地體現了詩人的美學追求：

在天空煙霧的薄紗下
閃耀著藍光的雪
而你，我的小鳥，
我天意的伴侶
在孤兒的孤獨裡，
你用你聲音的藍鑽石
切割出空氣親密的粒面
可以說是
整個創造的亮度。
你細小咽喉的血
有如一朵永恆的玫瑰
開在花園裡無可比擬的白色之上。
你，你的歌聲
激起躺在冬天
輕柔的嚴酷底下
睡著了的枝梗
一個攻無不克的希望！
你，以你微妙的精美
處於生命的諸種
憂傷中！

　　這裡，詩人已逐漸從對象徵派詩作的創作，轉向了意象
派，更著重於詩人主觀的意念和感情。他的名作之一〈透明〉，
也體現了這種意象的變幻。這是寫給阿里・胡司迪夫的詩：

　　綢緞般光滑的陰影把蕩漾的水浮蓮
　　舉向楊柳低垂的樹枝 ——
　　慢慢地一切都成為愛
　　此刻心靈純淨
　　平和。

　　在阿沙納斯的許多寫給其他名人的詩作中，熱烈真摯的感情，總是和可感的形象融為一體，有情有景。如詩人在寫給好友陶德（Todd）的詩〈我們曾經一起讀〉中：

　　我們曾經一起讀但丁和彼得拉克*，濟慈和莎士
　　比亞
　　那些令人欣喜欲狂的詩，
　　興奮的黃昏像一個巨大的歎息來臨
　　將它最大的光放在我們的肩膀上。

　　*彼得拉克（Francesco Petrarca，1304－1374），義大利學者、詩人，被視為人文主義之父。

　　詩人完全沉浸在閱讀的優美境界中，表達了對詩歌的深深熱愛，使人讀後，也受感染。如稱讚諾登〈你用詩餵養你的心〉，就顯示出他的真摯情懷與明朗的藝術風格：

　　諾登吾友，
　　你用詩餵養你的心，
　　你歌中的每一行
　　都是從你生命扯下的一片，
　　你是這麼喜愛

大海福音的甜蜜，
雲雀嘔心瀝血的歌
以及知更鳥怯怯的優美。
對我來說，你高尚莊嚴的作品
是多麼的親切可貴！
啊詩歌，
深埋在受啟發的人們胸中的
光的寶藏！
我深信，諾登，
上帝通過我們快樂的
炯炯發光的眼睛
看這個世界！

　　從全書看，作者可謂一個浪漫、光明的歌手。其詩極有藝術個性，不少詩都閃爍著藝術個性的光彩。他是個博學的詩人，對古代文物也有廣泛的認知，曾寫過無數關於希臘詩和拉丁詩的論文，榮獲許多國際大詩獎。午過古稀仍孜孜以求，不時創作與翻譯，令人敬佩。在不多的幾次電郵中，知悉他即將於來台參加世界詩會。正如希臘最傑出的詩人、諾貝爾文學獎得主埃利蒂斯（Odysseas Elytis，1911～1996）所說：「無數的秘密景象使宇宙閃閃發光，也構成了一種未知語言的音節，而這種語言要求我們選詞造句，作成一種領我們到那最深奧的真理之門檻前的解語。」阿沙納斯的詩，正是為了追求一種神聖美，詩中情象流動的跳躍性也是很大的。此外，他也精研於東方宗教史，其詩被翻譯成多種文字，其見解，也臻於一個更高的藝術美的層次。

—— 2015.8.15 於台東

—— 刊台灣《笠詩刊》，第 309 期，2015.10，
　　頁 120-122。

—— 本 文 正 體 字 及 簡 化 字 全 文 刊
　　AthanaseVantchevdeThracy 阿沙納斯・凡
　　切夫・德・薩拉西的網站

http://www.athanase.org/index.php?option=com_content&
view=article&id=1515:chine-un-article-en-chinois-sur-la-poesi
e-dathanase-vantchev-de-thracy&catid=1:poesies&Itemid=2

AthanaseVantchevdeThracy 照

作者林明理由 Athanase Vantchev de Thracy 翻譯兩本中
英法譯詩集《夏之吟》及《默喚》分別於 2015.12 及 2016.01
法國巴黎出版，見阿沙納斯・凡切夫・德・薩拉西網站

http://www.athanase.org/index.php?option=com_content&
view=article&id=1071&Itemid=11

本文英譯由著名英格蘭詩人學者 **Norton Hodges** 諾頓翻譯

ARTICLE DU DR. MING-LI paru dans la presse chinoise aux USA :

Books at Night

'Jour Plus Clair Que Le Jour'

by Athanase Vantchev de Thracy

Dr Lin Ming-Li

Athanase Vantchev de Thracy is President of the World Poets Organization 'Poetas del Mundo' and a Universal Peace Ambassador for Geneva. He enjoys considerable international popularity as a poet and translator and has published over fifty books. In late summer, I was pleased and surprised to receive from France his newly published collection of poems 'Jour Plus Clair Que Le Jour". I found the work extraordinary. If the soul is what gives poetry its voice and artful images are what engage the reader, then in Athanase's poetry we find their organic meeting point. The title of the collection is not only richly poetic but it retains a youthful perspective while at the same time demonstrating a subtle use of language and an extraordinary aesthetic perception. The book has been stylishly translated into Chinese by the famous American poet William Marr.

As we see in the poem 'Memoriam Rei Redintegrare', the

poet's inner feelings extend out into the external world in a sensitive, free style:

Memory, you alone never forget
the faces of men and things,
the world of flesh become pure abstraction.

I was life, I became word,
I was eternity, I became time.

Memory, always new
in the succeeding days.

Translated by Norton Hodges

The rhythm of the poem not only relies on symmetrical phrases but also on the harmony between them. Here we can feel a kind of emotional dynamics, both from the poem's extraordinary ability to concentrate memories of people and things, but also in the way the poem reflects the evolution of the poet's style.

In a further poem, ''Better To Hear', beauty is expressed in highly visual language:

You open all the windows
better to hear
the music of the fields,

better to see
the divine spectacle
of the poplars leaning
over the wonder-struck waters
of the pond.

The trembling of every leaf
is an angelic note,
a voluptuous piece of heaven.

Translated by Norton Hodges

The poet's ideas and vision not only demonstrate the reward of openness to life, but also reveal the poet's own insight. As far as artistic expression is concerned, this is a distinctive, multi-layered combination of images; the poet's song is close to nature, to the magic depths of the world. Awe, joy and thought are juxtaposed in an extremely musical setting.

Another striking poem is 'Eternal Treasure', with its particularly French colourings, pure and beautiful:

That tender voice singing outside,
could it be the spring light
or the voice of someone once loved
who is now no more than a path bordered by agapanthus

in the seaside garden of my heart?

Amazed, dreaming,
I lean my head against the whiteness
of time that keeps me company,

I, who try to practise in silence
the art of immortality
on the terrace of cinnabar where memories live!

O poetry,
eternal treasure,
you my wealth forever.　　　.
my imperishable riches!
Eternal treasure,

Eternal treasure!

Translated by Norton Hodges

This is a poem that leaves a strong impression with its visual symbols, its tone, colour, atmosphere and varying mood.

The poem 'The Robin' also typically reflects the poet's aesthetic pursuit:

'Speaks of an extraordinary simplicity...'
Ralph Dutli

The sparkling blue of the snow
under the smoky tulle of the sky
and you, my little bird,
my providential companion
in orphaned solitude,
you who chisel out
the intimately granular facets of the air
with your voice of blue diamond
so as to speak
the entire brightness of creation.

The blood of your tiny throat
is like a timeless rose
on the imponderable whiteness of the garden.

You, whose song
inspires an invincible hope
in the sleeping stems
which lie beneath winter's
soft harshness.

You, with your divine delicacy
in the midst of life's

sadnesses!
Translated by Norton Hodges

Here, the poet has gradually shifted from Symbolist poetry and become an Imagist, more focused on subjective ideas and feelings.

One of his masterpieces, 'Transparency', also reflects this changing imagery:

For Ali Husteev
The satin smooth shadow lifts rippling hyacinths
towards the stooping branches of the weeping willows –
slowly all becomes love
now that the heart is pure
and quiet.
Translated by Norton Hodges

Athanase has also written with warmth and sincerity about other famous poets, always with closely integrated images and a focus on love:

For example, in a poem dedicated to his friend Todd, 'We Used To Read':

We used to read together the ecstatic poems

of Dante and Petrarch*, of Keats and Shakespeare,
the exalted evening came like an immense sigh
to place on our shoulders its utmost light.

*Francesco Petrarca, anglicized as Petrarch (1304-1374),
Italian poet and scholar, the 'Father of Humanism'.

Here, the poet is completely immersed in the beautiful
realm of literature. He expresses his deep love of poetry, of the
joy of reading but with a darker undertone.

In the poem 'You Feed Your Heart With Poetry' we can
appreciate the poet's sincere feelings and his clear artistic style:

Norton, my Friend,
you feed your heart with poetry,
each line of your verse
is a piece torn from life,
you, who love so much
the evangelical gentleness of the sea,
the hanmered hymns of the skylarks
and the fearful grace of robins.

How dear to me
are your noble words!

O Poetry,

treasure of light
hidden in the breast
of beings of light!

I know, Norton,
God sees the world
through our enlightened
happy eyes!

Translated by Norton Hodges

On the evidence of this book, the poet is both a romantic and on the side of light. His work evidences a highly artistic personality as shown in his many gloriously individual poems. The author is a very learned man, with extensive knowledge of Classics. He has written numerous poems and articles about Greek and Latin poetry and has won many international poetry prizes. For over seventy years he has continued the admirable pursuit of poetic creation and translation. In my email correspondence with him, I have learned that he is about to come to Taiwan to participate in our poetic culture. As the most distinguished Greek poet and Nobel laureate Odysseas Elytis (1911 ~ 1996) has said: 'Innumerable secret signs, with which the universe is studded and which constitute so many syllables of an unknown language, urge us to compose words, and with words, phrases whose deciphering puts us at the threshold of the deepest truth.' Athanase's poetry exists precisely in order to pursue divine beauty in fluid verse in love with the world. He is also immersed in the history of the Eastern Orthodox Church and his poems have been translated into many languages, all in all reaching a high level of artistic beauty.

2015.08.15 Taitung

譯 者：

諾頓・霍奇斯是四本詩集和八種翻譯的作者，1948 年生於英國肯特的格雷夫森德，在斯旺西大學學習法語和德語，教現代語言 22 年。他還擔任過職員，書評人，成人掃盲教師等。擁有碩士及語言及文學教育博士學位（1998 年），發表學術文章，並已完成開放藝術大學的高級詩歌課程。他在 1997 年因病退休後，開始投稿，在英文詩歌雜誌和互聯網上發表詩作。他的作品被翻譯成法語，俄語，保加利亞語，阿爾巴尼亞語，葡萄牙語和烏爾都語以及倫敦的數位化詩歌圖書館。他還英譯過法語詩人薩拉西和西奧 Crassas，烏克蘭小說家赫爾曼·漢娜與巴西詩人阿吉納爾多日巴斯托斯等的作品。2005 年，他被授予 Solenzara 研究所由法國評委頒發的國際大賽獎。現居林肯。

Norton Hodges is the author of four volumes of poetry and eight translations. He was born in Gravesend, Kent, England in 1948. He studied French and German at the University College of Swansea and taught Modern Languages for 22 years. He has also worked as a pay clerk, book reviewer, adult literacy tutor and examination invigilator. He has an M.A (1980). and a PhD in Language and Literature in Education (1998), has published academic articles and has completed an Advanced Poetry Course with the Open College of the Arts. After medical retirement in 1997, he began to submit his poetry for publication. He has since been widely published in English poetry magazines and on the internet. His work has also appeared in anthologies, has been translated into French, Russian, Bulgarian, Albanian, Portuguese and Urdu and has been digitised by the Poetry Library in London. He has also translated into English the work of the francophone poets Athanase Vantchev de Thracy and Théo Crassas, the Ukrainian novelist Hanna Herman and the Brazilian poet Aguinaldo de Bastos. In 2005, he was awarded the Grand Prix International Solenzara by a French jury from the Institut Solenzara. He lives in Lincoln.

41. 穿越浪漫的深邃思想

—— 讀劉蓉的詩

　　來自安徽省馬鞍山市的詩人劉蓉（1972-），以穿越浪漫的深邃思想審視自己的精神歷程，詩歌帶有戲劇感和悲劇性。我喜歡她詩裡輕柔又堅定的飄忽，也喜歡她憂鬱卻又感性的曲調。雖然她的詩可以同時讓你感到其感情的濃度和構思的新穎，讓你不自覺地靜下來，腦中湧入許多片段，用詞也很真切感人。詩歌的魔幻與美妙莫過於此。

　　劉蓉的詩是抒情詩，是情感的精煉，深沉而激越。但她很少用直抒胸臆的方法，多用象徵和暗喻，這使得她的詩更加耐人尋味。在〈降溫〉詩中，詩人用「意念咬痛／飛翔」象徵愛情的苦痛和昇華，既是拒絕虛偽和欺騙的袒露，也是不加偽飾的靈魂和生命展示。即使是歌唱愛的苦楚，劉蓉也有自己的意象符號。詩人願意自己躲開，獨自品嘗痛苦和淚水。她把失意後的覺醒比作「猶如魚兒伸出脖頸／任水／剔除魚鱗」巧妙而含蓄地表達出對愛情的專一和堅守：

　　花盛開
　　於秋寒中

一點一點生銹
注視刺向我羽毛的根處
正滲血

過去
那麼多歲月煮熟的軀幹
跋涉重重山巒
不敢
嫁接顫抖

丟失溫度
海上月
林間月
窗外月
都冷成
圍困的石頭

意念咬痛
飛翔
一次次捧起
降落
殘羽　　赤裸
撞向
最冰冷
鏡面

對恃折射
任其揮劍
千萬遍將我與花瓣
洶湧撕裂
猶如魚兒伸出脖頸
任水
剔除魚鱗

　　這裡沒有譁眾取寵或故弄玄虛，只有質樸和真誠，這也是好詩語言的品質。劉蓉也善用貼切的比喻，不妨再舉一例，如〈放逐〉，寫得蘊藉生動，富有創意：

追著一束光
我跳進了海

就像多年前
我鑽進槐樹
尋找精靈古怪的故事

就像昨夜
我爬進了月光
撿拾一管蕭音

就像恍惚中
我串起一堆黎明
交換霓虹燈火

就像醒來的我
跟著掉落的羽毛
飛下了山谷

就像失語的我
將最後一絲舞動
扔進風燃燒

　　這些含淚寫出的文字十分感人，某些語言雖帶有撲朔迷離的色彩，但總的說，詩情澎湃，愛情的主題也永不枯竭。她把情感轉化為獨特的意象，用詩化語言呈現。最後三句，傾訴了難以抵達的理想之愛；也詮釋了愛的含義：不是索取，而是犧牲。但詩人內心深處仍蘊藏著最可貴的生機。〈失心〉再次表達了她內心的傷痛，揭示在矛盾和衝突中流淌著的痛楚的眼淚和淋漓的鮮血。放下心中的嘆息，然後，詩人縱淚敘情，詩的畫面刻劃得非常細膩：

玫瑰挖了一口井
騎著紅色輪廓
向芯處打撈
一層層黑洞爬向恐慌

漫過雙眼的風
嵌不進花香
皺皺巴巴的白樺林

在歌唱

我的冬天背著寺廟
敲打木魚
長髮一直昏睡
隨意就白了

棉被腐蝕著一艘船
搖搖晃晃卸了妝
搜索到淚水
駕著天馬使勁拍打翅膀

一片沙地正被雕刻
一釘一鑿　一溝一壑
我的臉
一點不疼

　　詩歌是時間藝術與空間藝術的綜合體，但此詩作為時間
藝術的特徵較為突出。詩人把內心的隱痛溶入白樺林等帶感
情色彩的意象中，一個充滿愛與傷感的氛圍，於焉而生，宛
如真實。「長髮一直昏睡／隨意就白了」，寫得很美，但卻有
一種沉重的愛戀情懷。那淡淡的愁思，最能激起讀者情感的
共鳴。

　　詩詞貴意境，有意境則自成高格。詩道的追求是無盡的。
人生，在現實的腳下，夢幻不斷、悲喜交織的戲劇人生不斷。

名詩人郭沫若曾說：「抒情詩是情緒的直寫，情緒的進行自有它的一種波狀的形式，或者先抑而後揚，或者先揚而後抑，或者揚抑相間，這發現出來便成了詩的節奏」（註）。而劉蓉的詩，是那麼渴望飛翔，她想「駕著天馬使勁拍打翅膀」，這種努力飛翔的願望和姿態給了我很深刻的印象。我看到的是一個單純、熱愛生活的劉蓉，她以飛蛾撲火的姿態撲向詩，也提出一種不同的觀點來看待「愛情」，也就是紊亂中的欣喜。難得的是，她也擅於短篇小說。在劉蓉身上，我看到了馬鞍山詩歌的希望，我也期盼著她在文學與人生的天空裡乘風翱翔，飛得更遠、更高！

註：詳見《郭沫若論創作·論節奏》，上海文藝出版社。

—— 2015.9.9
—— 刊臺灣《新文壇》季刊，第 44 期，
2016.07.

42. 眞醇的琴音

── 張智中的詩

　　張智中（1966-）的文學成就非凡，專於現代詩翻譯美學，現任天津師範大學外國語學院所長。他生於河南，是當代中國重量級的翻譯家、學者；出版編、譯、著二十餘部，素有儒者之稱，備受尊重。

　　細讀其詩，發現智中先生並未想成為專業詩人，也未在詩的發表上去專門下功夫鑽研，但因為他有深厚的中西文學素養，和對生活的細膩觀察，特別是由於他的悟性，從而也寫出數十首詩味兒很濃的詩。教書與英譯研究之餘，他將自己的創作力和熱情投注於詩藝，往往以美學的手法在空間距離上蒙上了一層浪漫的色彩，猶如清晨的甦醒，乍看之下平靜簡單，但實際內心卻隱藏著一股呼之欲出的熱情吶喊。時而帶著愉悅的心情將自身付託予自然，時而又多愁善感；這些詩思，經過一段時空的沉澱之後，透過崇高的美學經驗來解放人心，已臻於成熟；而所有的詩篇，都是作者真實心聲的流露。

　　如近作〈趙州橋〉有其獨具的藝術特色。趙州橋是當今

世上跨徑最大、建造最早的單孔敞肩型石拱橋，位於河北省
趙縣城南的洨河上，由隋代名匠師李春建造，至今約有一千
四百年歷史。它經歷了多次的水災、戰亂和地震；難以置信
的是，在 1991 年 9 月，還被美國土木工程師學會選定取爲第
十二個「國際土木工程裏程碑」。詩人看到身邊的趙州橋，便
和它對話：

　　小時候
　　在我小學課本的彩色插頁裡
　　你端立著
　　進入我的夢

　　而今
　　我面對著你
　　不再是夢
　　石拱兩岸一邊
　　我的過去一邊
　　我的未來

　　我卻
　　無法橫渡

　　這可謂是趙州橋的動態圖畫。石拱兩岸風光、秀色，與
游入夢境般的感受交融在一起，讀後令人難忘。詩人將自己
的見聞以詩記錄，他相信詩歌的本質在於透過創作與精神世
界進行直接的溝通。值得注意的是，智中先生不是爲寫景而

寫景，而是以情注入其中；還有的則以濃郁的抒情筆法來敘事的，並充分展示了詩人的內心世界。如〈這個端午節〉，也恰恰說明了，儘管是敘事詩，但也能充分揭示出其抒情的本質：

剝開飄香的粽子
我不去想離我萬里之遙的屈原
我只想念離我千里之外的母親
只想念離我恍若前生的童年
在一年一度的這個時節
母親
都會親手包製香甜可口的粽子
那時的端午節
只和粽子相關
無關跳河的屈原
這個端午節
母親也該想起了我
想起童年的我
曾帶給她多少歡樂
這個端午節
我不想念屈原
我只想念母親

此詩將遠與近、動與靜、現實與記憶結合在一起，因而達到了藝術上的概括性和形象性的有機結合，這一點也體現了詩人感性而靈敏的藝術風格。詩人的詠物詩，有的短小雋

永，寄情於物，又似乎包含著某些人生哲理。如〈好大一棵樹〉，以蒙太奇的手法，營造出影像的節奏感，耐人尋味：

> 一群群的狂風如同暴徒
> 剝光了你的衣衫
> 一陣陣的霜雪如同刀片
> 在你身上留下
> 瘡痍的斑點
> 你只是微笑岸然
> 一身的硬骨不變
> 經歷了數十年
> 四季的輪轉
> 永不消失的
> 是蘊藏在你年輪中心的
> 春天

這棵「大樹」無畏狂風暴雪，但它在瞬間體現了自己的價值，給世界帶來了堅韌的勇氣，給人以精神上的強烈感染和莫大鼓舞，這比那些毫無生存意義的事物更有存在的價值。詩人在創造詩美的過程中，不僅體現了詩人追求光明與正義的心地，也關注一些現實生活中的挫折和人們的痛苦，使詩作有更強的力度。美國現代詩人康拉德・艾肯（Conrad Aiken,1889-1973）曾說：「詩是額上流汗、手上流血、心裡痛苦的人的繪像」（註）而智中先生既有中國美學和西方現代文化的內蘊，在學術的探索上取得了可喜的成績。他一生熱愛詩，癡迷於英譯及文學，在燈下、在書桌勤奮地寫出這

麼多文采，使自己生命的律動綻放出詩情的花朵，是其詩美藝術主張的具體實踐。多麼難得！祝願他在中年之後，繼續朝著閱讀、思想，全然沉浸在詩歌的氛圍裡前行，寫出更多優美的詩作。我熱切地期待著。

註：《詩和現代人的心靈》，見《詩人談詩》，三聯書店版。

—— 2015.9.15
—— 刊臺灣《華文現代詩》，第 7 期，
2015.11 頁 36-38.

43. 說不盡的非馬

　　非馬（馬為義）是文才橫溢的詩人，在臺灣、中國大陸、東南亞及芝加哥詩壇甚至國際詩壇都備受推崇。他於 1936 年誕生台中市，不久隨家人回廣東鄉下老家，十三歲又隨父兄回臺灣唸書，1961 年赴美進修，獲威斯康辛大學核工博士，進阿岡國家研究所工作；不久，開始在《笠詩刊》上譯介英美當代詩，在臺灣詩壇嶄露頭角。此後，他把全部精力都傾注於他所從事的工作，工作之餘，寫詩、譯詩一直都是他夢寐以求全力以赴的生活內涵。退休後，更為自己建造了一個「非馬藝術世界」。迄今共出版了二十餘部詩集及譯著，並創作了五百多幅畫及許多雕塑作品。

　　非馬的詩，是以最純粹的形式，依循著一個單純的理念被創造出來的。大多是描繪現實生活與人文思想的產物，熱情謳歌生命的青春，純潔的愛情與友情。可以看出，無論是思想內容還是藝術創作多帶有愉快明朗的色彩，此外，「悲憫」也是其重要主題，藉以張揚自己的人道主義精神。特別是對冷酷的社會現實如貧窮或戰爭所造成的種種社會災難的揭露，具有仁愛的思想，而流露出的憂慮和哀愁氣氛，也給詩歌增添了耐人尋味的神韻，因此，能表現更廣闊、更深刻的社會內容、具有更高的審美價值。

　　他本人正直誠摯、善於思考，又有敏感、浪漫、風趣無
羈的一面。比如非馬所繪的作品〈秋窗〉是我喜愛的，它具
有夢幻的藝術性，而其詩〈秋窗〉亦相得益彰，已成為詩畫
的經典。詩中寫道：

　　　進入中年的妻
　　　這些日子
　　　總愛站在窗前梳妝
　　　有如它是一面鏡子

　　　洗盡鉛華的臉
　　　淡雲薄施
　　　卻雍容大方
　　　如鏡中
　　　成熟的風景

　　這是非馬將感覺凝聚在詩畫中的呈現，也有印象主義的
表現特色。他的妻子之群一直都是非馬生活中不可或缺的好
伴侶。非馬終身追求的詩藝理想不外乎將自己敏銳的經驗自
然注入創作中，讓作品顯現一種即興而諧趣的風貌。他的詩
畫作品也曾在芝加哥、中國的美術館、圖書館、文化館及藝
文中心等地展出，並多次被學界研討及評介。今年初，我幸
運地與非馬的詩畫同被收錄於山西大學新詩研究所編著的
《當代著名漢語詩人詩書畫檔案》書中。

　　對於我來說，非馬是亦師亦友的伙伴。三年前，他曾在台北新書發表會中，邀請我參與座談會。會後，與其侄兒同遊臺大校園時，我便明瞭，非馬不僅精通科學，對文學藝術與音樂也非常熱愛。他對藝術的重視顯然並不僅僅是受到視覺上的力道所吸引，更是希望自己在作品中蘊含美好的記憶。他相信在透過創作的過程與精神世界進行直接的溝通，期能從中帶給讀者一種純粹的喜悅與啟發。閱讀其詩，是屬於心靈上的、智慧上的激盪。在非馬八十大壽之際，我僅獻上我最真誠的祝福。

—— 015.12.1
—— 刊美國，《亞特蘭大新聞》，2015.12.18
　　及與非馬此合照。
http://www.atlantachinesenews.com/New
s/2015/12/12-18/b-05.pdf

2012 年作者林明理與馬為義博士（非馬）於臺大校園。

44. 心繫鄉土，遠思於浩空
── 評屈金星《煤啊，我的情人我的黑姑娘》

　　當屈原后裔屈金星以其詩歌辭賦集步入詩壇時，實際已紮根於文學二十餘年。這是繼《永遠的黃河》、《豐碑‧脊樑》兩部近百萬字的通訊及報告文學作品集之後在詩美探索之路上的第一次檢閱，也標誌著他的創作歷程已向前邁進了一個新的台階。

　　前些年，他不斷忙於自己分擔的新聞記者、文化創意產業等工作，備受煤體的關注。之後，又參與北京奧運會、上海世博會、黃帝故里拜祖大典等等相關的文化策劃及多次策劃大型詩歌朗誦會活動。這要耗費他大量體力、付出時間和勞力，然而，他仍廢寢忘食地構思、寫詩作賦。尤以《小浪底賦》立巨碑於黃河小浪底大壩，屈子風骨，仿若重現，令人欣慰。而這部《屈金星詩歌辭賦集》新作，就是他從事詩賦創作的藝術結晶。

　　金星生長在河南的西平縣鄉村，自中國礦業大學採礦系畢業後，一直在基層工作且十分關心全國礦工的心聲，這就給了他提供了豐富的生活累積，也是〈煤啊，我的情人我的

黑姑娘〉創作靈感的主要來源。其研究所就讀於北京大學文化產業研究院，現任中華文化財富聯盟執行主席及中國產業報協會新聞中心總策劃，更積極於提出「文化即財富、創意即資本」的理念，因此，他就從熟悉的鄉土生活的感受中提煉詩材，醞釀詩情。但他又不滿足於直描親身經歷的生活感受，於是又張開想像的羽翼，遠思於浩空。

我認為，他最成功的詩作都是寫鄉情的。如〈煤啊，我的情人我的黑姑娘〉，不但描繪出「煤」的生動形象，而且抒發了作者對生養他的山水的摯愛之情，因此受到許多迴響。詩句想像奇特，比喻新奇：

> 你在我的眸子裡劈啪作響
> 你在我的靈魂中璀璨閃光
> 追尋你是一種理想
> 逼近你是一輪光芒
> 煤啊，我的情人我的黑姑娘
>
> 不管與你定情的夜晚
> 是風驟還是雨狂
> 既然走向地心深處
> 彼此捧出的都是滾燙
> 是你誘惑我下地獄
> 是你超度我升天堂
> 煤啊，我的情人我的黑姑娘

正是因為你我的黑姑娘
那柄猶豫的油紙傘
最終消失在相約的雨巷
在八百米深處
只有你用烏黑的嘴唇
吻我裸露的肩膀
煤啊，我的情人我的黑姑娘

黑暗讓我珍惜月亮
墜落使我頭顱高昂
當寂寞的繩索把我倒掛在
眩暈的懸崖上
只有你來撫慰我
殷紅的創傷
煤啊，我的情人我的黑姑娘

海洛因潔白得卑鄙
而你卻烏黑得高尚
在你燃燒的璀璨裡
我看到靈魂聖潔的
反 —— 光
煤啊，我的情人我的黑姑娘

　　此詩結構完整、層次清晰，有一種鏗鏘悅耳的音樂感。
尤以「海洛因潔白得卑鄙／而你卻烏黑得高尚」很明顯，這
裡寄寓著作者對底層的礦工們深切的同情，但表面上，卻又

是把沒有生命的物體 —— 「煤」擬人化，更讚譽或同情烏亮的煤。又把工人是國家的主人，是民族的驕傲，是聖潔不卑微的主體形象給體現出來了。由於作者有一顆悲憫的、高尚的心靈，並同情他筆下的礦工，所以才能寫出這樣精彩之文。沒有真切的體驗，是寫不出這樣動人而新穎的詩句的。

金星是個豪邁不羈、使命感強的詩人，但保有一顆赤誠之心，遠思揚祖宗之德。書中，他揹著母親與父同遊長城，自然是憶遠之情。我們不妨再讀一首〈蘆花枕〉，最後一段寫道：「枕著蘆花／含著蘆管／我就回到故鄉／一吹再吹／童年的那只曲子」作者又把探微的聽覺和觸覺伸向遼闊的時空，把自己的心弦繫在憶及童年，這也揭示了他對家鄉和親人的深情厚愛。情象的流動，是在詩人感情的催動下展現的。所以一出語，即能以情迎景、情景交融。然而，這首詩竟讓我想起了唐朝晚期詩僧齊己〈863-937 年〉的〈遠思〉，「遠思極何處，南樓煙水長。秋風過鴻雁，游子在瀟湘。海面雲生白，天涯墮晚光。徘徊古堤上，曾此贈垂楊。」詩中的投影，詩人深致，正在借景言思念之情。

《離騷》為屈原之泣訴，由於他自身性格耿直驕傲，加之他人讒言與排擠，逐漸被楚懷王疏離；雖然他滿腔的愛國情操遭破壞，但決不妥協。從藝術上看，屈文星的詩歌也含著豐富的思想容量，構思精巧。明朝文學家王廷相說：「言微實則寡味也。」（〈與郭價夫學士論詩書〉），意旨在真正的詩裡，捨情描景是沒有意義的。而這首〈煤啊，我的情人我的黑姑娘〉，作者沒有選擇情感過分強烈手法，這樣，反

而可將情感駐留在令人沉醉的藝術世界裡。比之於礦工生活的如實描寫，是升高了一個層次，且深深印在勞動人民的心田裡。

　　金星的詩賦題材並不狹窄，除了寫鄉情外，也縱寫千古、大氣磅礡的許多辭賦，如〈安陽新城賦〉，十米巨碑立於高鐵站廣場東南角林中，以顯建設者之光彩；也寫英雄和中國上古人物，如〈嫘祖賦〉，可窺楚辭之風，具有史詩的浪漫色彩。而〈雄鷹賦〉將一篇學院賦文，紀錄出六十年的崢嶸歷程，借鷹魂謳歌校魂、湘魂、國魂，乃至人類靈魂的提昇，寄意遙深。總之，這部詩賦集知識面豐富，他寫個人感情的湧動，與時代風雲共激盪，寫愛情、親情，寫人民生活。諸凡歷史、人物、典故、民俗文化、地誌等等，都以他飽蘸著同情之淚之筆，描繪了致力於推介幅射中華文化的宏願。僅僅這一點看，他的深情低吟或洋溢著高昂、浪漫故事的情調，已顯示出這部「詩賦集」的存在價值。

　　　　　　　　—— 2015.11.10 晨寫於台東小城

　　　　　　　　—— 臺灣《新文壇》季刊，第 42 期，2016.01.

　　http://qujinxing.lofter.com/post/149dda_91c04c0

　　http://www.wenhuacaifu.net/a/mtsd/wczx/20151129/1070.html

　　　　　　　　—— 刊中國《中華文化財富網》2015.11.29.

45. 夜讀拉加蘭姆
《蜜蜂 ── 生命如時》

　　拉加蘭姆（Dr.M.Rajaram，IAS）是文才橫溢的詩人、學者。他在印度政府擔任重要職務三十餘年，曾完成了《蒂魯古拉爾》（Thirukkural）的英文翻譯，贏得了印度前印度總統阿布杜‧卡蘭 Abdul Kalam 博士的讚賞。在他的學術研究中顯見的是他的獨到見解和深刻思考，而過去出版的十二本書籍也深受肯定。他的詩歌大多是謳歌生命中的喜悅與心靈的體悟、純潔的友誼與愛的禮讚。而在他筆下的許多人物所蘊含的無比豐富的內涵是說不盡的，如泰瑞莎修女（Mother Teresa）、母親、愚溪博士（Dr. Yu Hsi）、印度總統阿布杜‧卡藍、甘地（On Gandhiji）等等。

　　這是部生命之書。作者常滿懷激情和信心，抱著美好和樂觀的人生態度，遂而寫下了七十一首詩的著作；無論是其思想內容還是宗教信仰都帶有愉快明朗的色彩。正如俄國批評家別林斯基 V.G. Belinskiy 所說：「詩歌的本質正就在這一點上：給予無實體的概念以生動的、感性的、美麗的形象。」此詩集中這方面的作品以寫〈生命如時〉等為佳，詩人在最純粹的形式中，還隱隱說明他的詩歌具有一定正義性，在某

種程度上具有仁愛和愛護蒂魯古拉爾（Thirukkural）這片祖
國大地的思想。詩人唱道：

時針轉動從未間斷
無人知曉
時間何時會停止
無論是朝或暮
財產誠可貴
健康價更高
尊嚴無可計
一去不復返
今日我們孤單行走
意志撐起艱苦
就像沒有未來
時間將要停止一般

Life Is a Clock

The clock of life is wound but once
And no man has the power
To tell when the hands will stop
Either at late or early hour
To lose one's wealth is sad indeed
To lose one's dignity is such a loss
That no man can restore
Today alone is our own
And toil with a will

There is no tomorrow

As the clock may then stop.

　　我覺得此詩在音節上是最滿意的試驗，節奏整齊、音韻也和諧。寓意是要人們把握一生的歲月，富貴如浮雲，健康勝於財富。因為生命是時間的弄人，所以英國哲學家斯賓賽 HerbertSpencer 說過，我們應力求把所有的時間用去做最有益的事。時間的無聲的腳步，往往不等我們抓住最美麗的時刻就匆匆溜過了。只有美德是隨著時間而變得更有價值。在這裡，詩人還善於把哲理融於形象，或把抽象的觀念借助形象展示出來。這就增加了此詩的思辨性。

　　不過，他最有功力的作品還是寫歌詠的。也寫英雄和歷史人物，並且有些精緻的愛情詩和生活的哲思。如〈阿布杜‧卡蘭‧印度總統（2002-2007）一首，最能代表這一特點：

　　　　愛民的總統啊！
　　　　您是印度之子
　　　　您征服了年輕的心
　　　　無庸置疑
　　　　您是太空科技的先鋒
　　　　使往事流言不再
　　　　您讓印度茁壯
　　　　印度人引頸期盼
　　　　您看見印度的未來
　　　　讓印度整裝就緒

您的「激發心靈」之書
為眾人注入科學精神
您跨越國家邊界
是我們所需要的才能
您是自由、平等與友愛的象徵
您僅守道德價值
激發學子對未來的夢想
支持並珍惜我們的文化
您帶來簡潔、神聖與理想的生活
鼓勵了年輕的心

Dr Abdul Kalam，

President of Indio（2002-2007）

O people-friendly President！
You，re an illustrious son of India
You，re conquered the hears of the youth
It is nothing but absolute truth
You，re the forerunner of space technology
This is no longer puranic mythology
You，ve visualized the India of twenty-twenty
When everything will be in plenty
Your book titled 'Ignited Mind'
Instills scientific spirit in men of all kind
You，re beyond boundaries of nations
These prime qualities all of us need

You，re symbol of liberty，equality and fraternity
Without losing sight of values ethical
You ignite with students to dream of the future
To sustain and enshrine our culture
You lead a life simple，noble and ideal
And inspire the minds of youth.

中國名詩人艾青曾說：「最偉大的詩人，永遠是他所生命的時代的最忠實的代言人；最高的藝術品，永遠是產生它的時代的情感、風尚、趣味等等之最真實的記錄。」而此詩是詩人對他心中所尊崇的總統的寫實生活深刻和睿智的揭示，形象和詩意的抒發。其詩情如火，讓世人瞭解到，Kalam 總統為人民的光明奉獻，深刻的哲理寓於鮮明的藝術形象之中，思想境界又是何等地高尚啊！

因而，我們可以說，抒真情，說真話，是作者的詩生命，每首詩都自成一種境界。且看〈給泰瑞莎修女〉就是詩人誠摯情懷的抒發：

啊！偉大聖潔的修女
您是如何度過難關？
我們讚揚您的慈悲
您的美德與大愛
我們將重現您的身分
謹遵從對您的記憶
我們崇敬您的善良與情愛

沐浴在您的祝福中

「願您的大愛永恆不朽！」

〈 An Ode to Mother Teresa 〉

Oh！The noble lady of divine Soul
How hard you，ve achieved your goal？
We salute you for your shining grace
Endowed with goodess and love
We will try to recoup your place
Nothing can console us，but your memory
We adore your love and affection for us
Shower your choicest blessings on us

「MAY YOUR EXALTED HEART LIVE LONG！」

　　這確實是詩人發自內心深處的聲音。詩是主客體事物的有機融合物，是必須經過詩人的心靈感悟才能化為藝術語言。這位諾貝爾和平獎得主 Teresa 一生以行動來實現她對世界的愛，而她設立的「垂死之家」是許多印度種姓制度最底層、貧困的人的避風港。詩，是藝術。此詩洋溢著作者對 Teresa 修女有切身的感受，其頌揚就更熱列、更真切了。因此，它喚起了讀者感情上的強烈共鳴。

　　2015 年第三十五屆世界詩人大會在花蓮和南寺舉辦，大會前，巧遇了拉加蘭姆〈M.Rajaram〉和 Ernesto Kahan，這使我感到分外驚喜，也獲得這本讓人耳目一新的譯詩集。我不僅讀到了他精彩的詩句，也在會場上聽到了他精闢的演講，更瞭解到他和 Yu Hsi、Abdul Kalam 間微妙而真摯不渝的友情。我深信，Dr.M.Rajaram 的詩探索，可謂付出了心血，並使自己生命的律動綻放出詩情的花朵。他同時獲得了歲月感悟，也對國際詩壇做出了有益的貢獻。

　　　　　　　　　── 2015.11.12 林明理 1961-：文
　　　　　　　　　　　　　　　學博士，詩評家

Dr.LinMing-Li/1985 年諾貝爾和平獎得主
Prof.ErnestoKahan/Dr.M.Rajaram 於 2015.11.6
臺灣舉辦的世詩會上。

　　　　　── 刊美國《亞特蘭大新聞》，2016.1.1，評
　　　　　文及此合照。
　　　　　http://www.atlantachinesenews.com/News/20
　　　　　16/01/01-01/b-08.pdf

46. 書的饗宴—讀 Ernesto Kahan and Jacob《*SUGGESTION*》

Prof.Ernesto Kahan 是 1985 年諾貝爾和平獎得主，兼具學者詩人，殊榮無數。

何其有幸，我在 2015 年世詩會中收到他親手贈予的新詩集《Suggestion》。

這本詩集裡的「精妙」，源自於 Ernesto 博深的文學思想及具有鮮明的現實主義批判精神。除了深遠地寄託了作者對戰火下難民的關切和對世界和平的擔憂，也代表了他與印度詩人 Dr.Jacob Isaac 二人深厚的情誼源於他們相似的志趣和學風。

《Suggestion》記述了 Ernesto 超越世俗的思考，他博覽群書，學術領域涉及醫學、文學等專精之學，也愛好文藝；悲憫之情溢於詩句。有許多難以明說的感慨和痛楚均蘊涵於看似抒情卻有著多種力量的交織與愛的詩句之中。書裡也配合多幅攝影或插圖，真實地記錄了戰地婦女、兒童的悲傷神情，雖是短詩，卻筆力凝重，包蘊深廣。

Ernesto 以底層視角思索著陷於敘利亞戰爭或逃難之災

的民眾，甚至為驚恐的、被毒氣殺害的、被化為灰燼的奧斯威辛的孩子們，那些受饑餓的、無助的、身患絕症的、被陷入困境的…無名的奴隸的孩子們的心，感同身受，所見也為殘酷的現實。由於其中多切身之體驗、冷靜之思考，因此，對今天冀望的世界和平之門也有啟示意義。

在此書裡，Ernesto 目光沉著、也情懷深切地隨著時間的推移、自由地呼吸……在時空隧洞裡，詩人 Ernesto 同古希臘哲學家赫拉克利特相遇了。

他看著河流，想起戰場上、流血的、漂浮在廣闊海域裡的那些難民的畫面，湧起了「逝者如斯，不捨晝夜」的悲傷心情。

他等待…在柏拉圖的洞穴裡，與那時間老人談論，那愛與和平的希翼，並不斷詢問時間老人的密碼…換句話說，他體現了仰視俯察、直逼戰火下生靈何去何從的思維取向。他讓詩美的力量撼動人心。他的詩語是抒情的、靈動的，卻閃爍著哲人的光彩。

又如〈From time to time〉詩中，不難意識到：詩人孤獨的本質。卸除了人世的成敗利鈍、是非恩怨，人的精神境界將是何等面容？

Ernesto 他打開時間之鎖，再次遇到唐吉訶德—這個可喜又可悲的小說裡的人物。倘若世上沒有這些童話的騎士故事，世界豈不變得更不真實？然而，回歸到現實，詩人謙卑

地表達自己願意沿著文學邊緣摸索求光，避免涉入充滿黑暗的深淵……

　　因為，他站在深淵之上極度悲痛 —— 那餵養大屠殺的苦痛。詩人雖然筆渴了，胳膊也累了……站在繆斯的殿堂，其生命情懷已然通過觀照而得到特別的體認了。

　　但若細加觀察仍可發現，其實 Ernesto 也是浪漫的詩人。他寫的一首〈Mylove〉中，正是敏銳的主體視角將「愛」的多維性揭示出來了。讓我們不要只沉醉於他對詩歌具有一種超越、昇華的關係，而使其詩歌整體表現得更有起伏與舒緩。

　　aIsaac 所撰寫的詩裡，也讓我們有所反思。他除了孜孜不地在多處經營教育機構以外，還經常以自我抒情的方式、漫遊於詩空間，勾維成想像的字幕。這首〈Receptive signals〉是他發自心靈的強音，展現了自我與想像的之蛛網之間所發生的種種衝突與溝通。他被他的夢想所激勵，希望透過接受感官，觀照自我內心一再交織並發生深刻的衝突。

　　Jacob 的所有詩裡感人的力量首先來自於自我與情感的交織，有一種深沉與悲感的力量。他頓足於年輪之軌道上，與時空進行對視，表達人民對特權的控訴與底層生活解放的自由。他以象徵手法呼喚人類相互理解和尊重，回歸到和諧的生活方式，盡量減少長嘆。讓世界不騷亂！讓詩心跟踪想像之輪無限延展、馳騁於浩空！

　　《Suggestion》這本書既是詩歌創作的一次跨國際的重要

性合作與突破，也是他們兩位作者創作思想的昇華。他們以超越東西文化差異的寬廣視野，以悲憫的人文情懷，運用現實主義的創作方法，讓國際詩壇帶來希望之光與愛，也表達了崇高的社會思想。故而，此書引起國際詩壇的廣泛迴響，也是必然的。

—— 2016.2.27 作

Book feast ◎Dr.Lin Ming Li

Prof.Ernesto Kahan 1985 Nobel Peace Prize winner, both poets and scholars, award-winning.

How fortunate that I have received the gift of a new collection of poems he personally "Suggestion" in 2015 in the World poetry.

This collection of poems is "subtle", derived from the literature and thought Ernesto Bo deep with distinct realism critical spirit. In addition to reaching the hands of the author of the war refugee concerns and worries about world peace, but also represents the Indian poet Dr.Jacob Isaac and his two deep friendship rooted in their similar inclination and style of study.

"Suggestion" chronicles Ernesto beyond the mundane thinking, he learned in books, academic fields of specialization of medical science, and literature, but also interested in literature and art; pathos overflow in verse. There are many difficult unspoken implication in emotion and pain are seemingly intertwined with the lyrics, it has a love of power among the various verses. The book also with multiple photographs or illustrations, a true record of the sad look Battlefield women and children, although short poems, but dignified strokes, Baoyun broad and deep.

Ernesto underlay perspective thinking caught fleeing war or disaster Syrian people, and even panic

And killed by poison gas, was reduced to ashes in Auschwitz children, who suffer from hunger, helplessness, terminally ill, was troubled ... nameless slaves hearts of children, empathy, see also cruel reality. Because of the experience more personal, thinking of calm in which, therefore, the door to the world peace today hoping also has implications.

In this book there, Ernesto look calm, but also feeling deeply over time, to breathe freely in space and time ...... tunnel, the poet Ernesto with the ancient Greek philosopher Heraclitus met.

He looked at the river, I think on the battlefield, bleeding, floating in the vast seas of those pictures of refugees, filled with "lost time, day and night" sad mood.

He waits ... in Plato's cave, and that the time to talk about the elderly, the message of hope that love and peace, and continue to ask for a password time the elderly ... In other words, he embodies down at the bottom, almost equal to the mindset creatures go next war . He let the power of thrilling beauty of poetry. His poetic language is lyrical, clever, but flashing philosopher glory.

Another example is the "From time to time" the poem, is not difficult to realize: the poet lonely nature. Dismounted died success of Li Dun, non-scores, the spiritual realm is what will face?

Ernesto He opened the lock of the time, met Don Quixote — this gratifying and pathetic characters in the novel again. If there were no such fairy tale of knights, the world would not become more true? However, the return to reality, the poet humbly express their willingness to explore along the edge of literature seeking light, avoid full involvement of the dark abyss ......

Because he stood above the abyss of extreme grief — that feeding Holocaust suffering. Although the poet pen thirsty, my arms are tired ... Standing Muse hall, its life through contemplation and feelings already obtained a special body to agree.

However, if the fine plus observation still be found, in fact, Ernesto is a romantic poet. He wrote a "My love", it is precisely the subject sharp perspective will "love" the multidimensional revealed. Let us not only to indulge in his poetry has a transcendent, sublime relationship, and it has more ups and downs of the overall performance of poetry and soothing.

In the second part of the book, written by the Dr.Jacob Isaac poem, let us also some reflection. In addition to his business not diligently in many educational institutions, it also often self lyrical way, roaming space in poetry, imagination hook dimension into subtitles. This is the first "Receptive signals" from the bottom of his heart strong tone, showing the conflicts that occurred with the communication between the self and imagine the spider. He was inspired by his dream, hope that through accepting the senses, contemplation of the inner self again intertwined and profound conflict.

All poems of Jacob in moving power from the first self and emotion intertwined, there is a deep sadness and strength. His stamp on the track of the ring, and space and time on the TV, the freedom of expression of the people's complaints and the underlying privileged life liberation. He calls for human symbolism mutual understanding and respect, return to harmony lifestyle minimize sigh. Let the world do not riot! Let Poetic tracking imagine unlimited extension of the wheel, driving in air-ho!

I am convinced, "Suggestion" This book of poetry is both a cross of the importance of cooperation with the international breakthrough, but also their authors creative sublimation thought. They transcend cultural differences broad vision of things to the human feelings of compassion, using creative methods of realism, the international poetry bring the light of hope and love, also expressed the lofty social thought. Therefore, the book attracted wide international echo of poetry, is inevitable.

—— 2016.2.27

http://www.atlantachinesenews.com/News/
2016/03/03-04/B_ATL_P08.pdf

—— 中英譯文刊美國《亞特蘭大新聞》，
2016.3.4.AtlantaChineseNewsFriday,
March4,2016，及合照，書封面。

Dr. Lin Ming-Li
/ Prof.Ernesto
Kahan/2015.11.6
世界詩人大會於
台灣

《SUGGESTION》封面

美國《亞特蘭大新聞》2016.3.4

47. 瑞簫抒情詩印象

　　在最近兩岸詩歌研討會後，收到《瑞簫的詩》令我高興。因為還有什麼東西更能顯著地表現出一個人的深層心理和與生俱來的特質呢？是的，她深切而靈敏地注意著現實生活中的事物，並全心全意地投入詩歌創作中。除了在上海社會科學院文學研究所任職，也策劃文化交流活動，將詩歌與文學嵌入藝術季，以多種層次注入詩的能量。

　　做為一個成長於農村，活躍在上海的知識份子瑞簫，面對現代化大都市，不僅是欣喜和好奇，且應有更多的困惑和思考。因而她不會被眼前的社會現況所迷惑，反而更能看到其更本質的東西，或者是醜陋的一面。瑞簫的細心、敏慧就是最明顯的特徵，而且對上海詩歌和城市文化也能全神貫注地研究 —— 可以說她是個對繆斯情有所鍾的人。當她多年前開始習詩並發表於文壇，她的詩思飛躍時空，其中，有現實感懷、也有淬礪出生命的最真實或痛楚之作。如〈阿鳳〉一詩，並未停留在對人物淒涼背景的描寫，而是從一個側面揭露了某些悲傷故事與現實人生的種種不幸和苦難：

　　　天井裡的陽光絲絲縷縷
　　　馮家大小姐阿鳳

站在潮溼的青磚地上
曬太陽

四周都是黑暗

我夢見
她還年輕
她穿著鑲金的旗袍
玻璃絲襪高跟鞋

她獨自玩著紙牌遊戲

　　這首詩面向廣袤的社會底層現實探勘，其立意是讓我們對邊緣人或身心障礙者不能心存譏諷和輕視。雖然社會的現實、人心的冷漠常讓人們失望又徬徨，但詩人仍不能忘記在藝術的形式、真理的追求、美的創造與正義的概念等等方面所顯露出來的純粹與想像的特質。就是說，此詩的價值在於詩意，且氣韻生動。每個可憐人背後都有一個故事，如果沒有這種感慨與憐惜，那麼就不能賦予詩人善良的本心。

　　我深信，瑞簫以樂觀的態度、注視社會，她也寫了很多人和事，對親友也注以關懷。或許，瑞簫已感受到，在學習與體驗自我覺醒的過程中，靈魂內在的提昇已打開了一個全新的局面。隨著年齡增長的關係，她對繆斯的愛和注意力也逐漸地集中在一個更適當的理想上，那便是詩和評論是她寫作的終極目的，也因此，她成為上海詩人之一。面對一片片

此起彼伏的高樓大廈和車水馬龍，當然和幽靜的鄉野風光不
同，自然會感到置身於五光十色的世界，是有巨大的反差的。
就如 2013 年發表的〈我已厭倦了表達〉迅速受到注意一樣，
詩人以反向藝術思維，揭示社會上各種醜陋現象是多種多樣
的。庸俗的、淺薄的、乏味的人，古往今來，也同樣是可悲
的。詩人寫道：

　　過去
　　那些活在紙上的人
　　今天
　　那些活在屏幕前的人

　　那些急急忙忙搬弄生活的人啊
　　他們活著
　　僅僅為了表達
　　忙於表達的人
　　彷彿
　　從來就沒有活過
　　而我活著
　　熱氣騰騰

　　我活著
　　感受或掙扎
　　越來越厭倦
　　表達

　　事實上，藝術並非完全是歌頌甜美和光明。瑞簫的詩也不全然是那麼抒情、茫然若失或悲傷，它不僅僅是「生活」，如今的她，詩歌研究中的智性思維有了更多的展露，而對詩藝也有更清晰、更恰當的思維。如在 2015 年春發表的〈春被〉，母親親縫被褥的溫暖同詩人思念的心是相通的，她借景抒情，以畫面體情，使人看到了詩裡內在的美感力：

　　松綠色的春天
　　此刻正停在我被面
　　鳴叫 ——

　　古代中國的春之聲
　　花鳥蟲草魚龍
　　百子圖
　　母親的祝福像一片溫暖的天空
　　此刻正覆蓋著
　　我和我的孩子

　　真正發自內心的話語，往往是由於具體的客觀物象激發而生的。此詩似光一樣的寧靜，在僻靜的角落，被面上，那是專屬於母親的味道。母親的溫柔像一股沁人心脾的溫潤藥力開始蔓延著……詩人刷去了自己身上的塵土和疲憊，也洗滌了煩憂和現實中的不良和鄙陋。她凝視，並迎著母親的溫暖走去。她恢復了在創作上與非創作以上的自由跟想像；她傾訴了母性的光輝 —— 於是我見到她繁茂如林的詩心！為幸福留一道暖流的畫面！在尋覓且渴想母親的眼光的微笑中眺

望！而所有關於母親的豐潤羽翼，是讓讀者動容之處。

　　看，上海詩林中又飛起一隻小鳥，其真情是詩的靈魂。瑞簫的抒情詩常選取一些生活片斷，也許是詩人一段感情的回憶，間接體現出她富有傷感的瞬間愛戀之情，詩情如雲，意象鮮活，不事浮誇。看她的漂泊與騰飛，看她的寂寞與成長……看她以超越自我為起點的浪漫抒情如何像鳳凰一樣再生。相信詩人的眼睛也看到了更廣大的世界，更多的人間悲歡離合。相信她將繼續飛得更遠更高，期盼獲得更大的創作豐收與無私帶來的喜樂。

　　　　　　　　　　── 2015.11.15 寫於台東
　　　　　　　　　　── 刊登中國《作家網》
　　　　　　　　　　　　http://www.zuojiawang.com/pinglun/16487.html，已超過十七萬人點閱。
　　　　　　　　　　　　http://chinadfwx.com/lilun/Info.asp?infoid=15938，中國《東方文學網》

48. 楊允達詩歌的藝術成就

　　楊允達(Dr. Maurus Young，1933–)是國際詩壇上具有獨特貢獻的詩人。他生於武漢。1946年跟隨雙親到臺灣。畢業於臺灣大學歷史學系、政治大學新聞研究所。1980年獲法國國立巴黎大學文學博士學位。他15歲便開始寫詩、作品散見於詩刊及報紙。與紀弦、羅行、鄭愁予等著名詩人交往甚密。年輕時，考進中央社後，任職四十年，直至退休。歷任記者、外文部主任、駐衣索比亞、巴黎、南非、日本、日內瓦等地特派員。曾於1969年10月至1973年3月出任美聯社駐華特派員，採訪日、台斷交，美國總統尼克森訪問北京、臺灣退出聯合國等重大新聞。作者於2010年榮獲法國全球眾利聯盟（La Ligue Universelle du Bien Public）金質勳章，特別肯定其27年來出任世界詩人大會秘書長暨主席期間，推展國際詩會活動及促進世界和平的成就。著有《又來的時候》、《衣索比亞風情畫》、《採虹集》、《巴黎夢華錄》、《巴黎摘星集》、《西行采風誌》、《李金髮評傳》、《我和世界詩壇》等散文集和詩集《允達詩選》、《一罈酒》、《三重奏》、《巴黎的素描》、《一隻鴿子》、《山和水》、《時間之詩》等及翻譯詩集等多種。現在擬就其詩歌在藝術上的成就做一些探討。

抒發真情和對詩美理想的追求

　　楊允達是世界詩人中追求闡揚詩美的先行者。再沒有一個華人像他一樣，獲得過那麼多獎勵、榮耀於一身了。自然，受到許多詩友們的讚揚，因為，他是當今僅有能夠同時以中、英、法三種文字創作的詩人，且投身於詩園裡耕耘最長久、最辛勤的。但由於時光荏苒，或由於恬適的晚年生活，在〈八十歲自白〉詩裡，感恩地寫下了自己一生的重大回顧與紀實。他記錄了從中國大陸到臺灣，從讀書到寫詩，從求學的學士、碩士到博士。從考上國際採訪的記者，到四十年來踏遍歐、亞、非三洲，地球南北兩端來回奔波……新聞報導刊於全球各大報。還包括親自採訪蔣中正、宋美齡、蔣經國，美國總統尼克森和艾森豪、衣皇塞拉希、伊朗國王巴勒維、南斯拉夫狄托元帥、戴高樂將軍和鐵娘子柴契爾等等。也專訪過周恩來、華國鋒和鄧小平。直到退休才真正從事世界詩人大會的運作。迄今，已出席二十四次世界詩人大會，擔任大會秘書長以及大會主席二十多年了。與印度前總統詩人卡蘭、蒙古翻譯家總統恩卡巴雅、斯洛伐克開國元首柯瓦契、捷克前任總統民主鬥士哈維爾等等都是故交。他積極於弘揚詩教，促進國際和平與交流。

　　世界詩人大會成立於1969年，目前大約有65個國家的詩人會員一千兩百餘人，遍佈全球五大洲。楊允達參與這個經由詩歌推動世界和平的團體已逾二十年，擔任秘書長也超過十五年，已成為世界詩壇公認的推動世界詩歌和平運動的靈

魂人物之一。除了獲得《詩教獎》、中國文藝協會頒給「榮
譽文藝獎章」，印度、韓國、匈牙利、以色列、和蒙古政府，
也曾頒獎給他，以表揚其傑出的詩藝及貢獻。他正是一個以
自己的感情熱烈地歌唱著人類的希望與不斷地創造詩美境界
的詩人。且看他在八十歲寫下的感懷：「一個渺小的生物存
活在這個地球／何其珍貴，值得慶幸／我正繞著太陽轉第八
十一圈／俯首／我向萬物的主宰／跪拜，虔誠感恩」這位集
作家、史學家和新聞專業者於一身的詩人，於1998年底自中
央社屆齡六十五歲退休後，雖定居在巴黎近郊的塞納河畔，
仍前往各地旅遊、開會、講學，寫作不輟。

再如2004年2月在巴黎寫下〈蘭花〉，是寫一段真誠的友
誼，使人欣慰：

正月十五日
詩人愚溪從萬里之遙的臺北
差人送至巴黎寓所蘭花一盆
賀我夫婦上元燈節
三株盛開
淺紫五朵
粉紅四朵
檸檬黃四朵
家室充滿
純淨
高雅
和睦

　　溫暖的友情
　　從東方升起
　　如早春的
　　一輪朝陽

　　這裡也採用了含蓄的象徵手法。作為與劇本創作人、音樂製作及策劃導演的愚溪〈現為道一方丈〉兩個如此大才之間的友誼貫終生，令人嚮往。作者在作靜物描寫的同時，不但把它們描繪得飛動起來，而且還能賦予其生命。從詩中可看出，詩人居住在這裡時具有無限情趣，心情是喜悅的。

　　又如另一首在 2005 年夏寫於加拿大 Saskatoon〈班芙鎮〉，是一首富有象徵意味的旅遊詩，詩人在「座落在弓河畔／海拔三千尺／卡斯凱山朝夕在左邊護衛／初冬的滿月從河谷升起時／緩緩流過的弓河／像一條繫在腰際的緞帶／班芙／美麗的山城／是加拿大洛磯山谷裡的一粒鑽石」的時刻，給了他一個美麗的詩境。看，詩人又描繪了一幅對美好的回憶的圖畫！而〈魯薏絲湖〉也是詩語的形象化和多種修辭手段的運用：

　　躺在加拿大洛磯山的懷裡
　　清澈如藍寶石
　　映照高聳如鋸齒的雪峰
　　隨著季節
　　晨昏
　　晝夜

以無比的嫵媚
堅實的毅力
展示你永恆的青春
偉大的上帝
把你放在
冰河，岩石，松林和雲朵中
放在最佳的位置
是宇宙群山中的
傑作中的一幅傑作

因而使人感到魯薏絲湖的多姿多色，富有質感，美不勝收。

作者也講究用比喻，為了增添語言的形象和感染力，他還常把生活寫實或者抽象的概念加以形體化或人格化，如2006 年初在巴黎寫下〈沉思的魚〉，在意蘊上則將存在主義（Existentialism）引進了詩的創作：

午後，躺在草地
仰望早春的藍天
晴空如洗
一架噴射機遠遠飛來
悄悄的
尾端曳著一條雲鍊
像一艘遊艇悠悠劃過
靜靜的湖心
尾巴拖住一串浪花

又一架噴射機飛來
輕輕的
激起一串白色浪花
在海底的荇藻中
我仰臥
如一尾沉思的魚

　　畫面景物的描摩以強調個人、獨立自主和其主觀經驗，美得讓詩人油然而生不求浮榮的感慨，也想拋空思緒、暫時遺世獨立的傾向。領悟之後，他唯一可以自由主宰的只有詩歌創作。因而，不但使人有了形象的感受，而且加深了詩的哲理色彩。

　　同樣，在臺北 2014 年春寫下的〈太太的口哨〉，就頗有韻致：

我的太太會寫詩
也會吹口哨
她覺得充滿詩意的時候
就要吹口哨
她吹口哨的時候不多
詩的產量也少
她吹口哨十分悅耳
同時，姿態優雅
此時，她一面在廚房裡忙東忙西
一面炒菜，一面吹口哨

我這個很少寫詩的人聽到
情不自禁地寫了這一首

　　這裡，作者很想創造出一種純淨的詩美，力圖擺脫功利性。於是給讀者的官能上造成一種舒緩縈迴的旋律感，使人如置身其中。確實如此，作者在更多的篇章裡，他不僅直接讚頌了友誼或愛情，而且熱烈地謳歌光明美好的事物以及對未來的憧憬！他也善於借清新雋雅的意象、詩境以寄託情思。如 2008 年夏在巴黎寫的這首〈風〉：

和風輕吻著海灘
為你我的內心
帶來平靜
願我們永遠在這片和平之土
找到上帝唇中吹來的
喜樂和愛

　　這既可以看出他一生都在追求光明。在這黑暗勢力重壓的年代，他是位光明的歌者，也寫出了詩人對巴黎這片土地和平與喜樂的渴求。詩人一面形象地理解世界，一面又藉助於形象向人解說世界。我們不妨看一下 2011 年夏，他在巴黎寫的〈彼此〉，也傾吐在現實紛紜複雜的矛盾下產生的體悟：

形形色色的人
站在籠外
觀望一隻猩猩

　　一隻猩猩
　　蹲在籠內
　　默察熙來攘往的人

　　他總是運用象徵、比喻、擬人等藝術手法使其更形象化，
更有可感性。

閃著奇特光彩的詩人

　　老詩人艾青曾說：「我們的詩神是駕著純金的三輪馬車，
在生活的曠野上馳騁的。那三個輪子，閃著同等的光芒，以
同樣莊嚴的隆隆聲震響著的，就是真、善、美。」（註 1）
而允達由於二十多年來，在詩的王國裡已打開了一個廣闊的
審美天地。無論是從日本到北京、或是巴黎到台、美等世界
各地，凡是經過他精心創造的詩篇，大多保留了其描繪生活
的真實性和思想的深刻性，而且具有獨特的韻味。像〈山和
水〉中這樣的句子：

　　妳是山
　　我是水
　　妳俯首對我
　　我繞著妳轉
　　像幽谷的清泉，潺潺、淙淙
　　流向妳初開的情竇
　　像深淵的急流，滔滔、滾滾
　　投入妳舒展的雙臂

如瀑布一匹
向妳傾注，盡我所有
如鏡湖一面
把妳映現，容貌似花
我來自妳外，復又儲於妳內
妳存於我外，復又映藏我內
我是水
妳是山

　　這不僅把山水形影不離描繪得維妙維肖，而且給人以豐富的想像力。在他早些時候的詩作，多以飽滿之情和深邃的思辨扣動讀者心弦。像是 1993 年夏在臺北寫下〈風中吟〉這樣的句子：

巨浪來襲
潮湧壓頂如山
隨波逐流
不分東西乎
不，我要破浪而行
把握方向
力挽狂瀾
勇往直前
不可同流合污
絕不隨波浮沉
風，遲早會吹過去
浪，也會平靜下來

　　這是詩人內心激情的袒露，是對理想不懈的追求。其中有深邃的哲理，也是詩美的形象的創造。

　　在心態化的詩作中，詩人也借助於客體物象象徵性地表現自己的心靈感受或自化為某一客體，這類詩作因其新奇往往更為引人。如 2009 年在巴黎寫下的〈橋〉：

> 雨後展現在晴空的彩虹
> 是天際的七色橋
> 神仙踩著它下凡
>
> 橫跨兩岸的橋
> 是人間的彩虹
> 你，我過河，通行無阻
> 我低頭，彎腰，弓著背
> 架起一座橋
> 供人們跨越一條溝

　　由此可得出結論：楊允達詩的總體藝術風格確實和青年之作不一樣，可謂象真情亦真。他的詩歌韻律不在詩的抑揚頓挫，而在詩的情緒的變化上，即在詩情的程度上。南北朝時北魏祖瑩云：「文章當自出機杼，成一家風骨，不可寄人籬下。」（註 2）這說的就是一個詩人要有自己的風格。他的詩沒有像那些對黑暗面的痛斥或譴責的詩一樣，反而是含蓄地表達出他在苦心尋找思想和情感飽合交凝的焦點。橋，

也是詩人內心的獨白，他以熾熱的心，為兩岸以及國際往來的詩人搭起一座心橋，這世界就會變得充滿愛。因為心靈的橋，是愛的源泉。這就使人感受到一種崇高而渾樸的美感，因而顯示了不同於他人的風格，也就閃著奇特的光彩。好的詩應做到豐富感人的內容與這優美形象的統一。而作者晚年在詩美的探索方面已達到了更高的藝術境界。他謙遜地潛入自己思想的隱秘的深處，去尋找那些高尚的因素或體現一種情趣或諧趣美，寫給小孫子的詩即是明證。他詩意地棲居，不懈地飛翔，其溫儒而深摯繆斯的身影和心胸，是世界詩壇之幸！

註1.摘自艾青：《詩論·出發》，

註2 袁枚，《隨園詩話》上，第216頁，人民文學出版社。

—— 2015.11.17 寫於台東
—— 刊美國《亞特蘭大新聞》全版及作者林明理中英簡介、書介中英法譯詩集《夏之吟》及此合照，於 2015.12.25。
http://www.atlantachinesenews.com/News/2015/12/12-25/b-05.pdf
http://www.atlantachinesenews.com/News/2015/12/12-25/b-05.pdf

美國《亞特蘭大新聞 atlantachinesenews》
2015.12.25 亞城園地刊登全版。

《夏之吟》中英法譯詩集法國出版
http://www.atlantachinesenews.com/News/2016/01/01-15/b-05.pdf
美國《亞特蘭大新聞》2016.1.15 刊林明理新書介中英法譯詩集
《默喚》及作者及譯者簡介及書封面。

圖 15.《默喚》中英法譯詩集 16.2016.1.15《亞特蘭大新聞刊》
《默喚》書介及阿沙納斯的序及林明理簡介、照片。

49. 一首草原金秋交響曲

── 讀門都右 G.Mend-Ooyo《新的家鄉》

　　2015 年初冬，在和南寺舉辦的世詩會上閱讀到蒙古桂冠詩人門都右(G.Mend-Ooyo)的新著。這本《新的家鄉》Pastures New 也如同一首草原金秋交響曲，彈撥馬頭琴的自然是詩人的心弦。因為故鄉游牧的生活已深深烙在他的心坎上，加以他對詩和小說、童書等其它文學作品的愛好，在把握詩的語言上的常年自礪，寫出這樣洋溢著對故鄉、親人、對草原日新月異的變化風貌及無盡的思念，便不是偶然的了。他是蒙古當代著名詩人作家，生於蒙古達里甘嘎 dariganga〈位於蒙古草原和戈壁的交界地區〉的牧民家庭中。出版過三十多本詩集、十多本小說和童書。曾獲 2009 匈牙利布達佩斯世界詩會最高榮譽的桂冠詩人、馬尼亞米哈伊內斯庫國際學院等殊榮，目前住蒙古的烏蘭巴托 Ulaanbaatar（蒙古國首都）。

　　在詩集中，雖都是獨立的抒情詩，歌咏出遊牧民族的生態環境、文化和民俗。但詩歌之間的旋律性和豐富性，又存有內在關係。分句是那麼地細膩優美，充滿著驚人的內在能量，流露對廣袤的森林、故鄉的群山、斑斕的草原、迎風信步的畜群、忙碌的牧人、長鳴奔騰的蹄聲……還有那清溪、鳥語花香、纏綿的樂聲、候鳥與冬雪、藍湖的水畔、燕子的

傳說、母親的容顏，都深刻地讓詩人心靈盪漾。正如一位行吟的歌手，傾訴出一首首各具特色的歌謠，也流露對臺灣棲蘭山公園及和南寺友人愚溪博士的深刻認同與情感。

　　然而，此書深深觸動我的是它對音樂美的藝術美學追求，以及總體上呈現出帶陽剛之氣的崇高美。他先唱牧民的自然風光〈所有閃亮的時刻〉，這是門都右偉大心靈的回聲：

　　　最明亮的光只來自黑暗。
　　　女人在微明時較美，
　　　耳環只在夜晚時發光。
　　　馬鞍的飾釘在夜晚閃爍，
　　　古馬達花在黃昏綻放，
　　　思鄉的馬兒在黎明時嘶叫。
　　　薄暮的歌聲讓人心緒一亮。
　　　最強的光是人類發散的愛。
　　　穿雲而出的陽光是最強的，
　　　只有因緣是真理的汁液。
　　　流星劃空時，光獨一無二的射線交會了，
　　　催生出一個兒子，照耀宇宙。

　　這兒，從視覺感受轉換為聽覺感受，寫思鄉的馬兒的動聽曲調，寫草原牧民唱出的心靈之聲，寫令人神往的古馬達花和薄暮的歌聲，寫帶給人希望的流星，當然，可想像的，還伴隨著優美而又粗獷的牧民歌舞；尤以最後一句，詩人強烈激動的情感，也把我們帶入一個音樂之聲的童話世界。

　　從藝術上看，詩人繼承了蒙古族民歌的許多長處，如多用比興，反覆詠嘆，講求音韻的節奏的和諧有序，讀起來琅琅上口，極具音樂感。又如〈古寺月色〉一首：

　　　一輪明月從寺院升起
　　　佛光輝映昔日的金頂
　　　竹笛吹出一絲淒涼
　　　悠遠的愁緒在心扉回響

　　　石階的隙縫野草蔓延
　　　菩薩之路金光閃亮
　　　普照的瞬間益發清亮
　　　活佛的庭院星光黯然失色

　　　一輪明月從寺院升起
　　　佛光普照暮色的情懷
　　　憂鬱的笛聲欣然可慰
　　　在千里之外呼喚菩薩的清輝

　　　淡薄墨彷彿古老的漢字
　　　嶄新的廟宇披上神秘
　　　人世的影子在深處沉吟
　　　心如佛燈，光芒四射
　　　任憑塵埃炫燿
　　　菩薩的像泰然自若

聖潔的竹笛吹出一片天堂
一輪明月從寺院升起

　　古今中外凡是帶有崇高美的詩作，都具有一種悲壯的感人心魄的力量。此詩是作者用滿腔真摯的愛去歌唱，也把宗教對人們心靈的影響點化出來了。如果說前述詩作還只是寫了一些外部觀感的話，那麼，從〈有母親搖籃曲的世界〉一詩中，便觸及到了作者的心靈感受。在這兒，他回憶草原媽媽對自己的哺育之恩，也傾訴了母親的溫柔與思緒。他為什麼對母親如此摯愛呢？這是因在老家中寄托了不少童年的回憶，寫得很美，也有生活氣息：

　　　　我的母親在她的搖籃曲裡加入了我們的星球，
　　　　她唱道：

　　　　那是世界，我兒出生成長的地方
　　　　睡吧，睡吧，母親的世界，睡吧，
　　　　我慈愛的母親哄她的寶寶跟世界入眠。
　　　　有搖籃曲的世界寧靜安詳。

　　　　我的母親將淡藍的天空繡進她的搖籃曲裡
　　　　她安撫著她的寶寶，她唱道：
　　　　睡吧，睡吧，藍天；
　　　　有溫柔搖籃曲的天空寧靜安詳。
　　　　大地，聽到了我兒的笑聲跟眼淚

　　　　湊過來聽母親歌唱。
　　　　睡吧，睡吧，世界，睡吧，她唱道：
　　　　溫柔的母親哄她的兒子跟世界入眠，
　　　　有搖籃曲的世界寧靜安詳。

　　從詩句裡，便得到了答案。除了讀起來流暢通達，也給
我們留下了重要的啟示：情是詩歌的內在靈魂，而對草原生
活深刻的感悟，又是這部詩集獲得成功的基礎。當然，作為
一位優秀的詩人，作者除了對草原的美好事物和草原親人的
熱情謳歌之外，對草原上發生的悲涼故事和某些貧困現象，
也表現了深深的憂患之思。如在這首〈鶴的民謠〉裡的最後
五句，增添了更多的內涵，耐人思索：

　　　　一群鶴飛過
　　　　在牧人的蒙古包上方鳴叫
　　　　是影還是淚？
　　　　鍋裡煮滾的奶上
　　　　有一方汙漬。

　　此詩彷彿電影的畫面呈現般的真實，但作者不是為寫景
而生，而是以情注入其中；還有的則以概括性的詩句照示出
某種哲理性的思考，這就增加了詩作的力度和深度，藝術上
也是成功的。這些，無不向世人發出高亢的生命吶喊，使人
們體味到動物生命同樣與人類生命的寶貴價值；人類必須要
學會尊重自然生態，和諧共生，以免有類似的悲劇再現。而
最令人稱賞的是，作者在全書的最後發表對所持的詩的不變

性的觀點是希望用我們的詩在這個有限的昏暗世界給人們的心靈送去和平之光。總之，在半個多世紀的詩歌創作生涯中，門都右在描繪蒙古壯麗風光的詩作，總能展現出更寬廣的自然境界，並寄予深厚的情懷。在詩藝詩美方面的探索已達到了更高的藝術境界；故而在國際詩壇上放出光彩，堪為楷模。

── 2015.11.28.

── 刊美國《亞特蘭大新聞》，2016.4.8。

50. 溫雅中見真醇

── 崔金鵬的詩

在兩岸詩歌論壇上，認識了山東詩人崔金鵬。他是個溫和而開朗的人，高大、俊逸。武漢大學畢業後，曾在《魯風詩刊》擔任創刊主編等職務，工作之餘，也擅於書法、攝影與篆刻的雅致。

同多數的詩人一樣，金鵬也是從謳歌自己的家鄉、風景開始寫詩的，他的詩作正是心靈之聲的交響，題材則從生活中來，能展現生命的真實面貌，因此，有一種發自內心的感動力。我特別欣賞他寫家鄉親人的詩作，先看《春天的旗語》中的〈想起冬天和雪〉，有一股飄逸清遠的靈性意味，把故鄉的冬雪詩化了：

想起冬天
很自然
想起一些鳥兒的羽毛
那些比路還遙遠的飛翔
以及飛翔中劃傷的季節
當然，還有羽毛落地時

　　驚起的聲音

　　雪　穿過了冬天的村莊
　　依舊是熟悉的樣子
　　她高高地，就
　　站在我的心坎上
　　從一些微微動著的色彩裡
　　我能感覺得到，枝頭
　　春的鳴唱

　　真情才是詩的靈魂。詩人以豐富的想像力設置了優美的
詩境，除了讚頌對雪景的記憶，也將讀者帶入一個鮮明、美
麗又帶點輕愁的詩境。我們觸得到質感，看得到顏色，也聽
得到有聲的聲音和無聲的聲音。而詩的真妙處就在於成功地
渲染出輕盈而又飄然脫俗的節奏感，加以匯集了繁複的思鄉
情緒，內涵就更為深厚宏觀，讀來自然綿密動人了。

　　他的另一首〈結緣八百年的那個詞〉的表現方式，亦有
一種深入生命底層的感受，餘音不絕的音樂美：

　　麗江的清澈與曲折
　　都在心底潺潺敘述中緩步行走
　　古城一經我的肉體走出
　　前世的你等得好苦
　　八百年了，那個詞
　　我知道一直就等在這裡

與落雨的青石板街巷
風以及慵懶而闌珊的燈火一起
敘述著舊事的孤寂

我的行囊鼓鼓我的饑腸轆轆
立誓用一生的勇氣不說出
可就在今天，我還是回來到這裡
天有無數的理由懷疑
只要你有一個理由相信前世
茶馬古道上趕馬幫的一群疲憊漢子
一定有扮作我的人來此留駐
八百年了，那個詞
就是我的前世就是今生之旅

　　這樣尋尋覓覓、追尋來世的經歷應是深埋心中的自我宣告，詩人延伸想像以及自己隔世投影的詩想，是另一種出奇的豐姿、豪邁而柔情。而時間無涯，流水自流，那生生世世、抹滅不去的記憶，其實是麗江美麗的印記。因此，就是這個永遠的夢，就好像一泓靈動明亮的人間秋水，它永恆的留駐在詩人心底，至老不變其衷，而且隱含了無比的幸福與愛；當然，金鵬愛的是麗江古城的美，也可見此君的深情。

　　在精神世界中，有時一個詩人會出於一種對內心完整性的維護，因而，「孤獨」是必要與必然的，這份孤獨也不容分享與干擾。其實，浪漫中方可見詩人的真性情。又如他的另一首小詩〈三面觀音〉，角度新奇，讀來自由流暢，有一種超

現實主義的色彩，更看到一種深刻的生命哲學。他說：

> 九九重天的高度
> 三三全面的態度
> 落地。就成一尊潔白的祝福
>
> 三生石上誰可能守候
> 故土培根扎下疼疼的深度
> 雙手合十，我成為她的關注

　　只有靜虛，才能洞明。詩人也是如此，參拜觀音的目的在淨化俗世心靈，求得內心的平定與靜定。此詩穿透了表面的語言與題材，呈現了人性深處的共同情思與渴求，有一種頓悟的灑脫。淡淡幾筆，就展現了對人生的感悟，是那樣深邃又空濛，這正是本詩的魅力所在，也是詩人對自己詩歌生命的堅持。

　　這種情象的流動，往往借助於詩人的聯想。如〈寒山寺〉一詩，反映了詩人在夜讀古詩的孤獨情懷。在形體的視覺暗示上，不但構思新奇，清靈精巧，詩人對著寒山寺發抒感慨，思念浸著他，更增添了沉思性的抒情特色：

> 信手拈來一句唐詩
> 在姑蘇的夜色裡
> 築起一座名寺
> 冷冷的月光

消瘦一船的禪影與故事

寂寞的楓橋啊
有多少朝聖地詩人
於鐘聲中走來
燃亮一柱 ——
漁火！

　　詩人把寒山寺夜景 —— 夢幻與現實交錯的經歷寫得有聲有色、層次鮮明，讀來饒有興致。意象與詩情交融合一，有極深的寧靜畫境。在一片冷冷的月光與船上孤單的身影的襯映下，最後詩人說，燃亮一柱 —— 漁火！寫得巧妙機智，畫面想必更加鮮明的。而詩本身也不世俗，是耐人咀嚼的佳品。

　　站在歲月的流水中，金鵬的新詩集《春天的旗語》，有些詩作既寫實又寫意，既有鄉土的芳香，又有抒情的光芒，我們可以看到他靈魂的完整呈現。他唱養育了他的家鄉山水及父老的深情關懷，唱他旅歷過的春夏秋冬，唱他的人生旅途和社會的思考。他唱他熱愛的故鄉和生活，從熱情的噴發到詩情的濃縮，從激昂的思維到意象的疊現、都反映了金鵬詩作風格的演變歷程。但個性純真、瀟灑開闊，對人對事，一往情深，修養深厚，這些人格特質，也是他思想感情的真實寫照；他也不忘自己的藝術良知，以營造詩藝詩美為榮。他的詩品和人品已為山東詩人做出了榜樣，生活在他的筆下變得更美好了。

　　這就是崔金鵬，詩風溫雅真醇，詩中的情感卻熾熱而奔騰！對於未來，金鵬總是那麼懷有夢想、那麼勇往直前。其努力的身影，如一隻凌空翱翔的大鵬，定格成了景致……即使別人不知道，但雲淡風輕的圓融智慧與謙遜的身影，確實令我印象深刻。

　　　　—— 2015.12.8 寫於台東

　　　　—— 臺灣《新文壇》季刊，43 期，2016.04。

51. 鄒建軍詩歌的美學風格

　　鄒建軍（1963-），生於四川，文學博士，英美文學與比較文學學者，現任華中師範大學文學院教授。著有《時光的年輪》、《鄒惟山十四行抒情詩集》、《漢語十四行實驗詩集》、《漢語十四行探索詩集》等六種，散文與辭賦集《此情可待》、《哲學筆記》等六種，《現代詩的意象結構》、《現代詩學》、《多維視野中的比較文學研究》等學術著作十種，主編《外國文學作品選》等十種，其中有許多靈思來自詩人對故鄉的熱愛之情，所以其詩情應無遺珠。

　　建軍從小就酷愛詩文，在詩的時空向度上多以瑰麗的意象，展現鄒師詩風的概略面貌；而《鄒惟山十四行抒情詩集》可以說是他人生旅途中的一段「感懷」，為我們展出了一個純美的詩世界。如《海洋與高山》系列中的響亮詩句〈靜美的太平洋〉：

　　從大連到天津是一片藍色海洋／一群群青鳥追求著流動的波浪／人說它不是真正大洋裡的風水／海灣原不過是宇宙間一隻手掌／／太平洋裡的風雲就是你的思想／再高山脈再廣大漠都為你隱藏／你的胸懷裡有無數的奇珍異寶／鮮豔浪花就這樣穿在你的身上／／我的英俊來自於那西蜀的高丘／你的逸美來自於那萬里的長江／高雅的品位來自那青藏的高原／超人的魅力來自那遼遠的大洋／／穿越你那曲折溫暖的千里池塘／印度洋以自己的浪漫放聲歌唱／高貴的印度洋／

／從海浪間透視青藏高原的慈祥／在椰林裡感受阿彌陀佛的
金光／印度洋深處我與美女相伴而遊／飛鳥說她沒有遇見印
度的大象／／海裡運動著的是你少女的詩情／我的品格相容
了大西洋的畫意／

　　你的身體呈現了太平洋的寧靜／你的美麗如那優雅高貴
的彩雲／／誰的到來讓你的愛情不斷高漲／珠姆朗瑪雪峰隱
喻著你的剛強／誰讓南極的冰雪不間斷地融化／有一個男子
神情真有一點慌張／／不知何時美女們跳起歡樂舞蹈／她們
以自己的身姿為人間歡唱

　　詩句如春風吹過池面的微波，有種純粹的內在律。我們領略
到了詩中洋溢著一種唯美的情境，其內心的澎湃詩情已融進
多彩的意象中，形成了自己獨特的藝術風格，讀來能觸及內
心最溫暖之處。英國十九世紀浪漫主義詩人雪萊（1792-1822）
說：「詩可以解作「想像的表現」」（註1）建軍的詩也有一個
顯著的特點，那就是「色彩絢麗，詩情融注於形象，作品的
幻想性與奇妙無窮的比喻，有著一種沉思性的抒情特色。」
借用馬克思（1818-1883）的話說，任何神話都是用想像和借
助想像以征服自然力，支配自然力，把自然力加以形象化。
但建軍的〈靜美的太平洋〉並非故作高深，而是用富有概括
力的語言去抒情物狀，著力於表現對大自然的愛。他的詩隱
寓著自我形象的塑造，其愛也是真誠的。且看〈高山與海洋〉
這一段：

　　　　你的世界裡原來是如此的安詳
　　　　雖然有的時候也有激越的風浪

海洋只是流動的山地與高原
大陸與高山是原始的生命海洋

高山因為擁有海洋而生機勃勃
海洋因為擁有高山才堅忍剛強

姐妹們始終相擁著自己的高山
兄弟們始終呵護著自己的海洋

兄弟們一直塑造著不同的形象
姐妹們以彩色的聲音匯入交響

珠姆朗瑪峰是你最高一朵浪花
大平洋海溝是你最深一種思想

海峽遠不是情感與情感的分裂
海潮亦不是道法與道法的較量

　　詩，要有韻才能誦，它最能體現詩人的情感思想與人品
胸襟，故而，觀其詩，能知其人。〈高山與海洋〉一詩肯定是
作者記憶中沒有遺忘的另一種存在，意象隨想像快速轉換，
那雄渾壯闊的高山與海洋一同震響，迴旋而上。海洋是浪漫
而自由的，也是寬廣而包容的，這也與建軍個性有契合之處。
他對崇高美的追求是一貫的，也正因為如此，詩中的激動與
喜悅、開拓與進取的情感十分協調；而這種崇高的理想、感
情和風格，是代表當代詩人的美學追求，也是追求生存價值

的永恆，讓讀者獲得極大的審美愉悅。

最後，我們想探索一下，建軍的美學風格形成的主客觀原因。誠然，他的才情和詩品已為中國學界，乃至整個文藝界做出了榜樣。他的詩形象絢麗，歌唱光明，耐人誦讀；雖沒有以熱烈的吶喊或高昂的呼喚來展示對祖國家鄉的感動與嚮往，但注重詩美的營造與語言的形象性。他在大自然中提煉詩思，或抒情、或描繪、或敘事、或比興，同時又把主觀的情思，化入大自然，更多的是情感寄託與心靈回歸的鄉土情結。詩風充滿靈性，擅於歌咏中國特有的名勝古物，熱烈地謳歌光明美好的事物。

鄒師是以詩賦、評論集於一身的文學家。他的詩詞與文、賦諸領域的藝術世界，熱情蓬勃，其中已有不少膾炙人口的詩詞作品，尤以咏物詩和山水詩所體現的意境美及潛藏鮮活的生命力，除了讓人耳目一新，還昭示了強大的藝術生命力。此外，前面曾提到的語言自然、朗誦上口的特色之外，再就是情境的創造，也選擇了不同的藝術畫面和詩人自己的體悟，生動地展現在讀者面前，如伏在祖國寬厚的懷裡，深情地呼吸，又如一部多聲部的交響曲。格調清新，飽含鄉土的詩情，故能引起讀者感情的昇華。這一切，對於詩人本身來說也是意味著不斷完成「自我超越」。俄國著名劇作家安東·帕夫洛維奇·契訶夫（1860-1904）說過：「作者的獨創性不僅在於風格，而且在於思維方法、信念及其他。」（註2）我認為，鄒建軍藝術探索的成功也正在於這一點，他不僅通過思維，而且以全部感覺在對詩世界中肯定自己，因而受到好評。

註 1.引自薛菲編譯：《外國名家談詩》，浙江人民出版社，1986
　　年 5 月，108 頁。
註 2. 薛菲編譯：《外國名家談詩》。
　　　　　　　── 2016.2.13
　　　　　　　── 刊美國《亞特蘭大新聞》，2016.4.15
　　　　　　　及水彩畫 1 幅。

林明理　畫〈靜美的太平洋〉

52. 透過藍色的風

—— 評楊風《原來你還在唱歌》

　　深深淺淺的藍襯著海鷗乘風，面對案頭這部詩集的封面，彷彿被帶回到一年前市長官邸藝文中心的那次詩會，那是我第一次遇到楊風，一個至真情熱的詩人。細讀其詩，隨著詩人懷著清晰而感人的記憶，一片空闊，一派靜寂……我也走進了一片憂傷的藍色之中，透過藍色的風，聆聽著一棵秀木在風中簌簌低吟著柔緩的晚誦，不覺地被他的歌聲深深打動了——

　　這位生長在台中的台大哲學系教授楊風（本名楊惠南，1943–）曾著有詩集、小說、劇本等多種。退休後，尤擅長攝影及繪畫，更懂得享受孤獨。思念是一首詩，愛，也是一首詩，它們永遠是楊風詩歌的營地，記載著記憶中的愛情故事。這本《原來你還在唱歌》詩集裡共珍藏了一百二十一首抒情詩，寄託著無言的傷逝情懷；其豪情穿透古今，探究緣起與解脫。詩風清新雋永，意蘊悠長。

　　在流逝的人生歲月裡，楊風生命之美在於展現它逆勢向上高聳入雲的生機中，它那搏風擊雨的翱翔姿態，一如海鷗。他的青春如天空如海洋，時而明澈，時而憂鬱。如今的他，

是一個對著宇宙吶喊的白髮哲人，詩裡盡是反映了自己的感情，回憶和痛苦。在不同時空下創作的詩篇，便呈現出多層次的美感。如在 1984 年寫下〈傳說〉這樣感性的抒情語言：

　　傳說天上有瑩亮的摩尼寶珠
　　一雨即成曼陀羅花
　　傳說北海有條巨龍
　　翻騰呀翻騰　就化成海天白浪
　　傳說五彩琉璃總是凝在玉山頂上
　　東溶為卑南溪　西匯成珊瑚潭

　　傳說人們的眼裏都有冰潔的水晶
　　當歌聲再起　就會流成
　　恢恢罟網
　　祇是它再也網不住
　　三月裏的楊花
　　四月裏的飛蝶
　　五月裡遠逝的笑聲

　　這裡沒有發思古之幽情，也沒有闡釋哲理，但詩行中隱藏著深切細膩之情已內蘊難掩。楊風是個孤獨的歌者，雖說，憶舊傷淚自落，詩人在 2007 年寫下的〈雨滴〉，那種刻骨的相思，失望的悲愁，是那樣真摯而動人情懷：

　　記憶收在摺傘裡
　　雨的石階

逗點長串離去
從來不是淚的句號

步履音符上升
怎奈得
別後
滾落的
滴答

　　愛，是一種巨大的力量。只要是從心靈深處迸發而出，
就算曾經滄海桑田，哪怕世俗眼光，總會有春暖花開的時刻。
因為，沒有愛，生命的天空就會頓然失色。楊風從不吝惜自
己的愛，他永遠敞開自己的胸懷，不畏懼愛的荊棘、孤獨中
的憂悒、困惑、悲傷或淒愁。如這首在 2010 年四月，詩人遊
陽明山，見香楓新芽初萌，遂而寫下〈春之楓紅〉，他說：

是什麼戀情
在雪融的季節
酡紅

春枝萌新愛
許是老葉去冬
未落
痛飲寒風

凜冽

　　至愛已飄零
　　即使山雨蕩漾春心
　　也只能塗紅
　　兩頰
　　以酒酣醉

　　這是質感多麼強的畫面！在音節上也是滿意的試驗。孤
獨的心中，隱隱然有一股哀怨無依的痛！如他悼亡友的另一
首近作〈尋你〉，透過音韻上的反覆，寄託無盡的追思。他對
宇宙萬匯的印象或愛情都涵映在詩裡，這也是詩人在狂熱的
追求和等待中的感情記錄：

　　聽說初夏的黃鸝鳥來到窗口唱歌了
　　聽說山還醒著而夕日下的湖水泛紅
　　我來尋你
　　尋你熔入在你眼眸裡的燦爛晚霞

　　聽說相思樹林的黃花盛開了
　　太極的兩儀初分天和地
　　宇宙大爆炸後
　　織女星正亮
　　銀河系裡
　　群星流失在宇宙的膨脹中
　　我來尋你
　　在茫茫星海裡
　　尋你斷折了的那片星芒

　　這不僅有色彩，而且有形態，詩人把愛情表達得至真且誠。戀人的眼眸，如初夏裡的燦爛晚霞，戀人的逝去，縱是尋他千度也無怨尤。最後兩句，恰好為詩人寂寞空寥的內心作了襯托。其實，只要曾經有過，就會感到人生是那樣溫馨，而人性的光輝往往在失意中最能顯耀出來！

　　詩人的一生，他追求理想，也勇於追求愛情。他的藝術修養，導致他在詩中習慣用象徵手法加以表達，如〈星葬〉是首很有韻味的詩：

　　走過石階　　零落是冬夜

　　掬起墜地一抔星星　　輕輕

　　埋入秘密花園裡

　　六十年了
　　犁你覆泥秘密
　　白櫻微笑依舊
　　相思的花瓣飄落紛紛
　　才驚見星已冷熄
　　在
　　三萬三千三百光年以前

　　詩裡，意在抒發時光催人老的感喟之情，使人看到了詩人悲苦的心。院子裡白櫻不但是能飛動的，而且是有情感的，又是同詩人的心相通的，更增添了畫面的內在的美感力。此

書最後，詩人寫道：

> 總是思索著如何化作一隻翠鳥
> 或是化成一朵粉條兒菜
> 開在
> 你
> 憑欄
> 遠眺的地方
> ……

　　這裡有舊詩詞的痕跡，如李清照〈聲聲慢〉，但末三行溫雅中見真醇，更展現出現代詩歌深情的默契，也反映詩人晚年寡居生活的孤寂。詩裡的楊風若有所思，如峭壁上的野百合那般執著。因為愛，才有等待，疲憊的心靈才能復甦如初。或許詩人渴望如同星子，能與戀人再次彼此照耀，又如那哀傷的歌聲，輕唱著 Tombe La Neige（譯為〈下雪了〉）的音符。此外，楊風也是個藝術愛好十分廣泛的詩人。此書，他歌咏自己，以物體情，借物抒懷，使詩情具有了可感性；不僅體現出詩人的赤子之心和純真感情，而且配合三十二幅油彩畫，作品顯現出豐富的人性特質。他似乎已從宗教及對存在本質真義的探尋中汲取了力量，也對情感人生有某種徹悟，故而，讀來別有一番滋味。

── 2016.1.18
── 刊臺灣《海星詩刊》，第 20 期，2016.06.

53. 思與詩：漫談林佛兒

　　林佛兒（1941－）這名字就像他生命裡傳奇的一切 —— 和特兀 —— 那樣真實。

　　他出生於臺南，是位幻想力豐富的詩人、出版人及《鹽分地帶文學》的總編輯。他也是台灣推理小說的先驅，其小說人物形象具有個性特徵，能將現實與幻想混合，用字大膽。讓讀者看來頗為奇異而神秘的因素，在於其少年時代即離鄉就業、自學，在貧苦的生活環境中得到了對文學的根深柢固的熱愛，和對於生活的哲思，這歸於其堅實的文學基礎。正因為精神食糧不虞匱乏，在散文作品及晚年的詩作中，他也創造了一個有生命的文字世界，這種以菩提心為基礎的入世悲憫情懷與關切生態與底層人物的態度更是顯明的。

　　他曾說：「詩是我的開端。乍看之下，詩的創作門檻最低，但是，詩要寫得好，很難。」這個孤獨而堅硬的靈魂，在年輕時就寫下這樣動人的詩句：

　　　我讀一頁書，走一里路
　　　夕陽照我，我走過山崚

　　正如同我暗示，林佛兒的作品中存有孤獨的聲音 —— 一

種小心地隱藏起來的孤寂心情在他某些作品中是可辨識出來的。這種感情隨著歲月的沉澱和文學滋養發了芽，顯示他已經越過不可言喻的痛苦和他對文藝為之獻身的正義。那是一種難以理解的力量的沉寂，至少，這是林佛兒最美好的藝術，理應給予其充分的肯定。

尤其，世俗的嘩囂或事業的浮沉，讓曾有過的憂傷、破滅，輿論的褒貶……在條條深刻的皺紋上，他仍以自然、率真的感情與對故鄉土地深沉的愛，寫出現實生活的多樣內容與對美好人生的嚮往。作品中有喜悅也有憂傷，常帶有一種堅持的諷刺，領我們進入其心靈的震音。又或許，已然忘卻一切苦痛，編輯、寫作及攜伴旅遊攝影或應邀講習就是其苦悶中的最佳慰藉了。

當林佛兒毅然返鄉後，回歸簡靜的生活。一杯茶，一支筆，一盞燈，於詩人心中已然足夠。近作的詩裡常蘊涵著主題的深刻性，及向環境保育、底層意識等等方面延伸。當然，毫不矯揉造作的詩風格成就了他，充分抒發了他不羈的個性與富有藝術精神的異國見聞。

如〈孤礁上〉，文字是那麼地純淨細膩！是林佛兒對自然的呼喚，進行著與地球生態一種最溫柔的傳遞。對讀者而言，也極具啟迪性：

　　不知你從何處來
　　聚集在嶙峋的孤礁上

遍體鱗傷，一群圓滾滾的海獅
在那兒曬太陽？

礁石下的海浪
猛起急落，激越拍打
這雷鳴的迴響
像生命在吶喊

不遠的地方
就有綿長的海岸線
你可以緩緩登陸，舒展著
不去，是因為有醜陋的人類在覬覦嗎？

同樣動物，同樣哺乳
但是何謂高等或高級尊貴呢？
他們會捕捉獵殺異類
同時用刀叉在吃著人肉

風在孤礁上呼嘯
牠們在尖銳的礁山上
有一種寂寥和悲涼
誰在乎呢？

　　詩是林佛兒文學生命的開端，然而，他的精神世界是多情而孤獨的。他歌頌孤礁上為生存而寧願忍受傷痛的海獅，他控訴人類的貪婪與惡行，句句引人沉思。在這裡，我已看

到這位老詩人，高尚堅毅卻敏感沉靜的靈魂。他的眼神已表露出他對大自然的凝思，更擴大其關懷面。在寄情於天地之間，迄今仍孜孜不倦地表達對生命的觀察與近距離接觸自然的感觸。語調真切，格律自由，也再次為詩壇投下一道光亮。這種以感覺的一切，將畫面攬進視野中，恰恰是經典的詩魅力所在。

　　走過一世紀的風雨，有人憔悴，有人更意志強烈。祝願他的詩世界裡 ── 寧謐而歡慰。我衷心地祝福。

── 2016.3.2

── 刊臺灣《臺灣時報》，台灣文學版，
2016.3.7 圖文

2016.3.7 作者林明理　繪圖

54. 莫渝的譯著：《石柱集》

　　莫渝（1948-）是詩的癡迷者，主要從事教學與創作研究，已出版《莫渝詩文集》五冊、詩集與評論等多種。其孜孜不倦去探索世界文學、關心台灣文學的精神，除了帶著詩人和作家的敏感去體味新詩之為語言藝術的精妙，他也提出並深化詩學「化苦難為精神資源」的概念與觀點。在這本新著第三世界詩歌的譯介與欣賞《石柱集》裡，他深耕細作地展開對翻譯文學研究之旅，印證了他關心時代，潛心為學，擁有了詩人的主要氣質，也開拓出一片翻譯詩歌研究及第三世界詩學領域研究的新天地。

　　他在關注第三世界文學背後，也傾心於叩問瑞典與丹麥的詩歌探索之路。二十世紀的台灣有深重苦難，莫渝除了常反思台灣文學靈魂失落與追尋的途徑，也明白了唯有作家精神資源的豐富與深刻才能帶來文學作品的深度。

　　此書具有「鮮明的震撼力」，主要是莫渝採用比較文學視角進行文本翻譯編輯，在雙向闡釋台灣的文學藝術文化與第三世界詩歌研究上亦有所突破。除了譯介以色列、阿米亥、匈牙利、捷克、西班牙、巴勒斯坦、敘利亞、伊拉克、阿爾及利亞、摩洛哥、埃及及海地等詩選，附錄的訪談及兩岸西

班牙語詩文學出版的比較上思路也頗為新穎，凸顯了強烈的
人文情懷跟國際的文化視野。

　　收到該書，令人振奮與感動！細細閱讀後，特別喜歡聆
聽巴勒斯的傷痕詩人兼鬥士馬穆德.達維希（Mahmoud
Darwich）的心聲。他說：「詩完成於文字中，但完美的詩，
只能在生活中覓得，在大自然與人生之間的關係，在激烈的
討論，在沒有詩意的地點或物品上覓得。」是的。這位傳奇
的詩人是來自巴勒斯坦大地的產兒，其詩裡沒有懷恨，也無
記仇。針對國事糾紛，他不主戰，希望用坦誠人道融合，化
解仇恨。詩作〈就只一年〉的衝擊力就呈現出更多的微觀性，
從而進入到讀者的心靈中更深的層次：

　　　　朋友們，你們之中的倖存者夠我生活一年
　　　　我只需一年就夠了
　　　　就只另一半
　　　　讓我們並肩齊步
　　　　讓我們像茨崗人一樣把河流扛在肩上
　　　　讓我們一齊摧毀最後的神殿
　　　　而且用石頭一塊一塊的堆壓
　　　　讓我們重回放逐的心靈
　　　　當我們一齊啟程
　　　　當我們發動意象崇拜的小罷工
　　　　如果你們此刻離開我，朋友
　　　　如果你們啟程
　　　　前去住在頭顱的星雲

我不會招呼你們，不撰述你們的祭文
我不為你們寫任何一個字
此刻，我不能為任何人寫祈禱文
一個國度在一具軀體內
或者一具軀體在一粒子彈內
或者一名工人在集體死亡的工廠裏
有更多的祈禱文給任何人
任何人
願這首歌
是最末哭向你們的，喔，我所有變節的朋友
一篇祈禱文全然歸於你們的命運

那麼
朋友們，別死去，
此刻別死去
在沙漠上，沒有比血更珍貴的玫瑰
你們沒有時間
此刻，別在這兒跳舞
別跳舞。那邊，沒有
奴隸的自主
或自主的獨立

那麼
別死去，就像你們習慣於死亡
我懇求你們，別死去
等我一年

就只一年
你們之中的倖存者夠我生活一年
我只需一年就夠了
就只另一半
讓我愛二十位女人
和三十個城市
讓我們走向我那哀怨的母親
讓我呼喚她：重新分娩我
讓我看看打從初綻的玫瑰
讓我們憐愛打從開始的愛情

直到這首歌的末了

我只需一年就夠了
就只另一半
讓我生活於單獨一次的整個生命
在唯一的親吻
在唯一的一槍
以解決我的難題

另一年
就只一年
一年！

　　詩人經歷過動亂年代的磨練與流亡生活的苦痛，因而對現實世界的理解更為深刻，它引導讀者去認識這些災難發生

的社會原因以及以阿戰爭間民族文化中那些破碎的流浪民族
的焦慮，為杜絕這種災難的重演而作出抒情性的哀思。詩句
含有深邃的思想，又使人在思索中嘆息。還值得提出的是，
如表現災難歲月帶給人們的創傷和扭曲，詩人也借助於那哀
怨的母親，表現一種孤獨感和茫然無依，或表現出一種普遍
的同情心或對受欺壓的憐憫與對故土深深的愛。

　　莫渝的譯著，主要是翻譯法文書。年輕時，他是先接觸
文學，就讀淡江大學及出國求學期間，才接觸了法國文學及
第三世界文學。在春暉出版家陳坤崙的支持下，成就了此書
及《瑞典與丹麥》譯詩集。法國文學大家伏爾泰
（François-Marie Arouet 1694-1778 年）曾指出，在廣闊的藝
術領域裡，任何有意義的東西都屬於世界上所有的民族」,「如
果歐洲各民族不再相互輕視，而能夠深入地考察研究自己鄰
居的作品和風俗習慣，其目的不是為了嘲笑別人，而是為了
從中受益，那麼，通過這種交流和觀察，也許可以發展出一
種人們曾經如此徒勞無益地尋找過的共同的藝術欣賞趣味
來。」這一見解也很適合新詩發展中對外國進行文化的交流
與吸收。而學過西方現代詩歌欣賞的資深詩人莫渝，廣泛地
吸收，多方面的融合，再加上精心地收集詩集，才會使嶄新
的譯作出現。在此譯詩集的能力上已然達到新的超越。品味
時，也會是多姿多色的。

　　　　　── 2016.3.12
　　　　　── 臺灣《笠詩刊》，第 313 期，2016.06 及美國
　　　　　　　《亞特蘭大新聞》Atlanta Chinese News，
　　　　　　　2016.4.22. 及林明理水彩畫作一幅。

55. 夜讀《時間之流》

　　魯蛟（1930-），本名張騰蛟，山東高密縣人。作品以現代詩、散文等多種，被編入初中、高職及五專國文課本，曾獲中國文藝獎章等殊榮。《時間之流》是他的詩集之一，收入他發表的一百零九首詩。這些詩作是詩人對生命的內蘊，表達其感思，也是他用自己的詩對寶島鄉野、歷史文物、自然生態的記錄和表達對厭戰的情緒。也有對某些社會現象的體悟，是崇高人格和堅實生命力的放射。

　　正如詩人在附錄的詩觀中說：「詩是莊嚴的文學，寫詩者則是莊嚴的人類，提筆運墨或可活俏或可詼諧，但詩的內蘊和詩人的內心，應是一片清純，不見塵沙。」他對文學表現不倦地追求，崇高的理想、感情和風格，是代表當代詩人的美學追求的。這種具有深刻性和力度的詩作，為現代詩開啟了一個良好的典範。而言為心聲，詩象就是心象。詩人以嚴肅的態度審視自己的精神歷程，也帶有崇高感和坦蕩開闊的胸襟。如詩作〈鄉景〉，像樂曲的主旋律一般激盪著讀者的心弦：

　　當我從實驗室走進鄉野時
　　才愕然發現

唯有農夫才是最好的數學家
他們不用公式不用儀器
卻測得出饑餓的重量
測得出種籽們走進泥土裡的深度
以及 測得出
禾苗與谷倉間的距離

而我卻 測不出
他們的臉龐上
到底有幾條深皺

魯蛟的詩裡沒有花團錦簇的辭藻，沒有故弄玄虛的深奧，沒有不着邊際的鋪陳，也沒有粗俗的語調。詩人的內心是敞開的，其詩更貼進對農民生存環境的關懷。如果不具有悲憫情懷，他能看到這些景象嗎？他關心這片熱土，目光投向農民工，歌唱他們注入城市所有的力量，同時也看到了他們勞動的辛勞。

再如〈清·翠玉白菜〉，在詩意上也愈加精練，令人過目難忘：

昨夜的清露猶在
今晨的泥香猶存
即使再在時間裡埋上千百年
還是依然脆嫩
還是依然晶瑩

　　而那隻猛猛饕餮著的螽斯
　　仍然是不能用指去碰的
　　一碰　　就會
　　跳
　　走

　　詩人從他生命的時空中過濾出自己對美的感動的瞬間，
意象純淨、透明，很有新意。尤其最後三句，是詩人童心的
意象化，詩意充沛。據悉，故宮裡收藏的翠玉白菜推測是清
朝光緒帝的妃子瑾妃的嫁妝，此件玉器以翠玉的色澤刻飾出
綠色的菜葉與白色的葉柄。菜葉上還雕有兩隻昆蟲，一隻是
蝗蟲，一隻是蟈蟈兒，蟈蟈也屬於螽斯類。這首短詩是他生
命歷程中的一道美麗的風景吧！

　　這部詩集中特別將詩作〈時間的身分〉放在書封面後，
詩裡對時間的思考已經深入到生命的層次：

　　沒有體積
　　沒有重量
　　沒有聲音
　　沒有味道
　　時間　　是最軟的軟體

　　能擊倒所有的動物
　　能擊倒所有的植物
　　也能擊倒所有打算長生不老的生物

時間　　又是最硬的硬體

軟到這個樣子
也不曾有過半聲哀嘆
硬到這種程度
也不曾有過一句傲言
時間啊
是既聖且賢的
一個巨大的存在

　　魯蛟是個謹言慎行又多才的作家，喜歡寧靜與淡泊的生活。除了幾位老友相邀聚會及出席重要詩會或評審，也很少跟文學圈子內的人來往。他工作勤奮，休閒時最大的興趣是讀書寫作及爬山。這就構成了他自己純淨的心靈世界。他是新詩美的不倦探求者，也是散文家。在幾年前，收到此書，想起我曾給他畫幅如實的「斑馬」畫像時，他開懷地笑了。畫面呈現的靈感，是源於有次參加詩會於文藝協會時，我看到他身著筆挺的黑西裝、白色褲，舉止優雅。在我眼裡，斑馬是高貴而吉祥的動物，黑白分明的形象似乎是魯蛟溫儒而嚴謹的個性吧！今夜，再次展卷細讀，同樣是一種美的吹拂。

　　　　　　　　　—— 2016.4.27 作
　　　　　　　　　—— 美國《亞特蘭大新聞》2016.5.13 圖文
　　　　　　　　　——《臺灣時報》2016.5.20

2016.5.13刊

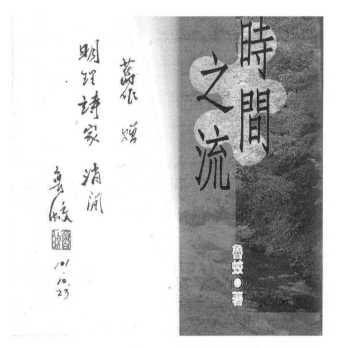

附錄一：文學藝術評論

1. 夜讀《成就的祕訣：金剛經》

　　在國際佛教學界接受教義，並進行《金剛經》專門研究者不乏其人，也大多取得了一些成果；然而，我們卻可從這本《成就的祕訣：金剛經》書中去感受星雲大師的身影與佛陀傳教的精神情懷。當然，透過大師賦予此書不凡的內涵，將其中的疑難之處，於中剖析得淋漓盡致；並依循原典，力圖讓大家共享佛法實踐於人間的信念，進而貼近整部《金剛經》的本然面貌。

　　大師除了以擅長說故事的天份，以原典為本，保留了最接近佛陀傳法時的完整概念外，也添加些情節，讓讀者在追隨真樸的文字而不受文字翻譯的侷限之際，不免也會想像「佛教出世的精神」和「入世的實用」到底該如何修持與慧解並重？而美學大師蔣勳更在書前推薦說：「我對《金剛經》沒有研究，不敢詮釋解讀。但是每天的念誦帶給我平靜喜悅，是一天裡最開心的時刻。」由此，更加好奇於我，會不會也因書中內容而有所悟道？或因《金剛經》而得到不可思議的感動？又為什麼星雲大師提倡《金剛經》？這些或可作為我想

揭開《金剛經》之謎的鑰匙。

　　然而，這一切的懷想，對我這初聞佛法者而言，在文字裡，一個面貌慈藹的大師，從開山階段的辛勞到海內外數百萬信徒的同體共生的成就，一幕一幕地……瞬間浮現腦海。他以重建佛陀的教義為己任，以莊嚴又不失幽默的筆觸完成了這一部貫通古今中外學家的自然思想，這也是他多年來的自我體悟與研究，而不只是他在書中對如何實踐般若的哲學主張，或是對「發心當下，無限可能」的道德勸示，這使得全書所詮釋《金剛經》為何是初期大乘佛教的代表性經典之一，也是般若類佛經的綱要書，又為何在華人地域流傳最廣，變得更為清晰的展現。

　　在此書於 2010 年秋問世之後，迄今已增版了十多次，可見在社會上的廣泛流傳。其實諸多大家對《金剛經》的纂要、注解、夾頌、宣演、義記、採微、集解、科釋、宗通、決疑、大意、直說等各種注疏，早已高達一百餘種；由此可見，其註釋之豐，為群經之妙典。

　　一般人認為，《金剛經》乍看之下不易索解，然而，透過大師給自己進入《金剛經》的境界以一個充滿崇敬的開頭，再逐步導引，讓讀者看得到經裡闡明的脈絡；而究其實，他也的確是位無可企及的心靈導師。首先他教導我們先從什麼是「般若」，又如何實踐「般若」做起。然而，我畢竟是現實之我，雖然現實之我仍無法超越世間的痛苦、矛盾和困惑，但大師要我們相信，只要發揮人的無限潛能，學習《金剛經》就是般若，就是斷除一切煩惱；而成就讓人得到幸福的秘訣，就是：「應無所住而生其心」，也就是「般若」，是佛智慧，能

明澈身心的一部寶典。由大師再度執筆寫下了精深獨創的書中，就是以《金剛經》所蘊含的真義，穿插故事的對白得以拓展，並闡發自己的研究心得，遂而轉化為佛教叢書的新經典。

　　大師告訴了我們，要相信自己本具佛性，相信自身光明，相信自己潛能無限。如是，心，就會堅實如金剛。而這些詮釋各得一端，也見證了「佛在人間，人成即佛成」的內涵；書後還附錄了《金剛經》原典與白話譯釋。原來《金剛經》不以出家為理想，認為只要有心求道，皆可達到解脫的境界。因此，透過《金剛經》的誘導，使善男信女發菩提心，而人人由此發心，皆可進至菩薩的實踐階段。書裡有許多菩提與世尊的問答，倡導新理想的故事。全書講解得出神入化，淺顯易明，促使《金剛經》的內涵不斷地增廣，受到讀者們普遍的喜愛。昨日好友琇月醫師的突來贈書，便雀躍歡喜。不待深夜，手捧此書，窗前燈下，在大師靈動而嚴密的筆法與寧靜意境中，讀來興味盎然，也深感《金剛經》的感染力而震撼於心。

　　這部書，無論對個人還是對社會都是一種力量的源泉，或許這正是大師的樸素、誠懇和奮進不息的人生使然，他的筆法才如此真切，從而體現出佛家獨特的學理價值。而他撰寫中的每一故事一些溫暖的底色與智慧的語錄，才更令我們動容。

　　　　　　　　—— 2013.5.1 作

　　　　　　　　—— 刊臺灣《人間福報》閱讀版，2013.6.16

2. 夜讀張騰蛟《書註》

　　這是一部從文學角度欣賞一百多位諸家書冊後，標誌上一些關於心得或是與書有關的題字的著作。作者張騰蛟〈筆名魯蛟〉在他筆下同諸多文界友人有著極為密切的友誼，在書註實踐中又有著重要的研究價值。如今，作者以八十四歲的高齡，在臺灣文壇已經取得了眾多的殊榮與成就之後，又續推出這部《書註》當須有足夠的學術勇氣，其好友隱地的慷慨允諾得以出版，也是值得嘉許的。

　　本書有一個明顯的特點是作者親筆題字在書名之旁寫了「生活的趣味、文學的芬芳」這兩行雋永的字，並於書註中提出了不少具有歷史性和對諸家的人格及文筆的解釋力的重要見解。如作者在前人研究的基礎上，把葉蘋著作的《天地悠悠》定義為「這是一本由學者妻子描述將軍丈夫的血淚傳記。」並在書註裡補充了獲書的經過及與將軍間所感到溫馨的事，詳盡描繪，具有很強的說服力，也令人印象深刻。

　　作者認為，書註的形成過程是希望「寫上此書獲得過程等等的，讓它在時間的埋藏中，放射古趣的光芒。」作者經過深入研究，終於給出自己的答案，他從多角度的細微觀察、內容樣貌和感情色彩等進行了有意義的探究與解釋，乃至寫出書註的結果，而對這些看法，我認為，都是頗有見地的。

　　本書也顯示了魯蛟為人實事求事的科學態度與對書評的考究描寫，其中，引用的材料非常豐富。自紀弦、周夢蝶、瘂弦、洛夫、辛鬱、王鼎鈞、張曉風、邵玉銘、陳幸蕙、周玉山、周作人、墨人、蓉子、商禽、管管、愚溪、楚戈、張默、隱地、蕭白、綠蒂、胡志強、白先勇、非馬、喬林、蕭蕭、向明、林煥彰、林明理、林文義等作家，書註年限跨逾半個多世紀。也就是說，他對書註裡表達的讀書體驗，都以敏銳而富於感性的態度，加以審察並予嘉勉。這種全方位的書寫評觀有助於後學更清晰地在閱讀上提昇對書籍觀點的客觀性與可靠性。

　　魯蛟（1930-）是山東高密人，25 歲開始寫作，出版散文、詩歌等多種，情真而生動。魯蛟作為一名散文大家，他最獨特的貢獻在於他持一種不懈的寫作精神。自文官退休後，生活簡樸、作風公正、踏實，除寫作及擔任評審外，平日潛心閱讀，博覽了眾多典籍以及現代文學相關的論著，加上其著作當中有七篇文章前後入選入國、高中和五專、大學教科書，已引起了海內外華文界高度的重視。本書正是作者根據其藏書的上百篇書註中，每日伏案約六小時，歷經四十餘工作日，親自執筆為文而成。對於作者對文學的積極追求和扎實的筆功，我相信，在臺灣文史上，他已樹立了一位文學家、評論家的歷史地位，未來還將會為現代文學領域做出新的貢獻的。

── 2013.11.28 作

── 刊臺灣《人間福報》副刊，2014.1.7

3. 與自然共舞

── 楊惠珺的繪畫藝術

　　出生於 1971 年的楊惠珺，是陝西眉縣人，畢業於西安美術學院美術學碩士，現為西安科技大學藝術系教授。多年來對架上繪畫的執著如故，而累積下來的豐碩經驗與素養，是使作品多次參加國內外展覽、逐漸在意象油畫界頗具知名之因。

　　如仔細觀賞，會發現，惠珺的畫最深刻之處，是風格有其詩質般的音調。當然，每種藝術都為自己存在而努力。惠珺也不例外，他特別喜歡在大自然裡捕捉靈思、與作品共鳴成內心深層不斷感動的交響曲且從未失去進取的精神和生命力。他曾說：「其實繪畫也是一種關注，對自然、對人的一種關懷，其實也是一種愛的傳播，一種美的東西。」由此可知，惠珺試圖在「心理景觀」的過程中，去發掘美的本質。他的藝術語言源於對家鄉有強烈的愛，有深厚的感情。基於此，他即使用了西方美學的肌理筆觸，仍然使人感到他在情感上離我們很近；因為，他深藏著柔韌與寬廣的個性，有自己的精神世界，是個難得的人才。

　　頗有意味的是，在惠珺的畫面上，常常出現山坡、小徑、高山、田野、土牆、院落、雲彩、樹幹、枯枝、籬笆、野花……等四季不同的風情或牛羊等動物，多能把詩心凝聚在畫布上，且賦予最真實的感情。尤其是近作畫羊，他特別注意描繪出牠們放射出溫順和期待的目光，讓人不自覺地產生一種純粹、即刻的喜悅。

　　我想特別指出惠珺在二〇一一年創作的這幅素描〈圖一〉，筆下的幽默有如荒野之花。瞧，那枝上的兩對鳥兒，一對是盡訴衷曲的淋漓、還看得出有些欲語還休的羞怯。另一邊到底在嘀嘀咕咕些什麼？再看，落單的那隻反倒是一派輕鬆。而牠們的身影恰似五線譜、正好裝飾著廣闊的青空，各有著諧趣和俏皮的面部表情，這恰巧與籬笆，像群木訥的傾聽者，自然就散發出一種青春的魅力。一路看下來，惠珺在描繪牠們時，已賦予牠們以人的感情，而牠們自然與畫家處在同一感情世界裡，其中，鄉野的安適與晨光照射著樹果，更給人一種強烈的農家味。

　　的確，惠珺喜歡在一種敘述性的抒情性抽象油畫裡探尋，由敘述而產生了新的繪畫語言，但這又與單純抽象表現主義不同；因為，他試圖以新的意象語法來敘說，並常是以自然為題來借境抒情。我著想敘述的也許是他心底的一種情境、或是鄉愁；又或許並不只對故鄉的懷念，也是對過去的一些美好時光與回憶。我試圖從他的油畫中去引導觀眾去沉思、去品味或啟發一些聯想，而不必去解說什麼。

　　〈山路彎彎〉〈圖二〉是惠珺在陝北榆林麻黃劉家堡附近寫生的，越是質樸原始的村落，越能讓惠珺的心靈之眼無盡

地展開，而產生一種具張力的簡單的形象。它來自空間的距離與視點，那位拿著牛鞭的老人與耕牛間的親密，是屬於心靈上的；因為，當背後的精神充裕，其所作的畫即不落空。還有，那路旁的蔥綠與山路上的繞行，這一切心象的反映，應來自憶兒時的意蘊；而錯位的美感如歷史的光澤，也使畫布本身和空間產生有機的交流、溝通，遂而轉化成以抽象、意象化的心態。我想那是種率真的表現吧！於他而言，或許油畫藝術與親情的溫暖才是他真正所擁有的。

惠珺除了繼承中西藝術的融合，又能持續地摸索出突破既有格局的方向。尤其是對家鄉美景已逐漸投注更多注意與關懷。做為一個美術教育家，他忠於自己的內在感受。在骨子裡，惠珺非屬狂熱的一群，他的個人氣質是傾向於詩人類型的；但在教育界之外，他似乎另有一片天地存在。如這幅〈雪後放晴的山村〉〈圖三〉，無論是採用寫實或非寫實的的手法，都在營造一種愉快，或者說是詩意的氛圍。他所描繪的，其實是胸中的山水。耐人尋味的是，這雪後的山村、也有老莊美學的空靈悠遠，而裸露的樹幹、枯黃的雜草與土黃的村舍等等，都彷彿被陽光一一喚醒。這一景一物都那麼明朗！而不把人帶到一種與世隔絕的情境裡去。這只是畫家忠於對自然的感覺，宛如一首渾然天成的音樂詩。這也是惠珺擁抱自然、極其愜意的精神世界。

在這功利的現實社會中，楊惠珺則為藝界保留了一個相當真誠而賞心悅目的人間淨土。即使是一條山徑、幾棵枯樹、三五村舍，經過他的筆觸，就成了沉靜優雅的風景。乍看，以為寫實，純為寫意。畫風線條簡潔、色彩張力又有微妙的

中國畫氣韻。我相信惠珺會在實踐的探討中，更好地掌握出
美學範疇，創造出更為精妙的作品來。

—— 2014.10.14 於台東市

附圖：

圖一：素描

圖二〈山路彎彎〉　　圖三〈雪後放晴的山村〉

—— 刊臺灣《新文壇》季刊第 40 期，2015.07，頁 33-38.

4. 書的墨客 ── 彭正雄

　　生於新竹客家籍的出版界奇人彭正雄先生，週歲就遷居台北，畢業於高職。由於其自身經歷的坎坷與積極性格，使得他自然具有了努力不懈的意志。「熱情、敢拚、謙遜」是讓人感受到的特質，他也是數位出版聯盟協會常務監事召集人，中國文藝協會的常務理事，台灣出版協會副理事長。

　　他曾在著名的學生書局謀生，工作近十年。不久，就創立「文史哲出版社」，在台灣出版界嶄露頭角。這一時期，彭正雄正當壯年，當時，由於故宮博物院領導及多位教授支持，加以影印、印刷兩方面獲得友人的協助，他大力出版了套書「明版善本影印」，引起海內外學術界的高度重視。此後的四十多年，他把全部精力都傾注於他所從事的出版事業，為近代台灣出版發展史書寫了光輝的一頁。

　　除了繼印古籍以外，還有出版「文史哲學集成」六百多種、「文史哲學術叢刊」數十種、「台灣近百年研究叢刊」十多種、「南洋研究史料叢刊」近三十種、「戲曲研究系列」近十種、「文字、聲韻、訓詁」近四十種、「現代文學研究叢刊」四十餘種、「滿語叢刊」十多種、及「圖書與資訊集成」近三十種等等，也贏得學界的讚許。一路走來，文史哲已印了近三千種書。迄今每年仍出書近百種，惠及讀者。

　　為了充實自己的學養與對古籍的知識，前後他師事過台大教授吳相湘，又多次請益於名家毛子水、鄭騫、高明及嚴靈峰、夏德儀、戴君仁、昌彼得、林尹等教授。他主辦過「文史哲雜誌」，也寫過論文〈臺灣地區古籍整理及其貢獻〉、〈臺灣地區古典詩詞出版品的回顧與展望〉等數篇，（1994年5月及1995年9月參加新加坡國際學術研討會發表論文）表現出其樂觀進取的人生觀。2006年，財團法人高等教育評鑑中心基金會曾受聘他為「95年度大學校院系所評鑑委員」。

　　可以看出，彭正雄先生不只是書的墨客，也是傑出的出版家。如今以花甲之年，更致力為台灣文化、出版理想奉獻心力，為的是將文學、藝術、史學等知識的苗根植在讀者的心田。時間累積了文化，出版事業也凝結了他的思想和智慧。在兩岸三地書展重要會議時，經常看到他應邀出席時渴望和平的強烈愛國情操，同時也反映了他生活嚴謹規律、正直誠摯、俠骨柔情與專注於出版事業的各個側面。

　　我深信，出版的歷史是人類文明的歷史。今年已七十八歲的他，他的努力身影，終將成了出版之林中的不朽典型。

　　　　　　　　　　　　—— 2016.3.8
　　　　　　　　　　　　—— 刊臺灣《臺灣時報》，台灣
　　　　　　　　　　　　文學版，2016.3.16.及照片。

出版家彭正雄照。

附錄二：
新詩是連接學院與江湖、
大陸與臺灣的彩虹橋
── 林明理訪談錄

採訪時間：2015 年 1 月 2 日

採訪地點：臺北車站

採訪人：王覓

採訪對象：林明理老師

林明理簡歷：林明理（1961-），臺灣雲林縣人，曾任屏東師院講師，現任臺灣中國文藝協會理事。著有《秋收的黃昏》、《夜櫻 ── 詩畫集》、《新詩的意象與內涵 ── 當代詩家作品賞析》、《藝術與自然的融合 ── 當代詩文評論集》、《山楂樹》詩集、《回憶的沙漏》中英對照詩集、《湧動著一泓清泉 ── 現代詩文評論》、《清雨塘》中英對照詩集、《用詩藝開拓美 ── 林明理談詩》、《海頌 ── 林明理詩文集》、《林明理報刊評論 1990-2000》、《行走中的歌者 ── 林明理談詩》、《山居歲月》中英對照詩集等。

　　項目來源：重慶市研究生科研創新項目重點項目「中國臺灣新詩生態調查及文體研究」。

　　專案負責人：西南大學新詩研究所　王覓

王覓：林明理老師，您好！感謝您在百忙中接受我的採訪。請談談您的人生經歷，有哪些重要事件影響了您的創作？

林明理：我法學碩士畢業後，在大學教授憲法等課程，有一次一家學術刊物邀請我寫文章，開啟了我在教書之餘的寫作生涯。幾年間就發表了三百多篇文章，但大部分是有關時事或環保問題的。直到在佛光山認識了星雲大師以後，才真正定下心來，改走文學創作之路。

王覓：您最早為什麼要從事詩歌創作，而不是小說或散文創作？

林明理：孩子幫我架設網路沒有多久，我翻起以前大學讀過的席慕容的一本詩集，忽然勾起了想要創作新詩的欲望。我先寫詩，後來寫詩評，越來越對詩歌理論感興趣。

王覓：您是法學碩士畢業，您覺得您的法學教育背景，對您的詩歌創作有沒有影響？和中文系出身的博士、教授們的詩歌創作相比，有什麼不同？

林明理：我是法學碩士，真的是陰差陽錯。我前身是商學士，報考的時候，報考到法學這個領域。我的碩士論文是研究《中共金融改革的研究》。如果不是 27 歲後到省立屏東師範學院教書，嚴格上講是不會走上詩歌創作這條路的。我的人生最不可思議的是，時候到了，就自然而然地走到

詩歌與文學創作這條道上了。我錄取過佛光大學文學博士班筆試通過 83 分，也錄取過東吳大學經濟研究所博士班備取第一名。因為我的學習意識強烈，會利用各種學習資源。我比許多學人更重視文學感悟，更重視詩歌寫作和詩歌閱讀的自然性和自發性。

王覓：您生活過的地方對您的創作有何影響？

林明理：我出生於臺灣雲林縣小鄉村，童年在農村貧困中長大，父親雖然就讀於日本早稻田大學法律系，因有肺結核，一生多在鄉下教書。父親是我的文學啟蒙老師，他從小教授我做人處世之道，親自給我講文學作品，奠定了我文學創作的基石。家鄉的樸素生活與人情味是最讓我懷念的。這讓我以後與作家文友們交往時特別重視人情味，很多人都喜歡我。我沒有詩人常有的偏執性格。人情味讓我可以融入團體生活，讓我更自然地參加各種文學活動。樸素生活讓我能夠靜下心來寫作。所以我因病辭去教職後，選擇離開生活近 27 年的大都會高雄左營熱鬧之地，毅然搬遷到僻靜的台東市。主要是那裡的純淨與安靜的空間很適合創作，讓我能全力投入其中。

王覓：您在台東的創作和高雄的創作在風格上有沒有什麼不同？

林明理：在台東之前的 7 年，雖然寫了 12 本書，但寫的比較多的是詩評、雜文，還有詩配畫。但到台東接觸到當地的風俗後，不禁勾起了散文創作的欲望。在台東的半年多，發表了寫當地的風俗和當地的旅遊的散文，題材與體裁都比以前的創作要豐富得多。

王覓：散文所寫的內容，會不會讓您的詩歌創作有更大的容量，更大的空間？

林明理：是。台東是一個有好山好水的城市，是能保留原來足跡的地方，如果覺得用詩歌，無法詳盡地寫出當地的特色時，就會傾向於用散文的方式來表現，利用一些比較有原創性的，或是一些優美的詞句來報導當地旅遊的觀感，希望能感動出讀者的思緒。詩歌與散文最大的不同是：詩歌比較需要更多的想像空間，但散文大多是看到當地的一些風俗，你報導它時，會重視讓你感動的細節。所以到台東後不知不覺就喜歡寫散文。

王覓：請談談您接受的詩歌教育的經歷？主要受到了哪些詩人和詩論家的影響？

林明理：我寫詩是因自幼喜歡閱讀文學，並未接受過任何學校正規的教育，幾乎是從社會生活中的所見或感思。我先是投稿到臺灣各種詩歌刊物，發表後受到重視，被邀請參加各種詩會，獲得了更多的學習機會。尤其是認識了臺灣著名詩人綠蒂先生，他提名讓我當選了臺灣中國文藝協會理事理事職務，他是會長。讓我更有機會參加來訪台的大陸學者及重要文藝官員的活動。通過他們獲得了投稿於大陸大學學報及重要文學刊物並獲得發表的契機。更獲得大陸新詩教授的厚愛和幫助。如吳開晉教授及古遠清教授曾多次幫我的新書寫序言，傅天虹、譚五昌教授把我的詩收錄他們主編刊物。我還參加了國際詩會，如在世界詩人大會上，曾兩次代表臺灣上臺發表英譯詩及詩論，並認識了世界詩人大會的主席，1985 年諾貝爾和平獎得主的卡翰（Ernesto Kahan）教授，他是審核通過給榮譽文學博士的

主要評審，也是受到世界詩人尊敬的詩人之一。我獲得了世界詩人大會榮譽文學博士。與美國詩人非馬等人也常有聯繫。大陸老詩人我喜歡牛漢和艾青，分別寫過他們的詩評，發表於大陸的學術刊物。臺灣詩人我特別敬重周夢蝶，在前三年人間衛視節目採訪時，我特別提及他的詩《孤獨國》，並作了賞析。

王覓：您由商學學士、法學碩士成長為詩人和詩評家，有什麼經驗？

林明理：最大的經驗就是要不斷學習，充分利用各種學習資源及人際資源。我獲得了很多來自大陸學者的詩歌資源。我年輕的時候，偶爾會到圖書館借一些現代詩歌書籍，大部分是像席慕蓉的詩一樣的情詩，並沒有引發我成為一個詩人的願望。一次我參加了佛光山舉辦的翰林學人的研討會，下山以後，不知不覺寫出第一篇散文《聽雨‧僧廬》。從那以後的 8 年中，陸陸續續寫了 12 本書。所以覺得我走上文學道路是一個偶然，但是它也是必然。我從小最喜歡的科目是文學。因為是文協理事的緣故，接觸到許多的中國詩人和學者，在投稿過程中也受惠於大陸學術刊物的編輯，他們給了我很多論文寫作的規範方面的支援，並提供了發表的機會，讓我的論文能在大陸學報發表出來。為了寫好新詩研究論文，我就大量閱讀新詩理論著作，呂進教授等大陸詩論家的詩學著作對我的幫助很大。在臺北的書店，很容易買到大陸新詩學者的著作。

王覓：您認為詩人可以由學校培養嗎？即「詩可以學」、「詩

可以教」嗎？

林明理：詩人，先天成份占大部份，但後天的勤奮與喜於閱
讀詩集、詩論集，是可以精進寫作的能力的。

王覓：您著有多部新詩評論集，如《新詩的意象與內涵-當代
詩家作品賞析》、《藝術與自然的融合-當代詩文評論集》、
《用詩藝開拓美—林明理談詩》、《行走中的歌者—林明
理談詩》。雖然您曾在大學任過講師，但教的不是文學專
業。臺灣的大多數從事新詩研究和評論的學者都在大學任
教，幾乎都有文學博士學位，絕大多數還是文學教授，還
有多位留學過美國或法國。您與他們在論文，尤其是學術
論文的風格上，也有差異。他們更「學院」些，更符合學
術規範。您同意這個觀點嗎？您是在「業餘」從事新詩研
究，卻出了這麼多的成果。您能談談原因嗎？

林明理：大陸新詩學者古遠清教授曾發表了一篇評價我的文
章，題目是《她繞過了東方式學院派泥潭 —— 讀林明理的
詩評》，他的結語是：「林明理一直堅持一種直覺‘投射
機制’的寫法，不注重有定論的資料彙編和前人的研究成
果，而更注重文本尤其是自己作為一位元詩人的閱讀體
驗。她讓潛伏的文采在暗中閃爍，由此繞過了冬烘式的學
院派泥潭，而逼近了詩史發生的歷史現場，品味出詩作的
豐富內涵與藝術氣韻。閱讀林明理的詩評，使們清晰地看
到了臺灣前行代詩人生命中的包容與韌勁，觸摸到了他們
生命的脈搏與悠然的神態，也感受到作者向清遠境界飛翔
的喜悅之情。」《南京師範大學文學院學報》刊發了我在
大陸發表的第一篇詩歌論文。我只寫自己懂的部分，至於
不懂的部分，所幸，大陸學者匯寄許多學報或書籍給我，

我一方面寫出書評，一方面認真學習。我覺得寫詩學著作的書評是提高詩學理論修養的好方法。我寫的書評大多發表在專業的學術刊物上。如我評山東大學吳鈞教授著作的書評，發表於上海魯迅研究刊物。鹽城師院郭錫健教授帶給我文學院兩位教授陳義海的詩集和盧惠餘研究聞一多的著作，我也寫了書評分別發表於大陸的學報。我也把臺灣學者介紹到大陸，如寫丁旭輝教授詩學著作的書評發表在大陸的《商丘師院學報》上。我也把大陸學者的著作介紹到臺灣，如吳開晉教授和古遠清教授贈給我許多書，我寫書評後發表在臺灣知名的刊物上。我對自己發表的文章負責，無須在乎過多奇異的眼光。我比較喜歡用原創性文字書寫書評。而臺灣有些學者的論文容易夾帶過多的引用和注釋。我也許在臺灣某些學者眼中是較不合乎學術規範的，但是受到一些大陸學者和編輯的欣賞。源自大陸學界的新詩學者或文學刊物的主編對我的關切，特別讓我感動，是我成長的動力。所以我更要謙虛與精進，才不會辜負這麼多的人對我的支持與鼓勵。

王覓：你是不是覺得詩評的寫作並不需要過分遵守一些學術論文寫作的樣式，詩評寫作是否只需要把自己對詩的感受用自己的語言表達出來即可？

林明理：應該說，我沒有辦法勉強去學習學院派的風格，要用很多引經據典的句字來強化詩評的內容。我詩評的方法是，認真閱讀一本詩集，首先找出讓我感動之處，從中篩選出優秀詩作，再用散文式的句式加以想像，盡可能地詮釋詩歌的背景和意義，讓每個人都會為這首詩作的背景和

意義而有所觸動。我格外強調詩評要能夠打動讀者的心靈，還強調詩評要有文采，好的詩評應該是美文。我並不太重視詩評的學術性。我的書評一定要有人喜歡讀，讓專業讀者和業餘讀者都喜歡。我追求的優秀詩評的境界是「外行看熱鬧（美文）和內行看門道（論文）」。這是我寫詩評與其它詩評家，尤其是學院派詩評家不同的地方。他們更強調學術性和專業性，他們更願意寫給專業讀者，甚至是專家讀。

王覓：大陸也有幾位著名的新詩學者沒有文學碩士和文學博士學位，甚至沒有上過大學。大陸也有出自報刊編輯之手的「江湖批評」與出自大學教授之手的「學院批評」，兩者也常常對立。前者被稱為「感悟式批評」或「印象式批評」。您是否覺得您這種詩評的方式，可以更好地解讀一首詩。而所謂學院派，他們更多的時候只是知識的彰顯，甚至是學問的顯示。他們可能缺乏文學的感悟能力。

林明理：我不敢以這種方法自居，更不敢自豪。學院派詩評家做學問是非常嚴謹的，而且他們的方式也是我日前正在學習的。我在大陸的大學學報發表了十多篇詩評文章。我正從臺灣大學教授和大陸詩論家的著作裡，慢慢汲取營養。最近也開始評論和研究一些外國著名詩人和詩論家，閱讀他們的詩集或詩學專著，獲得了很大的收益。我下筆蠻快，原因是年輕時在大學教授憲法的時候，在報刊雜誌上發表過三百多篇的文章。下筆較快是長期磨練的結果。但寫詩卻不能用下筆快來論定，也不是以發行的量多來取勝。比較純粹的，很質樸的那種美，讓人感動的，或者是引人迴盪的，比較持久的，才算是好詩。寫詩評也是這樣，

不能貪多求快，要強調治學的嚴謹。但一個詩評家要保持自己的學術個性。

王覓：您創作了那麼多詩，原因是勤奮多還是感悟多？

林明理：感悟多。我的 12 本詩集和詩評集裡面幾乎沒有一首詩或散文是重複的，也沒有一篇詩評或藝術評文是重複的。因為我是把每一階段的創作成果訴之於心，就像誕生一個孩子的感覺，是把她匯總起來，才知道過去的努力在未來也給自己更大的啟示。希望每一本都有一個奇跡，都有一個表現，來影響讀者。

王覓：您是詩人又是學者，詩人的感性和學者的理性是否有矛盾，是相互促進還是相互影響？

林明理：真正的詩美，深藏在天地間，至真的關懷之中。寫詩，讓的青春記憶甦醒且期待生命的重生。寫作，讓整個人精神都篤定起來了。比起學者這名銜，我更喜歡詩人這頭銜。但學者也可以是個感性的詩人，而詩人卻絕對不是在理性下寫詩的。真正的詩人是可以讓後人牽掛與尊重的。大自然的雨露凝成了詩的精華，詩的天空明澈無比，引人遐思，引人探索，引人沉思。所以，無論是當詩人或是學者，都是相對而言的，是有互助的。當寫論文想發表於學報時，是學者；當捕捉靈光閃現的剎那感動時，我樂於當個詩人。

王覓：請談談您的新詩創作及研究的經歷，尤其是您的代表作的問世過程。

林明理：我的新詩在臺灣發表的刊物主要有《海星詩刊》、《笠》、《人間福報》、《創世紀》等十種詩報刊物，其

中，會刊登的詩配畫的，在臺灣主要集中於《人間福報》，
《臺灣時報》。也有畫當封面的；在大陸也有多次刊登畫
作於詩書畫刊物的，如《超然詩書畫》、《芳草地》、《老
年作家》、《香港文學》、《巫山》等，其它也有在《時
代文學》、《香港文學》、《安徽文學》、《天津文學》
《詩潮》等多種刊物刊登。我的書迄自 2014 年 12 月共出
版 12 本，2015 年開始將出版《山中歲月》中英對照及《名
家現代詩賞析》，散文集等。第一本詩評集是臺北文津出
版的，以學術書免費出版，曾被台南市「國立成功大學」
中文系教授當成其學生的學期報告參考用書讀本之一。我
的每一本書的封面都是自己設計及插圖。我的論文被中國
學術期刊網及臺灣的國圖《全國新書資訊月刊》專欄收錄
數十篇。現在好像還不能確定哪篇是代表作。

王覓：您喜歡詩畫配合，您是用詩和畫一起來表達的意象，
　　還是詩裡面的一些意象表達不出來，您用畫來支撐您的
　　詩？

林明理：古人講「言不盡義」、「辭不達意」。有時候　一首
　　詩裡詩人想像的東西如果用字詞表達，每個人欣賞的角度
　　不一樣，讀者就無法理解。配上畫可以讓讀者更好地理解
　　詩。唐代不是有一句話是 "詩是有聲的畫，畫是無聲的
　　詩"嗎?我小時候喜歡用塗鴉的方法來畫畫。一次無意間把
　　一首詩連同畫投給《人間福報》副刊刊登出來，發現效果
　　不錯。後來創作越來越多，漸漸有了影響。臺灣的「國家
　　圖書館」曾淑賢館長曾在我捐贈的畫作手稿等收存於資料
　　室後，館長在謝函中說：「閣下筆耕不綴，或詩作或散文，
　　或詩評或藝評，成章無數，著作等身，又工水彩、粉彩畫

作，或山水或人物，無不深刻精妙，廣為世人所景仰。……」
這封信令我十分感動，對我鼓勵很大。我的畫如刊登在詩
上的旁白，看過的人大部分會說畫中也有詩的意境，不是
隨便分開的。追求詩畫合一是我創作中的最高理想。

王覓：有的詩評家可能因為他的繪畫修養不夠沒有辦法理解
　　您詩的意境，而否定您的畫配詩，您怎麼看待這個問題？

林明理：還好，到目前為止，評論的大陸學者比較多，臺灣
　　的學者比較少。大陸學者吳開晉教授是認同「詩畫混合」
　　的。《香港文學》等刊物也刊登過。我覺得自己不是一個
　　真正的畫家，但會在詩裡插一些畫，用畫配合詩刊登出
　　來，這樣做讓自己覺得更滿意。

王覓：為什麼評論您的學者大陸多而臺灣少呢？

林明理：原因可能是我的作品發表在大陸的遠遠超過在臺灣
　　的。重慶師範大學的黃中模教授的一本書中收錄了我兩篇
　　的評論。他有一次到台南成功大學開會，送給我這本書
　　時，他告訴我說，古往今來中國只有一個李清照會詩畫，
　　既會詩畫還會寫詩評，在今日詩壇真是少見的。他用這一
　　席話來鼓勵我。可是我很慚愧，我真不是一個畫家，只是
　　嚮往在的詩歌中搭配一些插畫，讓閱讀的人莞爾一笑。可
　　是沒想到會得到很多迴響。黃中模教授讓我感受到了大陸
　　學者，尤其是老一輩學者的寬容，尤其是對晚輩學人的提
　　攜與愛護。

王覓：現在大陸很多新詩教授都不願意寫詩評，不願意讓「評
　　論家」淪落為「廣告人」。您在寫評論時如何顧及人情？
　　如果作品不完美，您是否會堅持藝術標準和學術標準？

林明理：因為我太重視人情。臺灣市場就這麼小，不像大陸

市場那麼大，詩人幾乎需要自費出詩集，也沒有什麼銷路。我從小生活在很有人情味的鄉村，又是女性，所以我寫詩評時自然有些心軟。一些長輩認為你是後起之秀，送給你書，希望你寫評論，如果不拜讀他的書，不評寫他，很容易產生誤會。所以我也會選擇自己喜歡的詩集，儘量幫他們寫一些。但是現在到台東定居以後，我有較大的調整，只評價優秀的作品，這樣才真正對文學有幫助。

王覓：評論您的詩的人很多，您覺得男詩評家與女詩評家的看法有何差異？您是否更認同女詩評家對您的評價？

林明理：評論我的詩的幾乎都是大陸學者，如吳開晉、耿建華、古遠清、吳鈞、黃中模等等，多給予正面鼓勵與支持。也有臺灣的胡其德教授等，似乎目前沒有女詩評家專寫的詩評，只有吳鈞教授在她寫的英語詩集的序中，贊許過我幾句。

王覓：美國學者米勒認為：「女性主義是一種建立在兩種前提上的政治意識：一是在男女之間的一種結構性不平等基礎上存在的性別差異,女性承受了系統性的社會不公正。二是不是由生物需要而是由性別差異產生的文化結構帶來的性的不公平。這種意識證明女性主義具有雙重議程：弄清建構性別不公正的社會和心理機制，然後改變它們。」您如何評價這段話？您的新詩創作有強烈的性別意識嗎？您是女權主義者嗎？

林明理：關於米勒的女性主義之說，我不予置評。但我非女權主義者。我認為詩是靈魂的洗滌，不凋的花朵，存在於個人的氣質與心性之中。我創作時，沒有性別之分。我寫抒情詩，也寫生態詩、地誌詩、山水詩等不同題材，偶爾也會寫災難

詩、愛國詩等。

王覓：您現在摸索的方向是什麼？很多詩人到一定時候都在尋求突破自己。

林明理：是的，你是怎麼知道的？我到台東以後，不再上課，專職寫作。我靜下來思考自己的研究領域，發現已經評論報導了二百多人，主要是詩評，也有少數幾篇書畫評論。我現在關注大陸的詩人詩作，但我更關注名家名作。我還研究一些外國詩，尤其是 18 世紀和 19 世紀的名家詩作。我正在研究中汲取營養，正在慢慢轉型。

王覓：您在 2008 年寫了一首詩，叫〈夜之海〉，全詩如下：「紫雲，襯在海濤上，/凝視，山的背影。/小浪沫，撫拍著搖籃/催眠低唱。//一煙筒，從海裡騰起/緩緩地移，/一雪鷗，在海的四周/鳴對長空。//旅人啊！為何不停/輾轉，反側。/續續敲著的霧鐘，聲聲/喚醒清夢。」句子短小、語言簡潔。但是您近年的詩作的句子越來越長，甚至一個詩行由幾個單句組成。出現了「散文化」現象？為何會出現這種現象？

林明理：〈夜之海〉是早期作品。現在的詩句子越寫越長，與寫散文和寫散文詩有關，尤其是半年前投稿到大陸中國散文詩學會主辦的比賽，寫了〈寫給相湖的歌〉，開啟了我寫散文詩的路。這個作品代表臺灣獲得榮譽獎後，也在網路流傳開來。我認為散文詩比新詩難，原因是沒有寫作經驗。我的新詩已發表了三百七十首。散文詩裡有許多風土民情部分是需要詳寫的，更重視細節。新詩更需要想像，情感與語言的跳躍性都很大。

王覓：儘管是第一次寫散文詩，您的散文詩〈寫給相湖的歌〉也出手不凡，堪稱散文詩的優秀之作，所以獲得大獎。全文如下：

「多美的雲天！在七月的暮影下，月亮灣沙灘竟羞紅了臉，如同繆斯久久凝視的輕俏戀人。

粼粼湖波，一眼看去，總是歡欣雀躍。漁歌唱晚好像白鷺飛舞。跟搖櫓的吱吱聲不同，此地河道，每每質樸純真。

我向相湖莞爾一笑，是愛，讓我們相親相近，這景象便在心中永存。這裡花香流轉，涼風習習。這裡水域廣闊，更有稻田縱橫，濕地之眼爲鄰。

然而，置身這江南水鄉中，瞥見了日復一日的水漲潮落。在一沉靜無垢的湖畔旁，遙思昔日懷家亭館，我就要扮演揮毫的墨客。看盡七星鎮穿梭著寬寬窄窄的河道，看盡這裡的一鄉一景，這清麗婉約所給的精神至寶。

眼睛好似在說：「這是羨慕的天堂，這是友誼和愛戀的地方。」啊，這是一首甜蜜的戀歌。是誰，在黑夜睡夢時將它哼起？是誰，在晨露漫漫時將它隱沒？是誰歌著「花氣熏人似酒醇，東風隨處掃香塵」的曲調？

啊，這支歌曲，帶我漂洋過海，來到湘家蕩，感受她不朽的面貌！相湖 —— 我願隨風與你嬉舞！與你共呼吸。哎，要是有一隻翅羽。

這樣的夜，一樣的露水，啊，我甦醒，而你像一隻佛眼，早已閱盡宇宙的奧秘。也許那兒的光和可遇不可求的狂喜又怦然心動 —— 而一種富於音樂性的思想忽地而起，在天籟中交織 —— 啊，飛去吧 —— 那兒有沉睡中的濕地島嶼、古寺和

綠地。

　　每當妙曼的月亮在樹梢，在這塊上蒼遺落在長三角腹地的液體翡翠上……當把耳朵貼進一灣碧水，就聽到百鳥在夢中振羽的旋律，那些旅人在盡享水上遊樂，那魚米之鄉的故事和遠方──不斷眨眼的星子如露水一滴。」

王覓：您是先寫詩，後寫散文詩的。一出手就寫出了〈寫給相湖的歌〉這樣的獲獎作品。請簡要談談詩和散文詩的文體差異及您的散文詩的寫作技巧。

林明理：詩歌比較注重想像，要精緻、精煉，要用簡樸的文字，慢慢詮釋裡面的意境。可是散文詩有一些地方涉及到很多畫面，你要精簡就無法概括全部的風俗或民情，所以散文詩比較重視抒情的畫面，要用優美的辭藻的寫景。

王覓：您正在寫作文體的轉型中，您的寫作有沒有可能慢慢地從詩歌轉到散文，成為散文作家？

林明理：我搬到新的環境裡才半年，常去郊遊，會觸景生情，所以還會寫詩。旅遊不只是有所思所感，更會有所見所聞，也容易讓人寫散文。我覺得我更有可能成為職業的新詩研究者，更想當詩評家或者詩論家，多寫一些比較專業的新詩論文發表在大學學報上。

王覓：創作本身有個氣息場，您是否會不喜歡散文詩這種比較短小的文體，而喜歡那種長的、比較大氣的文體。

林明理：不會的。我寫散文詩相當偶然。我是應邀參加大陸的「中國散文詩學會」舉辦的比賽才去創作散文詩的。大陸有一批人專門致力於散文詩的推廣，有三四種散文詩刊物，如湖南的《散文詩》刊物已經辦了 30 年，已經形成

了一個氣息場。我一直喜歡短小的詩作，覺得好詩的簡樸是一種詩美，它是形式上的，它的美是以人的心理去體驗的，一首好詩源於讀者心裡的震動，當一個意境昇華為一個情景，交融成一個畫面時，是一首詩美的景致。常常寫詩，可以豐富的想像力，提升美感觀念，對寫散文詩也是很有幫助的。

王覓：我這次來臺灣，瞭解到臺灣詩人，尤其是「創世紀」等各大詩社的掌門人大多快樂長壽，而在大陸許多人是因為鬱悶才寫詩，您能不能談談產生這種現象的原因？

林明理：要從詩歌中找到很深奧的哲理是不太容易的。詩確實能夠讓人有所感動、有所奮進，甚至有重生之感，即詩可以讓人更有生命力。這是那些老詩人年輕的重要原因。我也比較喜歡明朗激進的詩，詩人不要老是無病呻吟，讓情緒不好的人看了以後，沒有辦法激起他轉為比較陽光的人。我有時候閱讀戲劇，有時候喜歡看風土詩，就看我的心情怎麼樣，會從書櫥中選。但總的來說，比較喜歡看明朗的作品，不喜歡些晦澀的、刻意雕琢的作品。詩歌最精髓的部分就像清澈的水一樣，讓人去吸收，去感動他心靈最深處的東西，這才是詩歌讓人感動的內涵。寫這樣的詩和讀這樣的詩會讓人去除負面情緒，當然可以長壽。

王覓：你最喜歡的外國女詩人是誰？您認為中國女詩人與外國女詩人的創作有何差異？

林明理：我喜歡的女詩人有中國的冰心、美國的艾蜜莉·狄金森和臺灣的席慕蓉。我兩次寫過艾蜜莉·狄金森的詩評。她是美國十九世紀最有富傳奇色彩的天才詩人，又是最孤獨、最羞澀的，最深居簡出的女詩人。我在〈真樸的睿智

—— 狄金森詩歌研究述評〉一文中這樣評價她：「她的詩
句滲透了狄金森自己個性的傾向，情感色彩與主觀的想
望，每一句都從心底湧出，且自然而然地融入了作者孤寂
的情緒。」

王覓：您認為詩人的內心都是孤獨的，這個觀點也是被很多
詩人認可的。在時代的大轉變中，為什麼詩人仍然是孤獨
的？

林明理：孤獨是一個人自己心裡面一個沒有人能夠理解的很
深沉的意識，很想用言語跟別人表達，卻不知道如何表
達。寫詩好像是唯一的宣洩自己壓抑情感的一個出口，而
且是勸慰自己心靈的一個力量。它可以宣洩一時的孤獨，
獲得一時的快樂。但是很多詩人太敏感，又自負，甚至多
情，所以在整體上容易處在孤獨狀態。另外，孤獨對詩人
也不是一件壞事，他可以靜心思考人生社會，靜心寫作。

王覓：現代詩人的公眾形象普遍不佳，被認為是精神病人甚
至壞人。一些詩人很自戀，甚至很偏執。您理想中的詩人
形象是什麼？

林明理：孤獨，是詩人之本性，無可厚非。但是人的生命是
一首未完成的樂曲，時而低沉、時而激昂，人更需要快樂
地生活。所以寫詩讓人的生命趨於圓融。詩人不宜妄自菲
薄或傲慢偏執。詩人應更珍愛自己羽毛，期待展翅飛翔。
自古以來，偉大的詩人都是謙遜悲憫且孤獨的。現代詩人
更需要自愛愛人。

王覓：您認為寫詩有「治療心理精神疾病」的作用嗎？您寫
詩是在難受還是高興的時候？如何理解詩的情感宣洩功
能？

林明理：據科學說法，寫日記、書畫或寫作應會改善情緒障
礙等疾病吧。我不會在高興時寫詩，大多是有感而發或觸
景傷情或一種抒懷之作。詩不只是用來宣洩情感的，應有
撫慰人心或感動、啟迪或教育等功能。盲目地宣洩自己的
情感的詩，絕非好詩。

王覓：近年大陸多位詩人自殺，如海子、顧城等。臺灣有詩
人自殺嗎？您如何看待詩人自殺？遇到那種寫詩寫得瘋
狂的詩人，您是否會勸阻他不要寫詩？

林明理：世事多變，我無法改變自殺者的心態，更無力制止
自殺。但我想說：「永遠別放棄自己的幻想與夢想！」

王覓：您寫過愛情詩，您認為現代社會，尤其是我們 90 年代
出生的這一代需要愛情詩嗎？

林明理：每個年代都有偉大的愛情詩，你們這代年輕人更需
要愛情詩，要勇於表達愛情，勇寫成情詩，總會成很美的
一段記憶。

王覓：您認為一首好詩的標準是什麼？您作為詩人或詩歌評
論家，您的好詩的標準相同嗎？

林明理：簡樸是真實的美。詩美意識是形而上的藝術直覺，
是以人的心靈去體驗到的一種本原。一首好詩源自於作者
心靈深處的震動。當意境昇華為情景交融的畫面時，是詩
美的極致。

王覓：您認為新詩創作需要靈感嗎？您如何巧用靈感？

林明理：我的詩多半是有感而發，或者是觸景生情的產物。
我常常在夜深人靜寫作，會更有靈感。在構思中飽含感情
的想像裡，美感總會伴隨著詩性慢慢顯現的。越貼近自
然，靈感越容易出現。

王覓：新詩文體及詩體主要有三大資源：古代漢詩、外國詩歌和中國民間詩歌，哪一種對您的影響最大？

林明理：早年讀書時喜歡唐詩宋詞等古詩的，較少接觸中國民間詩歌。近年因參加世界詩人大會接觸到很多外國現代詩歌，很喜歡。目前外國詩歌影響要大些。

王覓：小詩是新詩史上重要的詩體，在新詩草創期流行過。近年又在東南亞和臺灣流行，大陸也有很多人寫小詩。您如何評價小詩及近年的小詩創作熱？

林明理：我也寫過小詩發表，最短的一首詩〈流星雨〉，只有三行，被臺灣《創世紀》詩雜誌刊登於第 162 期 2010 春季刊：「你是一把散滿霜風的/北望的弓，颼颼的箭/射下　簾外泣零的雪」。我只寫詩，沒刻意去寫成長詩或短詩。最近臺灣流行收錄短詩，張默編輯的小詩選收用了此首。我也支持臺灣的小詩創作，我為張默編輯的小詩選寫了書評並發表於《海星詩刊》2015 年夏季號。

王覓：您如何評價長詩？

林明理：我喜歡閱讀艾青的長詩《大堰河 —— 的保姆》。它清新雋永，令人憾動，並珍藏在廣大人民的心田。它細膩地描摹出大堰河 —— 艾青的乳母的勤勞善良，把其乳母的慈愛與中國千千萬萬村婦傳統的勤勞美德與犧牲精神相融合。全詩浸透出詩人對大堰河的滿腔的愛憐與同情。我很少看過比此詩更好的現代詩長詩作品。我不擅長寫長詩。我平常寫詩大概會控制在 20 行左右。短詩比長詩難寫。長詩有時候為了它的比賽規則一定要 50 行或者多少行，為了寫足行數必須攫取很多的背景、資料以及畫面。儘量把它分段，把它敘述得比較長。我比較不喜歡閱讀長

詩，它也不好背誦。

王覓：現在很多學院派的學者認為長詩更能奠定一個詩人的
地位，您怎麼看待寫長詩的人少，寫得好的人更少，卻要
以長詩來評價詩人的成績？

林明理：建議那些學者最好也寫寫詩，就會發現不管長詩短
詩，只要寫得好的詩，能夠流傳的詩，應該沒有長短詩之
分。像《離騷》當然是千古之頌，但是現代詩比較注重精
簡，所以我認為長詩不會在 21 世紀廣泛流傳。

王覓：我感覺您比較喜歡明朗的詩歌，並且是和畫配合在一
起，並且要考慮到背誦。很多詩人寫詩時只考慮自己的感
受。您是不是考慮到了廣大讀者的感受？

林明理：是的，我寫作會考慮讀者。不一定每一首發表的詩
作都是好詩。但我要求自己一步一步地精進，寫出可以發
表的好詩。

王覓：聞一多曾說：「詩的實力不獨包括音樂的美（音節），
繪畫的美（詞藻），並且還有建築的美（節的勻稱和句的
均齊）。」您寫過聞 ·多、徐志摩主張的新格律詩嗎？如
何評價這種詩體？

林明理：我沒有寫過新格律詩，但我寫過研究聞一多的詩評，
發覺聞一多不僅是學者詩人，也是批判家。其詩歌語言應
是「深沉蒼勁、音律動感和諧」，表現出對大時代生存環
境的悲憫及五四時期追求光明與新生的時代精神，且富有
表現力。臺灣的詩刊很蓬勃且各有各的寫作族群及特色。
臺灣詩人基本上都用自由詩體抒寫，少用現代格律詩。但
大陸有些詩刊崇尚這種詩體。

王覓：您寫詩時，如何處理詩的排列，尤其是分行和分詩節，

有一定標準和規律嗎？尤其是詩節有「固定行數」嗎？如四行分節和五行分節。

林明理：我寫詩不講究規範於某一詩體，沒有固定行數。蘇東坡說：「絢爛之極，歸於平淡。」舉凡「妙照自然」的詩，都是好詩。我崇尚自由詩體。

王覓：您寫詩時，如何處理詩的韻律節奏？您認為新詩的內在節奏比外在節奏更重要嗎？

林明理：詩的不同分行，節奏就不同了。適度的節奏或用短促的語言會使意象加速；好詩應該注重節奏與意象的統一。

王覓：建築美及排列美和音樂美及節奏美，即詩的視覺形式和聽覺形式是新詩重要的兩大形式，也是新詩詩體建設的重點。您認為新詩的視覺形式比聽覺形式更重要嗎？

林明理：意象的視覺刺激如極強，當然會使人過目難忘，而聽覺形式使人如聞其聲，甚至如見其形。這都得是高超的藝術才能才能營造出的美感，應該說，人的聽、味、視、觸等感覺是相隔絕的，但他們也可以互相溝通與影響。所以，沒有誰比誰重要的問題。

王覓：有人認為散文詩是散文，有人認為是詩，有人認為是獨立的文體。您贊成哪種觀點？

林明理：我認為散文詩是新詩中獨立的文體。散文詩是不分行的詩體，形式上有如散文，卻重視詩的美感，起源於法國，流行於 19 世紀後期及 20 世紀初期。散文詩在臺灣也稱為「分段詩」。

王覓：大陸的散文詩和臺灣的散文詩在風格上有很大的差異，您認為這種風格差異的原因是什麼？

林明理：臺灣寫散文詩的人非常少，我也是最近才揣摩怎樣

寫散文詩。大陸已經成立了一些散文詩協會，也湧入了大批的散文詩作者，這種文體正在蓬勃發展中。臺灣寫散文詩的人畢竟少一些。這是風格差異的重要原因。臺灣多是著名詩人在寫散文詩，如商禽、蘇紹連，寫得不錯。

王覓：您在 2014 年 10 月 6 日寫了一首詩，題目是〈流浪漢〉，您在詩後的「注」中說：「今年九月，巧遇了一位因工作九年的牧場突然關閉而失業的原住民流浪到台東求職未成，遂而折回花蓮繼續謀職的坎坷故事，有感而作。前四個句子是：

「他，來自花蓮……一個流浪漢——孤單的晃影擋住了。/疲憊的、無助的步伐，一把雨傘、簡易的背包。哎 —— 怎麼說呢？——/掩翳的傷口，自慚形穢的腳丫，透出情怯的神色……/呵，不必多說，這個不幸的人，還有跋涉的荊棘路，讓我費神許久。/摸索自己的口袋……只掏出錢包裡的一張大鈔、一罐飲料，/加上一包糧食，甚至不好意思握住那只厚實的手。」

您認為這是一首詩，還是一首散文詩？

林明理：我寫的是一個真實的故事，用的是散文詩寫法，以詩配畫形式刊登於《臺灣時報》，以喚醒大眾注重弱勢族群的困頓問題。

王覓：您 2014 年 6 月 17 日於台東寫的〈竹子湖之戀〉沒有採用常規的詩的分行方式，一節詩如同一段話。卻採用了詩的三行分節方式。您覺得這個作品應該歸入詩還是散文詩？您為何要採用這種表現形式？

林明理：這首也是散文詩，詩配畫發表於《人間福報》，因最近才剛接觸到散文詩，也喜歡這樣表現的手法，還在嘗

試學習中。

王覓：你感覺繪畫的過程還是寫詩的過程更快樂？

林明理：寫詩的過程要構思，有時候要構思很久，有時候又
要塗塗改改，可是畫畫都是一筆成型，沒有辦法再修正，
所以我的畫風跟別人不一樣，下筆還蠻快的，幾筆就可以
構成一幅畫。不拘泥於任何一種形式。可是詩一定要有意境。

王覓：您寫過圖像詩嗎？您對臺灣的圖像詩熱有何評價？

林明理：臺灣的圖像詩研究以丁旭輝的博士論文研究最有深
度。但是要寫出很好的圖像詩是不太容易的。我沒寫過圖
像詩，但評論過一些詩作，如 2012 年 9 月評介了林亨泰
的〈進香團〉。我認為這首詩恰恰表現了林亨泰的符號詩、
圖像詩的風格：詩情澎湃，且形象性強，給人一種清新悅
目的審美感受。

全詩如下：

旗 ——
▼黃
▼紅
▼青

善男 1　拿著三角形
善男 2　拿著四角形

香束
燭臺
〜〜〜■

~~~~■

　信女 1　　拿著三角形
　信女 2　　拿著四角形

我對這首詩的評價如下：「從詩的全意看，詩人把對於信仰
　活動和祭儀的形象組成了雄渾的詩音，使人從視覺上的感
　受轉化為聽覺的意象。彷彿看到了繞境進香的一支支令旗
　的黃色方形旗幟，還有各種旗幟於長長的隊伍中，街道兩
　旁夾雜的當地民眾也擺設香案，恭迎神明的熱鬧。哨角鑼
　鼓陣的壯容，充沛淋漓地再現了宗教信仰的威力，然而這
　威力或是詩人對於兩岸政治對峙、文化交流熱絡的反思；
　不僅象徵意味濃厚，畫面的藝術魅力，使景象的流動也叫
　人感動。」

王覓：在新詩創作中，除語言思維外，您用過圖像思維嗎？
　　您認為圖像思維會在新詩創作中越來越重要嗎？

林明理：我寫詩不拘於詩體，追求詩句優美與韻味，注重詩
　　畫一體、情景相融。但圖像存於腦際，訴請於畫中，圖像
　　詩如表現得好，也是詩趣無窮的。圖像詩在臺灣只有局部
　　詩人會參與其中，還不能說是主流。

王覓：您寫過多位臺灣詩人的評論，如您 2013 年出版的《行
　　走中的歌者：林明理談詩》就評了多位臺灣詩人，說明您
　　對臺灣詩壇較瞭解。請您簡單描述臺灣新詩現在的生態？
　　是不是很小眾的藝術？

林明理：這本書收錄了中外詩人，如俄國詩人普希金、印度
　　總統詩人卡藍、法國傑克・斐外等 40 家評論。其中臺灣

詩人余光中、周夢蝶、紀弦、林泠、蓉子、白靈、尹玲、蕭蕭、綠蒂、及美國詩人非馬等。儘管詩在臺灣是小眾的藝術，但是仍有很多人在堅持。臺灣詩刊幾乎是季刊，因經費關係，發行量有限，每期幾乎介於一千本之內發行，市場也有限。但仍有許多熱忱的發行人或主編結合編輯，十分積極地發行刊物，且新秀崛起。我今天上午剛參加了臺北市長官邸的詩書藝文活動，就看到了臺灣詩壇的主編們的努力和熱情。相信會有好的迴響和未來。兩岸詩界常交流會改變這種生態，臺灣詩壇也慢慢地具有國際視野。

王覓：您如何理解意象在新詩中的作用？

林明理：意象的產生，有時是因受某一具體物象的啟示和觸動，引起詩意的湧動的。有的是因意生象，或以意取象。總之，當詩人主觀情志的內在感情表現時，詩的意象就出來了。

王覓：您在新詩寫作中用「口語」甚至「方言」嗎？

林明理：沒有用過方言寫詩。

王覓：近年「方言」入詩成為潮流，臺灣甚至出現了「台語詩」，您如何看待這種現象？

林明理：《笠詩刊》近七年來發表了很多「台語詩」。如莫渝用羅馬字或方言寫詩，只要是會說台語的詩人，大多看得懂其內容，但大陸來台的學者大多看不懂台語詩。「台語詩」大部分都發表於臺灣南部的詩刊物，有自己的詩圈的。其中，也有幾位是寫得還不錯的。只是用羅馬音或台語發音，有時會讓人難懂其原意。

王覓：您是否認為台語詩是一種受到政治因素影響的短暫的浪潮，可能並不會長久的持續？

林明理：也不盡然，《笠詩刊》已經在南部發行了 50 年了，它也是有一片天的。它對南部本土的詩人來講也是有相當的影響力的。在臺灣公認有兩大詩刊，在北部是《創世紀》，在南部是《笠詩刊》。政治因素的形態裡面各有各的天地。所以也不能漠視他們的影響力。

王覓：您認為新詩的敘事與散文或小說的敘事有何差異？是否詩的敘事在語言上更簡潔和更有彈性，在手法上更重視情感性、戲劇化和意象性。

林明理：詩，重意象，失去想像力就難成好詩。散文，重修辭優美、新穎及敘事性。小說，重情節及張力。唯一共同點是沒有感情融入，難以成佳作或作品。詩，更是語言藝術的極致表現，不應如小說的浮誇或虛構，也不應如散文般潤飾文字，而是應呈現如水般純淨的氣質，追求臻於寧靜致美。

王覓：您經常與大陸與詩人交流。您能總結一下您與大陸詩人交流的歷史嗎？有什麼特別有趣的事情和有意義的事情？

林明理：我曾以文協理事身份參加過兩次「兩岸同根的文明書畫展」，我在高雄，結識了數十位來自大陸各地的藝術家和詩人。曾任中國書法家協會會長的沈鵬大師還親手惠贈我書法「自強不息」，他還贈書給我。我後來寫了他的書評。我還應邀到北京中國現代文學館參加學術會議並宣講論文。還多次參加大陸學者來訪台的詩會和詩歌研討會。如在臺北認識了吳思敬、傅天虹、古遠清、王珂等新詩理論界的知名教授，聽到他們的學術報告，並與他們私下交流，受益良多。也曾與重慶的黃中模教授開會於臺灣

成功大學。我還與謝冕教授通過電話。這些交流讓最感動的，是「兩岸一家親」，不分距離。他們給予我大量的肯定與支持，尤其是吳開晉教授對我的愛護如親師。

王覓：近年您多次參加大陸的新詩創作大賽，並取得了很好的成績，如參加中國河南省開封市文學藝術聯合會「全國詠菊詩歌創作大賽」，榮獲銀獎證書。臺灣詩人很少參加大陸的詩歌比賽，您為何要參加？有何感想？您認為大陸的詩歌評獎與臺灣的有何差異？

林明理：參加大陸詩界的比賽，有時是自己瀏覽網路比賽資訊，有時是接受邀稿或詩友請提供作品參賽的，也多次獲獎。我比較喜歡到大陸參賽，因為大陸的詩歌評獎是分階層、分題材的，對我的寫作是一個挑戰。我也是想通過投稿參賽，與大陸詩界有聯繫，獲得更多的學習機會，以詩會友，使自己成為受大陸詩人尊重的臺灣詩人。

王覓：臺灣詩評家一般不在大陸的學術刊物發表文章，您卻發表了多篇，並在大陸產生了一定的影響。大陸有一個民間的詩歌獎！「中國當代詩歌獎」，您曾是 2011-2102 年該獎的「中國當代批評獎」中的 19 位候選人之一，是唯一的臺灣詩評家。您為何要在大陸發表文章或詩作？有何感想？

林明理：我沒有接受過正規的文學教育，所以很想學會寫正規的文學論文。但臺灣大學學報數量極少，我也不太會寫臺灣教授寫的那種旁徵博引、證論嚴謹的「學院派」論文。大陸省份多，大學學報就上百種。我先後在南京師範大學、華中師範大學、安徽師範大學、青島師院、商丘師院等辦的學術刊物發表了十多篇學術論文；在《天津文學》、

《安徽文學》、《詩潮》、《綠風》等多種文學刊物發表詩作詩評。我還三次登上《時代文學》封面推薦作品人物，這些是支援我寫作的動力和成長的原因之一。其實大陸的學術規範也是很嚴格的，文章寫得不好，也不能在大學學報發表。我也是在這些學報的要求下學會寫規範的學術論文的。

王覓：我這次採訪了近 40 位臺灣詩人和詩評家，發現很多人，尤其是中青年，大都獲得過很多獎，您也獲得過很多獎。如您 2012 年獲得了臺灣的「中國文藝獎章」的「新詩獎」。請您談談詩歌獎對臺灣詩人的成長有何利弊？

林明理：臺灣一直有文學獎傳統，一些報刊和一些協會都設了各種獎。如新詩學會每一年都會頒一個新人獎。它是鼓勵青年，大概是 40 歲以下的，勇於去參賽。每一年都會推選一個新人，幾乎都是在學的大學生或者研究生獲獎。臺灣很多校園裡有詩刊，還蠻蓬勃的。所以這些他們很容易就獲獎。這對他們的成長很有好處。這種評獎機制非常有利於年輕人的成長。

王覓：臺灣詩人很少有人在大陸的門戶網站建立博客，您卻在新浪有博客，也受到了大陸詩人的關注，點擊率較高，到 2014 年 12 月 31 日，已有 4 萬多次閱讀。請您談談建立這個博客的經歷，它給您帶來了什麼？

林明理：成立新浪博客是因原「無名小站」博客已移轉無法再貼文。我在新浪建立博客後，與大陸的新詩界的交流方便了很多。也常獲得約稿的機會。我貼簡體及繁體字文於博客，這樣更方便交流。

王覓：請結合您建立新詩博客的經歷，談談網路詩歌會給新

詩帶來怎樣的影響？您能展望一下新詩的前景和自己的前景嗎？

林明理：網路並沒有給我的新詩寫作帶來太多的影響。我在博客上只貼博文或藝文活動或旅遊日記，只當記錄而已，跟博友間只有淺談。但如約稿，會視情況給予協助或寫其書評。我更我注重安靜寫作的空間，所以自建一小別墅於台東。希望新詩的前景更光明、兩岸交流更繁榮，希望新詩有更多的國際化交流。我推出中英文譯詩集是希望在國際詩會中能互惠，交換心得。也希望自己在學習和寫作中能保持平常心、積極向上，邁向文學殿堂。

作者單位：林明理 臺灣「中國文藝協會」
王覓：西南大學中國新詩研究所

—— 刊登湖南省文學藝術界聯合會主辦，《創作與評論》總第 207 期，2015.02 下半月刊，頁 118-128.
http://kns55.zh.eastview.com/KCMS/detail/detail.aspx?filename=LLCZ201504024&dbcode=CJFD&dbname=CJFD2015　中國知網

附錄三：詩人評論家 林明理博士作品目錄表

(2007-2016.05)

中國學術期刊

1. 南京《南京師範大學文學院學報》，2009 年 12 月 30 日出版，總第 56 期，詩評〈簡潔單純的真實抒寫—淺釋非馬的詩〉，頁 24-30。

2. 《安徽師範大學學報》人文社會科學版，第 38 卷第 2 期，總第 169 期，2010 年 3 月，詩評〈最輕盈的飛翔—淺釋鍾鼎文的詩〉，頁 168-170。

3. 江蘇省《鹽城師範學院學報》人文社會科學版，第 31 卷，總第 127 期，2011.01 期，書評〈簡論吳開晉詩歌的藝術思維〉，頁 65-68。

3-1. 《鹽城師範學院學報》，第 32 卷，總第 138 期，2012 年第 6 期，詩評〈一泓幽隱的飛瀑—淺釋魯迅詩歌的意象藝術〉，頁 44-48。

4. 福建省《莆田學院學報》，第 17 卷，第 6 期，總第 71 期，2010.12，
　 書評〈評黃淑貞《以石傳情—談廟宇石雕意象及其美感》〉，
　 頁〈封三〉。

4-1. 《莆田學院學報》，第 19 卷第 1 期，總第 78 期，2012 年 1
　　 月，書評〈禪悅中的慈悲—談星雲大師《合掌人生》，封底頁
　　 〈封三〉。

5. 湖北省武漢市華中師範大學文學院主辦《世界文學評論》/《外
　 國文學研究》〈AHCI 期刊〉榮譽出品，2011 年 05 月，第一輯
　 〈總第 11 輯〉，頁 76-78。詩評〈真樸的睿智—狄金森詩歌研
　 究述評〉。

5-1. 湖北省武漢市《世界文學評論》，第 15 輯，2013 年 05 月第
　　 1 版，詩評〈論費特詩歌的藝術美〉，頁 42-46。

5-2. 湖北省武漢市《世界文學評論》，2016 年 05 月第 1 版，詩評
　　 〈論丘特切夫詩歌的藝術美〉。

6. 山東省《青島大學學院學報》，第 28 卷，第 2 期，2011 年 6
　 月，詩評〈一棵冰雪壓不垮的白樺樹—淺釋北島的詩〉，頁
　 122-124。

7. 廣西大學文學院主辦《閱讀與寫作》，總第 322 期，2009.07，
　 書評〈尋找意象與內涵—辛牧在台灣詩壇的意義〉，頁 5-6。

7-1. 《閱讀與寫作》，總第 328 期，2010.01，詩評〈讀非馬詩三
　　 首〉，頁 8-9。

7-2. 《閱讀與寫作》，總第 346 期，2011.07，詩評〈表現生活美
　　 學的藝術—台灣「鐵道詩人」錦連的創作〉，頁 31-32。

8. 西南大學中國新詩研究所主辦《中外詩歌研究》，2009 年第 2
　 期，詩評〈「照夜白」的象徵—非馬〉，頁 11-13。

8-1. 《中外詩歌研究》，2010 年第 3 期，詩評〈辛牧的詩化人生〉，

頁 21-22。

8-2.《中外詩歌研究》，2011 年第 3 期，書評〈書畫中捕捉純真－讀楊濤詩選《心窗》〉，頁 18-19。

8-3.《中外詩歌研究》，2012 年第 01 期，詩評〈一棵挺立的孤松－淺釋艾青的詩〉，頁 17-24。

9.江蘇省社會科學院主辦《世界華文文學論壇》，2009 年第 4 期，總第 69 期，詩評〈商禽心理意象的詩化－淺釋《逃亡的天空》〉，頁 60-61。

9-1.《世界華文文學論壇》，2010 年第 3 期，總第 72 期，書評〈鞏華詩藝美學的沉思〉，頁 45-46。

9-2.《世界華文文學論壇》，2011 年第 2 期，總第 75 期，詩評〈鄭愁予詩中的自然意象與美學思維〉，頁 49-51。

9-3.《世界華文文學論壇》，2012 年第 4 期，總第 81 期，詩評〈夢與真實的雙向開掘－淺釋蘇紹連的詩〉，頁 18-20。

9-4.《世界華文文學論壇》，2013 年第 2 期，總第 83 期，詩評〈一泓深碧的湖水－讀彭邦楨的詩〉，頁 18-20。

10. 上海市魯迅紀念館編《上海魯迅研究》，2011 夏，上海社會科學院出版社，書評〈概觀魯迅翻譯文學研究〉有感〉，頁 244-250。

10-1 《上海魯迅研究》，2013 春，上海社會科學院出版社，書評〈評吳鈞的《魯迅詩歌翻譯傳播研究》〉，頁 199-201。

11.河南省《商丘師範學院學報》，第 28 卷，2012 年第 1 期，總第 205 期，書評〈論丁旭輝的《台灣現代詩中的老莊身影與道家美學實踐》〉，頁 22-23。

11-1. 河南省《商丘師範學院學報》，2013 年第 1 期，詩評〈論周夢蝶詩中的道家美學－以《逍遙遊》、《六月》為例〉，頁

24-27。

11-2. 河南省《商丘師範學院學報》，2016 年第 2 期，詩評〈洛夫詩中的禪道精神〉。

12. 寧夏省《寧夏師範學院學報》，2012.第 02 期，第 33 卷，總第 160 期，詩評〈愛倫・坡的詩化人生〉，頁 27-30。

13. 全國中文核心期刊山東省優秀期刊《時代文學》，2009 年第 2 期，總第 149 期，書封面刊登「特別推薦林明理」，刊新詩共 19 首〈小鴨〉〈秋收的黃昏〉〈煙雲〉〈獨白〉〈瓶中信〉〈牧羊女的晚禱〉〈山間小路〉〈冬盡之後〉〈我願是一片樹海〉〈夏荷〉〈愛是一種光亮〉〈無言的讚美〉〈笛在深山中〉〈寒風吹起〉〈畫中花〉〈萊斯河向晚〉〈在初冬湖濱〉〈老樹〉〈青煙〉，頁 63-65。

13-1.《時代文學》，2009 年第 6 期，總第 157 期封面特別推介作者名字，散文 1 篇〈山城之旅〉及作品小輯，詩評非馬、辛牧、商禽、大荒共 4 文〉，頁 23-31。

13-2.《時代文學》，2009 年第 12 期，總第 169 期，封面特別推介作者名字於「理論、評論版」，詩評〈讀辛鬱〈豹〉〈鷗和日出〉〈風〉〉、〈讀牛漢〈落雪的夜〉〈海上蝴蝶〉〉、〈商禽心理意象與詩化〉共 3 文，頁 33-38。

14. 內蒙古《集寧師範學院學報》，2013 年第 2 期，第 35 卷，總第 121 期，頁 1-5。書評〈讀盧惠餘《聞一多詩歌藝術研究》〉。

14-1. 內蒙古《集寧師範學院學報》，2014 年第 3 期，第 36 卷，總第 126 期，頁 7-10。評論〈陳義海詩歌的思想藝術成就〉。及刊於封二新詩一首〈葛根塔拉草原之戀〉。

14-2. 內蒙古《集寧師範學院學報》，2015 年第 3 期，第 37 卷，總第 130 期，頁 27-30。評論〈席慕容的詩歌藝術〉。

中國詩文刊物暨報紙

1.北京中國人民大學主辦《當代文萃》，2010.04，發表詩 2 首〈雲淡了，風清了〉〈縱然剎那〉。

2.山東省作家協會主辦《新世紀文學選刊》月刊，2009 年 08 期，刊作者封面水彩畫及詩評二章〈張默詩三首的淺釋〉〈周夢蝶的詩《垂釣者》與藝術直覺〉，頁 58-61。

2-1. 山東《新世紀文學選刊》月刊，2009 年 11 期，刊封面畫及新詩 2 首〈崖邊的流雲〉〈從海邊回來〉，頁 24-25。

2-2. 山東《新世紀文學選刊》月刊，2009 增刊，刊封面畫及新詩 1 首〈星河〉，頁 123。

2-3. 山東《新世紀文學選刊》月刊，2010 年 01 期刊封面畫及詩評 2 篇〈讀丁文智的《鎖定》、《芒》、《自主》〉，〈讀管管詩〉，頁 56-59。

2-4. 山東《新世紀文學選刊》月刊，2010 年 03 期刊封面畫及林明理詩選 9 首〈懷舊〉〈凝〉〈穿越〉〈四月的夜風〉〈原鄉-咏六堆〉〈每當黃昏飄進窗口〉〈樹林入口〉〈北埔夜歌〉〈曾經〉，頁 17-18。

2-5. 山東《新世紀文學選刊》月刊，2011 增刊，刊林明理詩作〈黃昏是繆斯沉默的眼神…〉〈回憶〉〈藍色的眼淚〉〈在黑暗的平野上〉〈懷鄉〉〈紗帽山秋林〉〈密林〉〈在我深深的足跡上〉，頁 131-132。

2-6. 山東省《新世紀文學選刊》自 2009.01 至 2010.03 該刊物封面畫刊登林明理水彩畫作彩色版共 15 幅。詳見 http://mall.cnki.net/magazine/magalist/XSHS.htm

3.河北省作家協會主辦《詩選刊》，2008 年 9 月，總第 287 期，刊作者簡介照片及新詩 4 首，〈夜思〉〈草露〉〈秋復〉〈十月秋雨〉，頁 24。

3-1. 《詩選刊》，2009 年 7 月，總第 307 期，刊作者簡介照片及書評綠蒂《春天記事》，頁 94-96。

3-2. 《詩選刊》，2010 年 04 月，總第 324 期，刊詩 2 首〈夏荷〉〈小雨〉。

4.新疆省石河子文聯主辦、優秀社科期刊《綠風》詩刊，2009 年第 3 期刊作者簡介照片及新詩 7 首〈夜思〉〈江岸暮色〉〈山茶〉〈老紫藤〉〈遲來的春天〉〈春風，流在百草上〉〈想念的季節〉，頁 102-104。

4-1. 《綠風》詩刊，2010 年第 3 期，刊新詩〈四月的夜風〉〈二00九年冬天〉〈光點〉，頁 41-42。

5.遼寧省作協主辦《詩潮》一級期刊，2009 年 12 月，總第 162 期，刊詩 2 首〈星河〉〈四月的夜風〉，頁 76。

5-1. 《詩潮》一級期刊，2010 年 2 月，總第 164 期刊詩 2 首〈崖邊的流雲〉〈青藤花〉，頁 64。

5-2. 《詩潮》一級期刊，2011 年 05 月，總第 179 期，刊目錄前作家來訪臺文化交流合照〈做者於後排左三〉。

6.香港詩歌協會《圓桌詩刊》，第 26 期，2009 年 9 月，發表詩評 1 篇〈清逸中的靜謐—讀余光中《星之葬》、《風鈴》〉，頁 94-98，新詩 2 首〈春已歸去〉〈流螢〉頁 27。

6-1.《圓桌詩刊》，第 33 期，2011 年 9 月，刊詩評 1 篇「楊澤的詩〈人生不值得活的〉」頁 64-66，作者簡介及新詩 2 首〈早霧〉〈十月煙海〉頁 26-27。

6-2.《圓桌詩刊》，第 38 期， 2012 年 12 月，詩評 1 篇〈詩人秀

實肖像〉頁 62-63，及作者簡介。

7. 香港《香港文學》月刊，總第 303 期，2010 年 3 月，刊登簡介、9 首新詩〈凝〉〈淵泉〉〈所謂永恆〉〈懷舊〉〈流螢〉〈貓尾花〉〈秋暮〉〈月森林〉〈在那星星上〉及圖畫 1 幅，頁 76。

8. 安徽省文聯主辦《安徽文學》，2010.02，發表新詩 2 首〈雲淡了，風清了〉〈縱。然剎那〉，頁 116。

9. 天津市作家協會、天津日報報業集團主辦《天津文學》，總第 471 期，2010 年 01 期，新詩 6 首〈星河〉〈颱風夜〉〈風雨之後〉〈夜祭〉〈七月〉〈海上的中秋〉，頁 95。

9-1. 《天津文學》，總第 483 期，2011 年 01 期，新詩發表 8 首〈在我深深的足跡上〉〈偶然的駐足〉〈畜欄的空洞聲〉〈秋日的港灣〉〈細密的雨聲〉〈林中小徑的黃昏〉〈我不嘆息、注視和嚮往〉〈夏荷〉，頁 92。

10. 北京《文化中國》雜誌社主辦，《老年作家》季刊，主管：中國文化〈集團〉有限公司，2009 年第 4 期書評〈幸福的沉思─讀吳開晉《游心集》〉，頁 30-32，2009 年 12 月。

10-1. 《老年作家》2011 年第 1 期，總第 17 期，詩評〈簡論耿建華詩歌的意象藝術〉，頁 35-37，2011 年 3 月。

10-2. 《老年作家》2011 年第 2 期，總第 18 期，封面人物刊登林明理個人彩色照片及推薦，封底刊登作者水彩畫。

10-3. 《老年作家》2011 年第 3 期，總第 19 期，刊於封面後一頁─詩評〈讀吳開晉《游心集》〉，2011 年 9 月。

11. 北京《文化中國》雜誌社主辦，大連市《網絡作品》，2010 年第 3 期，刊作者簡介照片、書介及新詩 4 首〈正月的融雪〉〈紗帽山秋林〉〈在我深深的足跡上〉〈密林〉，頁 72，2010 年 6 月。

12 湖北省作協主辦《湖北作家》，2009 年秋季號，總第 32 期，
頁 24-27，發表書評〈古遠清《台灣當代新詩史》的遺憾〉。

13.中國四川省巫山縣委宣傳部主辦《巫山》大型雙月刊，總第 7
期，2010 年 2 月發表詩 1 首〈夜思〉，頁 55。

13-1.《巫山》大型雙月刊，總第 9 期，2010 年 4 月，刊登彩色水
彩畫作 1 幅〈水鄉〉。

14.山東省蘇東坡詩書畫院主辦《超然詩書畫》，2009.12 總第 1 期，
刊作者簡介照片及新詩 3 首〈金池塘〉〈雨夜〉〈燈下憶師〉、
水彩畫 6 幅彩色版，頁 34-35。

14-1. 山東《超然詩書畫》，2010.12，總第 2 期，刊水彩畫 2 幅彩
色版，頁 13。

14-2. 山東《超然詩書畫》，2011.12，總第 3 期，刊作者簡介照片、
水彩畫彩色 2 幅及評論〈淺釋林莽的詩〈一條大江在無聲地流〉
1 篇，頁 131-132。

14-3. 山東《超然詩書畫》，2012 年總第 4 期，刊作者簡介照片、
彩色水彩畫 4 幅及評論〈由歐風到鄉愁—賀慕群繪畫中現代美
初探〉1 篇，頁 177-179。

14-1.山東《超然》詩刊，總第 12 期 2009.12 詩 6 首畫 1 幅、13 期
2010.06 詩 4 首、15 期 2011.06 詩 2 首、17 期 2012.06 詩 2 首詩
評莫云一篇。2013.07 第 19 期刊登書畫評論〈畫牛大家—讀魯
光《近墨者黑》〉、〈別具一格的大師—試析沈鵬的詩〉、〈書
藝不懈的追求者—夏順蔭〉三篇及作者得文藝獎章訊息。2013.12
總第 20 期刊登書評〈讀唐德亮的詩〉。

14-2.山東省《春芽兒童文學》，2013.06 創刊號刊登題詞新詩一首
〈春芽〉，頁 11，書封底刊作者彩色水彩畫作一幅。

14-3.山東省春芽兒童文學研究會《春芽兒童文學》，2013.12，第

2 期，書封底刊登作者彩色水彩畫作一幅。

　　15.《黃河詩報》，大周刊雜誌社出版，大公報（香港）有限公司，總 5 期，2009.06，頁 77，刊林明理詩 3 首（等侯黎明）、（雨夜）、（瓶中信）。作者林明理協助該期編輯（台灣地區詩人），頁 75-85。

16.山東省聊城市詩人協會主辦《魯西詩人》，2009 年.5 月，發表新詩 4 首〈草露〉〈大貝湖畔〉〈白色山脈〉〈黃昏雨〉，頁 42-43。

17.福建省文學藝術界聯合會主辦《台港文學選刊》，2008 年 9 月，發表詩 5 首〈雨夜〉〈金池塘〉〈遲來的春〉〈瓶中信〉〈夜櫻〉，2009 發表詩歌。

18.四川省重慶《中國微型詩萃》第二卷，香港天馬出版，2008 年 11 月，及重慶《中國微型詩》共發表詩〈朝露〉〈寒梅〉〈白楊〉〈夜霧〉〈動亂中的玫瑰〉〈三輪車夫〉〈風中的笛手〉〈蓮〉等 25 首詩。

19.北京市朝陽區文化館《芳草地》季刊，2012 年第 2 期，總第 48 期，刊登書評〈簡論《非馬藝術世界》的審美體驗〉，頁 50-57，刊物封面內頁刊登林明理水彩畫 1 幅彩色版〈郊外一景〉。

19-1. 北京市朝陽區文化館《芳草地》季刊，2013 年第 2 期，2013.06，總第 52 期，刊登書評《林莽詩歌藝術風格簡論》，頁 105-110。

20.遼寧省作協主辦《中國詩人》，2011 年第 5 卷，刊登〈生命的沉靜與奮發─淺釋白長鴻詩三首〉，頁 109-113。

21.福建福州市文聯主辦《海峽詩人》，第 2 期，2012.09，刊詩 3 首〈樹林入口〉〈回憶的沙漏〉〈懷舊〉，頁 30。

22.中國重慶南岸文聯、國際詩歌翻譯研究中心等主辦《世界詩人》

季刊（混語版），總第 64 期，2011 年冬季號，書評〈清淡閑遠的歌者-讀許其正詩集《山不講話》〉，頁 53，書封面內頁刊登作者與非馬、許其正合影於第 30 屆世詩大會照片一張。

22-1. 《世界詩人》季刊（混語版），2012 年 11 月，總第 68 期，書評〈簡論米蘭‧里赫特《湖底活石》的自然美學思想，中英譯文刊登，頁 50-53，附作者簡介〈中英譯〉。

23. 安徽省文學藝術界聯合會主辦，《詩歌月刊》，總第 136 期，2012 年 03 月，刊登作者簡介照片及詩 4 首〈九份黃昏〉〈九份之夜〉〈記夢〉〈生命的樹葉〉，頁 38-39。

23-1. 安徽省文學藝術界聯合會主辦，《詩歌月刊》，總第 157 期，2013 年 12 月，刊登新詩 7 首〈寄墾丁〉〈看灰面鵟鷹消逝〉〈冬日〉〈母親〉〈重生的喜悅〉〈雨，落在愛河的冬夜〉〈夕陽，驀地沉落了〉，刊作者簡介及彩色照片，頁 50-51。

24. 香港《橄欖葉》詩報，2011 年 6 月第 1 期創刊號，刊登新詩 1 首〈在交織與遺落之間〉。2012 年 6 月第 3 期，刊登詩 1 首〈魯花樹〉。2012 年 12 月第 4 期，刊登新詩 2 首〈行經木棧道〉〈憶夢〉。2014 年 6 月第 7 期，刊登詩 1 首〈北風散步的小徑上〉。

25. 廣東廣州《信息時報》2012.11.25C3 版刊登彭正雄：《歷代賢母事略》 書評 1 篇。

26. 廣東省《清遠日報》，2012.08.10 閱讀版，刊登散文一篇〈《髻鬃花》的邂逅〉。

27. 重慶市文史研究館《重慶藝苑》，2011 冬季號，刊登詩 2 首〈念故鄉〉〈夜之聲〉，頁 74-75。

28. 廣東省《清遠日報》，2012.07.02，刊登書評〈我心中永恆的勇者塑像—讀《古遠清這個人》〉。2012.8.10 刊〈《髻鬃花》的

邂逅〉。

29.湖北省武漢市第一大報《長江日報》，2009 年 11 月 20 日，刊
　　新詩 1 首〈原鄉─咏六堆〉。

30.河北省《新詩大觀》，總第 54 期，2009.02 刊詩 3 首〈春天〉
　　〈黃昏雨〉〈大貝湖畔〉。

30-1.河北省《新詩大觀》，第 55 期，2009.04 刊詩 2 首〈霧裡的
　　沙洲〉〈浪花〉。

30-2.河北省《新詩大觀》，第 56 期，2009.06 刊詩 6 首及作者簡
　　介〈望鄉〉〈在秋山的頂上守候〉〈影子灑落愛丁堡上〉〈長
　　巷〉〈塵緣〉〈送別〉。

31.安徽省《大別山詩刊》，主管單位：六安市委宣傳部，2012 年
　　總第 23 期，頁 72-73，刊登得「榮譽獎」新詩 1 首〈歌飛霍山
　　茶鄉〉，收錄「霍山黃芽」杯全國原創詩歌大賽專刊，頁 72-73。

32.遼寧省盤錦市詩詞學會《盤錦詩詞》季刊，2009 年伍・陸期，
　　刊新詩 2 首〈想念的季節〉〈山茶〉，頁 96。2010 年伍・陸期，
　　刊新詩 2 首〈細密的雨聲〉〈長虹橋畔〉頁 89。2011 年壹・貳
　　期，刊詩 1 首〈憂鬱〉頁 93。

33.黃中模等著，《兩岸詩星共月圓》，主辦：重慶師範大學，中
　　國文聯出版社出版，
　　收錄林明理詩評 2 篇〈綠蒂《春天記事》的素描〉頁 118-125，
　　〈評雪飛《歷史進行曲》〉頁 256-264。

34.遼寧省《凌雲詩刊》，總第 9 期，2010 年第 3 期，新詩 3 首〈回
　　到從前〉〈靜谷之憶〉〈三月的微風〉，頁 43。

35.遼寧瑞州文學藝術學會主辦《瑞州文學》，2012.11 創刊號，
　　刊登詩 2 首〈回到從前〉〈靜谷之憶〉及作者簡介，頁 79。

36.中國澳門《華文百花》，2013.01 期總第 18 期，2013.08 刊詩 4

首。

37.廣東省《西江日報》，2013.7.3，刊詩評 1 篇〈情繫瑤山的生命
樂章─讀唐德亮的詩〉。

38.古遠清編著，《謝冕評說三十年》，海天出版社，2014.01 第一
版，頁 279，收錄詩作一首〈北國的白樺─致謝冕教授〉。

39.老岱主編，《北都文藝》，2013 年第 2 期《海內外漢詩專號》，
刊登詩作 4 首。

40.蔡麗雙主編，《赤子情》，中國文聯出版社，2012.11 初版，收
錄詩一首〈海祭─福爾摩莎〉，頁 307。

41.質貞編，《古遠清這個人》，香港文學報社出版，2011 年 8 月，
頁 372-373，收錄作者簡介照片及評論〈我心中永恆的勇者塑
像〉。

42.《羊城晚報》，2009.10.15 刊新詩 1 首〈星河〉，B4 版。

42.-1《羊城晚報》，2015.11.10 刊散文〈在天涯之外〉。

42-2.《羊城晚報》，2016.1.12 刊散文〈加路蘭之晨〉，B3 版。

42-3.《羊城晚報》，2016.1.19 刊散文〈冬日鸞山〉，副刊（花地）
版。

42-4.《羊城晚報》，2016.3.15 刊散文〈東岸行〉，副刊（花地）
版。

43. 池州市杏花村中學〈杏花苑〉，第 15 期 2013.03，刊 2 新詩〈山
寺前一隅〉〈墨菊〉。

44.武漢大學主辦，武漢大學珞珈詩社協辦，張天望主編，《珞珈
詩苑》〈十〉， 2012.12 初版，刊古詩 4 首〈暮春〉〈默喚〉
〈湖山高秋〉〈秋盡〉，新詩 1 首〈沒有第二個拾荒乞討婦〉
及林明理簡介，頁 171-173，湖北省內部資料准印証第 2011/ZY
號。

44-1.武漢大學出版社，張天望主編，2013.11 初版，.《珞珈詩詞集》〈二〉刊古詩 4 首〈暮春〉〈默喚〉〈湖山高秋〉〈秋盡〉，新詩 1 首〈沒有第二個拾荒乞討婦〉及林明理簡介，頁 315-316。

45.由中國文藝協會與江蘇省淮安市淮陰區人民政府主辦的第六屆「漂母杯」海峽兩岸母愛主題散文作品大賽於 2014.7 於淮安市頒獎，〈母親與我〉獲散文三等獎，新詩〈母親〉獲二等獎。

46.遼寧省《燕山文學》，2014 年總第 2 期，頁 32，刊書評〈夜讀斯聲的詩〉。

47.「湘家蕩之戀」國際散文詩徵文獲榮譽獎，散文詩作品：〈寫給相湖的歌〉，嘉興市湘家蕩區域開發建設管理委員會、中外散文詩學會舉辦，2014.9.28 頒獎於湘家蕩。

48.四川省散文詩學會主辦《散文詩世界》，2014 年第 9 期，總第 113 期，刊得榮譽獎詩作〈寫給相湖的歌〉，頁 10。

49.吳開晉著，〈吳開晉詩文選〉〈上〉，北京，團結出版，2013.10 出版，收錄林明理詩評〈簡論吳開晉詩歌的藝術思維〉及〈幸福的沉思—讀吳開晉《游心集》〉。

50.譚五昌教授主編，《國際漢語詩歌》，2013.11，北京，線裝書局出版，收錄林明理的新詩三首〈海頌〉〈北國的白樺-致北京大學謝冕教授〉〈歌飛阿里山森林〉及獲當選「國際漢語詩歌協會理事」〈2013-2016〉。

51.安徽省馬鞍市《大江詩壇 2014 中國詩選》收錄書評 1 篇〈從孤獨中開掘出詩藝之花—淺釋《艾蜜莉‧狄金生詩選》〉，中國電影出版社，2014.10，頁 91-94。

52.山西當代中國新詩研究所編，王立世主編《當代著名漢語詩人詩書畫檔案》，北京，中國文聯出版社，2015.01 出版，頁 208-209.

收錄林明理新詩三首〈想念的季節〉〈在每個山水之間〉〈九份黃昏〉及水彩畫兩幅、作者簡介、個人照片。

53.湖南文學藝術界聯合會主辦《創作與評論》，總第 207 期，2015 年 2 月號下半月，林明理著、王覓採訪整理，〈新詩是大陸與臺灣的彩虹橋〉。

54. 獲當選中國第 15 屆「全國散文詩筆會」台灣代表，甘肅舉辦「吉祥甘南」全國散文詩大賽，散文詩《甘南，深情地呼喚我》，獲「提名獎」，2015.7.26 頒獎於甘南，詩作《甘南，深情地呼喚我》刊於中國散文詩研究會主辦《散文詩》下半月版《散文詩·校園文學》甘南采風專號 2015.12（總第 422 期）。

http://www.chnxp.com/zhongxue/2016-03/303030.html　眾力美文網

55. 2015.08 中國·星星「月河月老」杯（兩岸三地）愛情散文詩大賽獲優秀獎，詩作〈月河行〉收錄於《星星·散文詩》2015 年 8 期。

56.安徽省《江南文學》雙月刊，2015.02 期，總第 169 期，刊詩評〈評陳明詩三首〉，頁 74-75。

57.安徽省《半枝梅文學》，2015.05 出版，總第 61 期，刊詩評〈意趣與哲思—評陳明詩三首〉，頁 47-48。

58.河南省中共鄭州市宣傳部主辦「待月嵩山 2015 中秋诗会征稿大賽」獲三等獎於 2015.9，獎金一千人民幣及獎狀。新詩作品〈嵩山之夢〉。

59.北京，2015 年全國詩書畫家創作年會，林明理新詩（夢見中國）獲「二等獎」，頒獎典禮在 2015.12.26 人民大會堂賓館舉行。

60.福建省邵武市，2015.12.15 公告，文體廣電新聞出版局主辦，邵武「張三豐杯海內外詩歌大賽」，林明理新詩〈邵武戀歌〉

獲「優秀獎」。

61. 甘肅省文聯主辦，《格桑花》，2015「吉祥甘南」全國散文詩筆會作品專號，刊提名獎詩（甘南，深情地呼喚我），頁 24-26。

62. 李建東，郝子奇主編，《衛風—中國著名詩人頌鶴壁》，河南人民出版社，2015.10 出版，頁 175-177，收錄林明理組詩（寫給鶴壁的歌）獲提名獎，詩 4 首（在彼淇河）、（雲夢山裡的草原蒼蒼）、（金山寺的陽光溢滿樹梢）、（瓷苑奇葩一景）。

63. 2016.04. 林明理詩作《葛根塔拉草原之戀》由湖南詩畫家葉光寒教授作曲演唱及音樂家何光耀製作配音。

64. 安徽省詩歌學會主辦，合肥市肥東縣文聯及八斗鎮人民政府承辦，《第二屆「中國・曹植詩歌獎」獲獎作品集》，收錄林明理獲二等獎新詩（寫給曹植之歌）組詩，頁 5，2016.04.。

臺灣「國家圖書館」期刊

1. 《國家圖書館館訊》特載，2009 年 11 月，發表書評 1 篇〈讀王璞〈作家錄影傳記十年剪影〉新書有感〉，頁 7-9。

2. 《全國新書資訊月刊》2010 年 3 月起至 2013 年 7 月，共發表詩評及書評共 26 篇。資料存藏於國家圖書館「期刊文獻資訊網」。
   http://readopac1.ncl.edu.tw/nclserialFront/search/search_result.jsp?la=ch&relate=XXX&dtdId=000040&search_index=all&search_value=%E6%9E%97%E6%98%8E%E7%90%86%24&search_mode=
   第 135 期書評讀丁文智〈花　也不全然開在春季〉，第 136 期詩評〈楊允達其人及其作品〉，138 期書評〈讀《廣域圖書館》一

兼述顧敏與圖書館管理的理論與實務〉，140 期詩評〈高曠清逸的詩境—張默〉，142 期書評〈陳滿銘與《意象學廣論》研究述評〉，143 期書評〈試賞魯蛟的詩集《舞蹈》，144 期詩評〈商禽詩的意象表現〉，146 期詩評〈談周夢蝶詩與審美昇華〉，147 期詩評〈鄭愁予—站在中西藝術匯合處的詩人〉，148 期詩評〈旅美詩人非馬及其作品〉，149 期書評〈淺釋隱地《風雲舞山》詩五首〉，150 期詩評〈淺釋鍾鼎文的詩〈雪蓮謠〉、〈三峽〉〉，151 期書評〈讀《高準游踪散紀》〉，152 期〈走過歲月—臺灣文史哲出版社掠影〉，153 期詩評〈簡政珍詩歌藝術之管見〉，155 期詩評〈簡論郭楓和他的詩歌價值〉，156 期書評〈品蔡登山《讀人閱史》〉，158 期〈文津出版社邱鎮京教授掠影〉，159 期書評〈讀麥穗詩集《歌我泰雅》〉，160 期詩評〈楊牧詩歌的風格特質〉，161 期詩評〈王潤華和他的新詩創作研究〉，162 期書評《淺釋胡爾泰的詩》，164 期詩評〈淺釋歐德嘉詩作三首〉，165 期詩評〈淺析林亨泰的詩歌藝術〉，171 期書評〈淺釋綠蒂《冬雪冰清》詩三首〉。175 期詩評〈簡論許達然詩的通感〉。

臺灣學刊物

1. 佛光大學文學院中國歷史學會《史學集刊》，第 42 集，2010年 10 月，發表書評〈概觀吳鈞《魯迅翻譯文學研究》有感〉，頁 231-240。

2. 佛光大學文學院中國歷史學會《史學集刊》，第 43 集，2011年 12 月，發表書評〈評蔡輝振的《魯迅小說研究》，頁 181-189。

3. 真理大學臺灣文學資料館發行《臺灣文學評論》，2011 年 10

月，第 11 卷第 4 期，刊作者照及書評〈莫渝及其台語詩〉，頁 73-77。

3-1.《臺灣文學評論》，2012 年第 12 卷第 1 期，刊作者照及書評〈讀張德本《累世之靶》〉、〈讀李若鶯詩集《寫生》〉共 2 篇，頁 56-63。

3-2.《臺灣文學評論》，2012 年 4 月第 12 卷第 2 期書評刊作者照及書評〈吳德亮 —— 讀《台灣的茶園與茶館》〉，頁 90-93、新詩 1 首〈淡水紅毛城〉及作者簡介照片，頁 186-187。

3-3.《臺灣文學評論》，2012 年第 3 期，刊登作者照 3 張、新詩 3 首〈吉貝耍‧孝海祭〉〈森林深處〉〈憶夢〉，林明理畫作 1 幅，頁 184-187。

3-4.《臺灣文學評論》，2012 年第 4 期，2012 年 10 月，刊登評論〈淺談西川滿的文學思考〉，頁 76-82。

4. 真理大學人文學院台灣文學系彙編，第 16 屆台灣文學牛津獎暨《趙天儀文學學術研討會》論文集，2012 年 11 月 24 日收錄詩評 1 篇〈趙天儀生態詩思想初步探究〉，頁 258-266。

5. 國立台灣文學館出版，《臺灣現當代作家研究資料彙編 40 集 鄭愁予》，丁旭輝編選，收錄林明理撰文一篇〈鄭愁予：站在中西藝術匯合處的詩人〉，頁 217-221。

6. 成功大學教授陳益源主持人，《雲林縣青少年臺灣文學讀本》新詩卷，雲林縣政府編印，收錄林明理新詩六首，〈九份黃昏〉〈行經木棧道〉〈淡水紅毛城〉〈雨，落在愛河的冬夜〉〈生命的樹葉〉〈越過這個秋季〉。

臺灣詩文刊物報紙暨作品收錄

1. 《創世紀》詩雜誌，160 期，2009.09 刊詩評〈讀須文蔚《橄仔樹》有感〉、〈周夢蝶的詩〈垂釣者〉的藝術直覺〉、〈解析大荒兩首詩〉、〈神木的塑像--魯蛟〉、〈「照夜白」的象徵--非馬〉〉、〈辛牧在台灣詩壇的意義〉6 篇，161 期 2009.12 詩評 3 篇〈當代三家詩賞析─洛夫、愚溪、方明〉。162 期 2010.03 刊詩〈流星雨〉，163 期 2010.06 刊詩〈靜寂的黃昏〉及詩評〈淺釋楊允達的詩〈時間四題〉〉，164 期 2010.09 詩〈回憶的沙漏〉〈岸畔之樹〉及藝評〈解讀丁雄泉創作和美學的面向。165 期 2010.12 刊詩〈一切都在理性的掌握中〉〈綠淵潭〉及詩評〈商禽詩的哲學沉思〉。166 期 2011.03 刊詩〈海祭〉〈山楂樹〉及藝評〈楊柏林詩與雕塑的審美體悟〉。167 期 2011.06 刊詩評〈淺釋碧果的詩三首〉，168 期 2011.09 刊詩〈行經木棧道〉〈牽引〉〈在白色的夏季裡〉及詩評〈淺釋連水淼詩歌的藝術形象〉。169 期 2011.12 刊詩〈記夢〉〈霧起的時候〉及詩評〈讀許水富的詩〉，170 期 2012.03 刊詩〈在每個山水之間〉及詩評〈讀汪啟疆詩筆抒豪情〉。171 期 2012.06 刊詩〈看灰面鵟鷹消逝〉及〈評潘郁琦的詩〉，172 期 2012.09 書評〈讀方秀雲詩集〉。173 期 2012.12 刊詩〈雨，落在愛河的冬季〉及詩評〈淺析紀弦詩五首〉，174 期 2013.03 詩評〈讀朵思的詩〉。

2. 《文訊雜誌》，第 291 期，2010 年 1 月，詩評鍾鼎文，頁 24-26。

2-1. 《文訊雜誌》，第 293 期，2010 年 3 月，詩評張默，頁 22-24。

2-2. 《文訊雜誌》，第 297 期，2010 年 7 月，詩評愚溪，頁 18-19。

2-3. 《文訊雜誌》，第 302 期，2010 年 12 月，書評張騰蛟《筆花》，

頁 118-119。

2-4.《文訊雜誌》，第 311 期，2011 年 09 月，書評雨弦《生命的窗口》，頁 128-129。

2-5.《文訊雜誌》，第 316 期，2012 年 02 月，書評莫渝《走入春雨》，頁 122-123。

2-6. 《文訊雜誌》，第 330 期，2013 年 04 月，書評尹玲《故事故事》，頁 138-139。

3.《笠》詩刊，2008 起，自第 263 期至 312 期 2016.04 止，共發表詩 56 首、英譯詩 4 首，散文 3 篇及詩評 27 篇。

3-1.《笠》詩刊，263 期 2008.02 刊新詩〈丁香花開〉〈雨夜〉、264 期 2008.04 刊詩〈塵緣〉〈螢光與飛蟲〉、265 期 2008.06 刊詩〈金池塘〉〈遲來的春天〉、266 期 2008.08 刊詩〈山問〉、268 期 2008.12 刊詩〈夜櫻〉〈寒松〉、269 期 2009.02 刊詩〈長巷〉〈冬盡之後〉、270 期 2009.04 詩〈北極星〉〈愛是一種光亮〉〈往事〉、271 期 2009.06 詩〈夏荷〉〈小雨〉及詩評〈小論陳坤崙〉、272 期 2009.08 詩〈雲豹〉〈渡口〉〈夜，溜過原野〉及詩評〈讀莫渝的詩〉、273 期 2009.10 詩〈颱風夜〉〈風雨之後〉〈夜祭〉〈今夜，我走入一星燈火〉及詩評〈讀陳千武詩 4 首〉274 期 2009.12 詩〈傳說〉〈春草〉〈崖邊的流雲〉及書評〈曾貴海詩集《湖濱沉思》〉。

3-2.《笠》詩刊，277 期 2010.06 刊詩〈傾聽大海〉〈原鄉—咏六堆〉及詩評〈不凋的漂木-薛柏谷的詩賞析〉、278 期 2010.08 散文〈愛情的巡禮〉及詩〈木框上的盆花〉、279 期 2010.10 詩〈聲音在瓦礫裡化為泣血〉、280 期 2010.12 詩〈行經河深處〉〈紗帽山秋林〉及詩評江自得、281 期 2011.02 詩〈在交織與遺落之間〉〈岸畔〉、282 期 2011.04 詩評〈淺析鄭烱明《三重奏》詩三首〉、

283 期 2011.06 詩〈在雕刻室裡〉、284 期 2011.08 詩評〈略論莫渝的詩風〉、286 期書評〈黃騰輝詩集《冬日歲月》賞析〉、287 期 2012.02 散文〈神遊薩摩亞藍湖〉及詩〈夜宿南灣〉、288 期 2012.04 詩〈如果你立在冬雪裡〉及詩評〈試析林豐明詩歌的意象力〉、289 期 2012.06 詩〈念故鄉〉〈思念的雨後〉及詩評岩上、290 期 2012.08 詩〈追悼—陳千武前輩〉、291 期 2012.10 詩評〈評陳坤崙的詩〉、293 期 2013.02 書評〈讀非馬詩集《蚱蜢世界》〉、294 期 2013.04 詩〈一個雨幕的清晨〉〈墨菊〉〈春芽〉及詩評〈讀吳俊賢的詩〉、295 期 2013.06 詩〈知本之夜〉〈回鄉〉及詩評〈讀李昌憲的詩〉、296 期 2013.08 詩〈暮來的小溪〉〈我原鄉的欖仁樹〉及詩評〈讀林盛彬的詩〉、297 期詩〈釣魚台的天空〉及詩評〈讀王白淵的詩〉、298 期 2013.12 詩〈你繫著落日的漁光〉及書評〈讀莫渝《光之穹頂》〉。

3-3. 《笠》詩刊，299 期 2014.02 刊詩〈東隆宮街景〉、300 期 2014.04 刊詩評〈夜讀劉克襄詩數首〉，頁 165-170。301 期 2014.06 刊詩評〈讀李魁賢的詩〉及新詩 2 首〈憶友—Emesto Kahan〉〈富岡海堤小吟〉。302 期 2014.08 刊詩評〈讀羅浪的詩〉，頁 146-150。304 期 2014.12 刊詩評〈清純與哲思的交匯—讀陳明克的詩〉。

3-4. 《笠》詩刊，305 期 2015.02 刊〈堅守與理想-讀葉迪的詩〉、第 306 期，2015.04，刊書評〈森林詩家—吳俊賢〉，頁 120-123。第 307 期，2015.06，刊詩評〈評旅人詩三首〉。第 309 期，2015.10，刊詩評〈夜讀 Athanase《比白天更白天》〉。

3-5. 《笠》詩刊，311 期期 2016.02 刊詩 2 首，非馬英譯（你的名字）及（你的微笑）〈to　Athanase Vantchev de Thracy de Tracy〉。

3-6. 《笠》詩刊，312 期 2016.04 刊英譯詩 2 首（給詩人非馬 To poet

William Marr）（冬日湖畔的柔音 The soft Music on the Winter Lake Shore）及詩評（杜潘芳格的詩世界）。

4.《文學台灣》季刊，第 72 期，2009.10.冬季號，頁 81-82.刊詩 2 首〈莫拉克颱風〉、〈夜祭－紀念小林村夜祭而作〉。

4-1.《文學台灣》季刊，第 73 期，2010.01.春季號，頁 94.刊詩 1 首〈光點〉。

4-2.《文學台灣》季刊，第 73 期，2010.01.春季號，頁 94.刊詩 1 首〈光點〉。

4-3.《文學台灣》季刊，第 74 期，2010.04.夏季號，頁 131.刊詩 1 首〈拂曉之前〉。

4-4.《文學台灣》季刊，第 75 期，2010.07.秋季號，頁 146.刊詩 1 首〈回到從前〉。

4-5.《文學台灣》季刊，第 77 期，2011.01.春季號，頁 177.刊詩 1 首〈遙寄商禽〉。

4-6.《文學台灣》季刊，第 78 期，2011.04.夏季號，頁 75.刊詩 1 首〈在雕刻室裡〉。

4-7.《文學台灣》季刊，第 79 期，2011.07.秋季號，頁 130.刊詩 1 首〈九份黃昏〉。

4-8.《文學台灣》季刊，第 83 期，2012.07.秋季號，頁 55.刊詩 1 首〈吉貝耍·孝海祭〉。

4-9.《文學台灣》季刊，第 85 期，2013.01.春季號，頁 79-80.刊詩 1 首〈給司馬庫斯〉。

4-10.《文學台灣》季刊，第 96 期，2015.10.冬季號，頁 74-75.刊詩 1 首〈茶山部落之歌〉。

5.《人間福報》，2007 年至 2016 年 5 月止，共刊登新詩 79 首，散文、書畫評論、生命書寫、閱讀版、家庭版、投書等 63 篇及

刊林明理繪畫作品 55 幅、攝影作品 19 件。

5-1.《人間福報》2007.2.22 刊生命書寫版〈親恩無限〉、2007.3.29
　　刊〈心轉境則轉〉、2007.4.1 刊〈山中冥想〉、2007.4.5 刊〈難
　　忘婆媳情〉，2007.4.11 刊水彩畫作於副刊，2007.4.18 畫作於副
　　刊，2007.5.1 刊〈惜福惜緣〉、2007.5.4 刊〈康乃馨的祝福〉、
　　2007.5.5 畫作於副刊，2007.5.24 刊〈紅龜粿〉、2007.6.2 刊〈觀
　　心自照〉、2007.6.15 刊〈黃金樹〉、2007.7.8 刊〈憶亡友〉，
　　2007.7.13 刊詩〈愛的禮讚〉，2007.7.23〈生命裡的春天〉，
　　2007.7.26 刊投書版〈夜晚愈熱，倡導生態建築〉、2007.7.27
　　刊〈水質惡化，政府渾然不察〉、2007.7.28 刊〈生技產業發展，
　　刻不容緩〉，2007.7.31 刊生命書寫版〈生命故事的寫手〉、
　　2007.8.4 投書版刊〈公投入聯 不利兩岸關係〉，2007.8.17 家庭
　　版〈善待家人〉、2007.8.31〈爬山之樂〉、2007.9.11 刊家庭版
　　〈家有妙老爹〉、2007.10.2 刊副刊水彩畫 1 幅，2007.10.10 刊
　　〈緬懷旗津〉、2007.10.18 刊〈另類思考〉、2007.10.30 刊家庭
　　版〈爸爸的勇氣〉、2007.11.9 刊〈看山吟水〉、2007.11.13 刊
　　家庭版〈人生的考驗〉，2007.12.13 刊詩〈默喚〉。

5-2.《人間福報》2008.2.1 刊詩〈影子灑落愛丁堡上〉，2008.2.20
　　刊詩〈愛的實現〉、2008.4.10 刊詩〈金池塘〉、2008.4.22 刊詩
　　〈倒影〉，2008.5.15 刊副刊散文〈聽雨，僧廬〉，2008.5.26
　　詩〈雲淡，風清了〉、2008.6.6 刊詩〈在秋山的頂上守候〉、
　　2008.6.18 刊詩〈等候黎明〉、2008.7.10 刊詩〈山茶〉、2008.7.18
　　刊詩〈獨白〉、2008.7.31 刊詩〈航行者〉、2008.8.7 刊詩〈老
　　紫藤〉、2008.8.26 刊詩〈水蓮〉、2008.9.11 刊詩〈可仍記得〉、
　　2008.10.2 刊詩〈山雲〉、2008.10.20 刊詩〈簡靜是美〉、2008.11.3
　　刊散文〈燭光的躍動〉，2008.11.5 刊詩〈山間小路〉。

5-3.《人間福報》2009.1.16 詩〈北風〉、2009.2.2 詩〈冬望〉、2009.2.6
　　詩〈無言的讚美〉、2009.4.14 詩〈青藤花〉、2009.5.4 詩〈坐
　　覺〉、2009.5.11 詩〈夏荷〉、2009.6.15 詩〈愛是一種光亮〉、
　　2009.7.3 詩〈從海邊回來〉、2009.8.3 詩〈山桐花開時〉、2009.8.13
　　詩〈老樹〉、2009.8.21 詩〈風雨之後〉、2009.9.4 詩〈在初冬
　　湖濱〉、2009.9.23 詩〈讀月〉、2009.10.5 詩〈海上的中秋〉、
　　2009.10.22 詩〈聽雨〉、2009.10.26〈漁隱〉、2009.11.11 詩〈珍
　　珠的水田〉，2009.11.15 刊生命書寫版〈平安就是福〉、2009.12.6
　　刊家庭版〈糖蛋的秘密〉，2009.12.18 刊詩〈在瀟瀟的雪夜〉。

5-4.《人間福報》2010.1.8 詩〈初冬一個訪客〉、2010.2.26 詩〈歲
　　晚〉、2010.3.10 刊水彩畫作及詩〈墨竹〉、2010.3.31 刊彩畫作
　　及詩〈想念的季節〉、2010.4.19 刊彩畫及詩〈四月的夜風〉、
　　2010.5.2 刊生命書寫版〈難忘的畫面〉，2010.5.20 刊彩畫作及
　　詩〈春已歸去〉、2010.7.7 刊彩畫作及詩〈流螢〉，2010.7.23
　　副刊散文〈在我深深的足跡上〉，2010.9.21 刊彩色水彩畫作及
　　詩〈光之湖〉、2010.11.15 刊彩色水彩畫作及詩〈月光〉。

5-5.《人間福報》2011.1.14 刊彩色水彩畫及詩〈靜海〉，2011.3.7
　　刊詩〈兩岸青山連天碧-陪海基會走過二十年感時〉，2011.3.8
　　散文〈古道尋幽〉、2011.4.11 刊水彩畫作及詩〈禪月〉、2011.5.23
　　副刊刊畫評〈高好禮的書畫藝術〉、2011.5.30 刊水彩畫及詩〈靜
　　寂的黃昏〉、2011.7.12 刊彩色水彩畫作及詩〈春日的玉山〉、
　　2011.9.12 刊水彩畫作及詩〈中秋懷想〉、2011.10.4 刊水彩畫作
　　及詩〈山韻〉、2011.10.25 刊水彩畫作及詩〈夜之聲〉、2011.12.12
　　刊水彩畫及詩〈靜湖〉。

5-6.《人間福報》2012.1.31 刊副刊散文〈越野單車散紀〉，2012.5.22
　　副刊刊作者彩畫一幅，2012.6.5 刊水彩畫作及詩〈夕陽，驀地

沉落了〉，2012.6.18 副刊刊作者照及散文〈卑南樂山的心影〉，
2012.7.22 閱讀版刊書評〈讀《生活有書香》，2012.9.4 副刊刊
詩〈永懷鍾鼎文老師〉及作者與鍾鼎文合照〉、2012.10.1 刊水
彩畫作及詩〈沒有第二個拾荒乞討婦〉、2012.10.15 刊畫作及
詩〈挺進吧，海上的男兒〉，2012.11.12 刊水彩畫作及詩〈給
司馬庫斯〉、2012.12.3 刊攝影作 1 件及詩〈旗山老街的黃昏〉。

5-7.《人間福報》副刊 2013.1.1 刊水彩畫作及散文〈學佛之路〉，
2013.1.7 刊水彩畫及詩〈冬憶-泰雅族祖靈祭〉，2012.7.23-7.24
刊副刊散文〈山裡的慈光〉〈上、下〉及作者照、水彩畫作，
2013.1.29 副刊書評〈夜讀沈鵬詩〉及沈鵬、魯光贈書畫圖 2 張。
2013.2.19 副刊刊水彩畫作及散文《髻鬃花》的邂逅〉，2013.3.26
刊水彩畫及詩〈冬之雪〉，2013.4.30 刊水彩畫作及詩〈魯凱族
黑米祭〉，2013.5.28 刊水彩畫作及詩〈母親〉，2013.6.16 閱讀
版刊書評〈夜讀《成就的秘訣：金剛經》，2013.7.2 刊水彩畫
作及詩〈月桃記憶〉，2013.7.8 副刊刊詩〈重生的喜悅〉，2013.8.12
刊詩〈曲冰橋上的吶喊〉，2013.9.16 副刊詩〈坐在秋陽下〉，
2013.9.23 副刊詩評〈扎根於泥土的臺灣詩人：林煥彰〉。
2013.11.18 刊詩〈海影〉。

5-8.《人間福報》副刊 2014.1.7 書評〈夜讀張騰蛟《書註》〉，2014.2.18
刊詩〈墾丁冬思〉，2014.5.13 副刊散文〈鞏伯伯的菜園子〉及
水彩畫作。2014.6.5 副刊散文〈山居散記〉及水彩畫作。2014.6.30
副刊散文〈在匆匆一瞥間〉及水彩畫作。2014.7.16 刊投書版〈受
國際尊重　要團結一致〉。2014.7.25 副刊散文〈初鹿牧場記遊〉
及攝影作 3 張。2014.8.18 刊詩〈傷悼——前鎮氣爆受難者〉及
水彩畫作。2014.9.17 刊副刊散文〈都蘭紀行〉及攝影作 1 張、
水彩畫 1 幅。2014.9.24 刊投書版〈人間處處有溫暖　詩人獻愛

心　盼弱勢原住民重生〉。2014.10.6 刊副刊散文〈意外的訪客〉
及水彩畫 1 幅。2014.10.24 副刊刊散文詩〈竹子湖之戀〉及水
彩畫 1 幅。2014.11.14 副刊刊新詩〈無論是過去或現在〉及水
彩畫 1 幅。2014.12.2 副刊刊新詩〈回鄉〉及水彩蠟筆畫 1 幅。

5-9.《人間福報》副刊 2015.1.23 刊副刊散文〈秋在花蓮〉，水彩
　　畫 1 幅及攝影作品 2 張。2015.3.17 刊詩〈葛根塔拉草原之戀〉
　　及水彩畫 1 幅。2015.4.20 刊散文〈阿里山記遊〉及攝影作品 3
　　張。2015.5.29 副刊刊詩〈陽光下的時光〉及水彩畫 1 幅。2015.7.17
　　副刊刊詩〈甘南，你寬慰地向我呼喚〉及水彩畫 1 幅。2015.8.17
　　副刊刊散文〈赤柯山散記〉及攝影 1 張。2015.9.8 刊詩〈月河
　　行〉及水彩畫 1 幅。2015.11.4 刊散文〈宋伯伯的的五彩饅頭〉
　　及水彩畫 1 幅攝影 2 張。2015.12.3 刊散文〈不凋的欖仁樹〉及
　　水彩畫 1 幅。

5-10.《人間福報》副刊 2016.01.13 刊散文（紅葉部落之秋）及攝
　　　影照 4 張，水彩畫一幅。2016.3.22 副刊散文（冬日鸞山之美）
　　　及水彩畫 1 幅。2016.4.20 刊散文（墾丁遊蹤）及水彩畫 1 幅，
　　　攝影 1 張。

6.《乾坤》詩刊，自 2010 年至 2014 年春季號，第 50 至 69 期，共
　　發表新詩 43 首、古詩 4 首及詩評 14 篇。

6-1.《乾坤》詩刊 50 期，2009 夏李號詩〈夏日長風〉〈江岸暮色〉
　　〈來自大海的聲音〉〈風的默思〉，51 期，2009 秋封底刊作者
　　照簡介詩觀及詩〈山桐花開時〉、52 期，2009 冬刊詩〈末日地
　　窖〉及詩評尹玲，53 期，2010 春詩〈稻草人〉〈夜思〉及詩評
　　辛鬱，54 期，2010 夏刊新詩〈大冠鷲的天空〉〈貓尾花〉〈霧〉
　　及詩評向陽及舊詩 4 首〈暮春〉〈默喚〉〈湖山高秋〉〈秋盡〉，
　　55 期，2010 秋刊新詩〈月橘〉〈芍藥〉〈馬纓丹〉，56 期，

2010 冬刊詩〈靜海〉〈因為愛〉及詩評徐世澤，57 期，刊中英譯詩〈十月秋雨〉〈星河〉及詩評鞏華，58 期，2011 夏詩評辛牧，59 期，2011 秋刊詩〈黎明時分〉〈雖已遠去〉及詩評錦連，60 期，2011 冬刊詩〈夜之聲〉〈我握你的手〉及詩評〈李瑞騰詩〈坎坷〉〈流浪狗〉的再解讀〉，61 期，2012 春詩評藍雲，62 期，2012 夏詩〈又是雨幕的清晨〉〈問愛〉及詩評〈一支臨風微擺的青蓮─淺釋莫云的詩〉，63 期，2012 秋刊詩〈玉山，我的母親〉〈秋之楓〉及詩評藍雲，64 期，2012 冬刊詩〈在積雪最深的時候〉及詩評楊宗翰，65 期，2013 春刊詩〈冬之雪〉〈詠車城〉，66 期，2013 夏刊詩〈追憶─鐵道詩人錦連〉，67 期，2013 秋刊詩評蘇紹連，69 期，2014 春刊書評〈讀丁文智詩集《重臨》隨感〉。

7. 《秋水》詩刊，136 期，2008.01 刊新詩〈松林中的風聲〉〈剪影〉、137 期 2008.04 詩〈林中漫步〉〈春雪飛紅〉、138 期 2008.07 詩〈煙雲〉、139 期 2008.10 詩〈露珠兒〉〈過客〉、140 期 2009.01 詩〈浪花〉〈夜思〉、141 期 2009.04 詩〈雨意〉〈清雨塘〉、142 期 2009.07 詩〈北窗下〉〈聽雨〉、143 期 2009.10 詩〈晚秋〉144 期 2010.1〈在瀟瀟的雪夜〉、145 期 2010.4 詩〈暮煙〉〈剪影〉、146 期 2010.07 詩〈在邊城〉〈懷舊〉、147 期 2010.10 書評〈讀張堃的《調色盤》〉、148 期 2011.01 書評〈夢幻詩境的行者─淺釋《綠蒂詩選》〉、149 期 2011.04 詩〈林中小徑的黃昏〉〈枷鎖〉、150 期 2011.07 詩評〈淺釋屠岸的詩〈露臺下的等待〉〉、151 期 2011.11 詩評〈淺釋林錫嘉詩三首〉、152 期 2012.01 詩〈在寂靜蔭綠的雪道中〉、153 期 2012.04 詩評〈讀向明詩集《閒愁》〉、155 期 2012.10 詩〈秋林〉、156 期 2013.01〈靜寫生命的芬芳─淺釋綠蒂詩二首〉。

7-1.《秋水》詩刊，161 期，2014.10，刊書評〈一隻優雅昂起的九色鹿——讀梅爾的詩〉及新詩 2 首〈憶友-Kahan〉〈勇者的畫像-致綠蒂〉。162 期，2015.01 刊詩 2 首〈想妳，在墾丁〉、〈冬日神山部落〉。164 期，2015.07 刊英譯詩 1 首〈雨，落在故鄉的泥土上〉非馬譯。165 期，2015.10 刊詩〈夢見中國〉，頁 37。

7-2.《秋水》詩刊，167 期，2016.04 刊詩〈我的生命如風〉、〈夢見中國〉，頁 36。

《秋水》詩刊共發表詩 31 首、譯詩 1 首及詩評 7 篇。

7-3.《戀戀秋水》秋水四十周年詩選，涂靜怡主編，2013.06 出版，收錄林明理詩 3 首〈煙雲〉〈在邊城〉〈懷舊〉，頁 186-187。

8.《海星》詩刊，2011 年 9 月創刊號，第 1 期，刊詩 2 首〈在蟲鳥唧唧鳴鳴的陽光裡〉〈雨後的夜晚〉，頁 52-53。

8-1.《海星》詩刊，2011 年 12 月，第 2 期，刊詩 4 首〈回到過去〉〈悼紐西蘭強震罹難者〉〈致貓頭鷹的故鄉〉〈來自珊瑚礁島的聲音〉頁 86-87，詩評 1 篇〈喬林詩歌的哲學意蘊〉頁 12-15。

8-2.《海星》詩刊，2012 年 3 月，第 3 期春季號，刊詩 4 首〈鐫痕〉〈在靜謐花香的路上〉〈惦念〉〈風滾草〉頁 94-95，詩評 1 篇〈風中銀樹碧 雨後天虹新—淺釋鄭愁予的詩三首〉，頁 16-19。

8-3.《海星》詩刊，2012 年 6 月，第 4 期夏季號，刊詩詩評 1 篇〈引人注目的風景-淺釋白萩的詩三首〉，頁 21-26。

8-4.《海星》詩刊，2012 年 9 月，第 5 期秋季號，刊詩 3 首〈海頌〉〈夏之吟〉〈夏至清晨〉頁 69，詩評 1 篇〈簡潔自然的藝術風韻-讀余光中的鄉土詩〉，頁 16-19。

8-5.《海星》詩刊，2012 年 12 月，第 6 期冬季號，刊作者畫封面彩色水彩畫、詩 2 首〈拂曉時刻〉〈默念〉頁 59，詩評 1 篇〈輕酌曉月賦詩葩-讀羅智成《現代詩的 100 種可能》〉，頁 27-29。

8-6.《海星》詩刊，2013 年 3 月，第 7 期春季號，刊詩 1 首〈一如白樺樹〉，頁 102.詩評 1 篇〈遠離塵囂的清淨與自然-淺釋白靈的詩〉，頁 18-21。

8-7.《海星》詩刊，2013 年 6 月，第 8 期夏季號，刊詩 2 首〈歌飛阿里山森林〉〈老街吟〉頁 101，詩評 1 篇〈光明的歌者-讀非馬《日光圍巾》〉，頁 14-17。

8-8.《海星》詩刊，2013 年 9 月，第 9 期秋季號，刊詩評 1 篇〈以詩為生命的苦吟者-讀詹澈的詩〉，頁 18-21。

8-9.《海星》詩刊，2013 年 12 月，第 10 期冬季號，刊詩評 1 篇〈對純真美的藝術追求-讀蕭蕭的詩〉，頁 16-19。

8-10.《海星》詩刊，2014 年 3 月，第 11 期春季號，刊詩評 1 篇〈抒情詩的創造性—讀林文義的《旅人與戀人》〉，頁 16-19。

8-11.《海星》詩刊，2014.06，第 12 期夏季號，書評〈夜讀鍾玲詩集《霧在登山》，頁 15-19。

8-12.《海星》詩刊，2014.09，第 13 期秋季號，詩評〈走進周夢蝶的沉思歲月〉。

8-13.《海星》詩刊，2014.12，第 14 期冬季號，詩評〈夜讀莫云《夜之蠱》〉及詩〈那年冬夜〉。

8-14.《海星》詩刊，2015.03，第 15 期春季號，詩評〈陳義芝的浪漫與沉思〉及刊「翰墨詩香」詩書聯展參展活動照。

8-15.《海星》詩刊，2015.06，第 16 期夏季號，書評〈《小詩·隨身帖》讀後〉，頁 15-18 及《山居歲月》書介。

8-16.《海星》詩刊，2015.09，第 17 期秋季號，書評〈讀莫渝詩集《陽光與暗影》，頁 17-20。

8-17.《海星》詩刊，2015.12，第 18 期冬季號，詩評〈真情蘊藉詩情—讀方艮的詩〉，頁 17-20。

8-18.《海星》詩刊，2016.03，第 19 期冬季號，詩評〈孤獨的手風琴—讀辛勤的詩〉，頁 19-22 及詩作兩首（給普希金）、（黃昏的潮波-給 Athanase Vantchev de Thracy de Tracy）。

9.臺南市政府文化局出版《鹽分地帶文學》雙月刊，第 37 期，2011 年 12 月，刊登詩 1 首〈越過這個秋季〉，頁 150。

9-1.《鹽分地帶文學》雙月刊，第 45 期，2013 年 4 月，刊登詩 1 首〈白河：蓮鄉之歌〉，頁 168。

9-2.《鹽分地帶文學》雙月刊，第 59 期，2015 年 8 月，刊登詩 1 首〈雨落在故鄉的泥土上〉，頁 164-165。

10. 鶴山 21 世紀國際論壇《新原人》雜誌季刊，第 70 期，2010 夏季號，發表詩 2 首〈懷鄉〉〈午夜〉，頁 152。

10-1.《新原人》季刊，2011 冬季號，第 76 期，書評 1 篇〈簡論米蘭‧裏赫特《湖底活石》的自然美學思想，頁 214-220。10-2.《新原人》季刊，2012 秋季號，第 79 期，詩評 1 篇〈伊利特凡‧圖奇詩作及其價值〉，頁 228-231。

10-3.《新原人》季刊，2013 春季號，第 81 期，詩評〈一隻慨然高歌的靈鳥-讀普希金詩〉，頁 164-173。10-4.《新原人》季刊，2013 夏季號，第 82 期，〈中英譯〉書評伊利‧戴德切克著〈夜讀詩集《身後之物》，頁 150-160。

11.中國文藝協會會刊《文學人》季刊，革新版第 6 期 2009.08，畫評蔡友教授，頁 67-68.該畫評發表於佛光山，出席兩岸畫展研討會。

11-1.《文學人》季刊，革新版第 7 期 2009.11，刊詩 4 首〈原鄉-詠六堆〉〈北埔夜歌〉〈風雨之後〉〈在我的眼睛深處〉，頁 104-105。

11-2.《文學人》季刊，革新版第 9 期，總 22 期，2010.12，刊詩

評〈辛牧的詩化人生〉，頁 74-76。及新詩 2 首〈遙寄商禽〉〈破曉時分〉。

11-3. 《文學人》季刊，革新版第 11 期 2013.05，刊作者獲 54 屆文藝獎章〈新詩類〉得獎名錄，頁 9。

12. 《新地文學》季刊，第 18 期，2011.年 12 月，刊登詩 2 首〈九份之夜〉〈生命的樹葉〉，頁 54-55。

12-1. 《新地文學》季刊，第 22 期，2012 年 12 月，刊登詩 2 首〈冬日〉〈詠車城〉，頁 172-173，及作者簡介。

　　2012 年 12 月，第 22 期刊登詩 2 首。

13. 高雄市《新文壇》季刊，自第 13 期至 2016 年 4 月，共發表詩 28 首，詩畫評論共 19 篇、畫作 3 幅。13 期 2009.1 刊新詩〈夜航〉〈湖山高秋〉、14 期 2009.04 刊詩〈冬之湖〉〈聽雨〉〈草露〉、15 期 2009.7 詩評辛牧及詩〈山桐花開時〉〈秋暮〉、16 期 2009.10 藝評〈非馬詩畫的審美體驗〉及詩〈致黃櫨樹〉〈春深〉〈光之湖〉、17 期 2010.1 詩〈雨中的綠意〉〈珍珠的水田〉、18 期 2010.04 散文〈真純的慈心—星雲大師〉及詩〈漁唱〉〈牧歸〉、19 期 2010.07 刊書封面水彩畫及封底作者簡介照片及詩評〈讀瘂弦〈歌〉〈瓶〉〉及詩〈停雲〉〈稻草人〉、20 期 2010.10 刊水彩畫及詩評謝明洲及詩〈秋日的港灣〉、21 期 2011.1 刊水彩畫及詩評〈淺釋吳鈞的詩四首〉及詩〈秋城夜雨—悼商禽〉〈昨夜下了一場雨〉、22 期 2011.4 詩評林莽及詩〈在清靜的茵綠裡〉、24 期 2011.07 畫評蔡友教授及詩〈憂鬱〉、25 期 2011.10 書評馮馮、26 期 2012.1 詩評傅天虹及詩〈一棵雨中行的蕨樹〉、27 期 2012.4 書評楊奉琛及詩〈啊，卡地布〉、28 期 2012.7 刊書評〈略論陳義海的詩歌藝術〉及詩〈歌飛阿里山茶香〉、29 期 2012.10 詩〈當時間與地點都變了〉、

30 期 2013.01 畫評賀慕群、31 期 2013.04 詩〈原鄉，咏撫順〉、32 期 2013.7 書評斯聲的詩、33 期 2013.10 詩評〈辛鬱的抒情詩印象〉及詩〈原鄉〉、34 期 2014.1 書評《讀楊濤詩集心窗》。39 期 2015.04 詩評〈深秋裡的白鷺—獨鄭勁松的詩〉。40 期 2015.07 畫評〈與自然共舞-楊惠珺的繪畫藝術〉。

41 期 2015.10 詩評〈為故鄉而歌 —讀鄭衛國的詩〉，本文刊中國「根在黃梅官網」

http://www.huangmei100.com/portal.php?mod=view&aid=467

42 期 2016.01 詩評屈金星《煤啊，我的情人我的黑姑娘》，中國「中華文化財富網」 刊登

http://www.wenhuacaifu.net/a/mtsd/wczx/20151129/1070.html

43 期，2016.04 詩評〈溫雅中見真醇--崔金鵬的詩〉。

14. 高雄市《大海洋》詩雜誌，第 85 期，2012.07 刊登林明理簡介照片及英詩〈吳鈞譯〉4 首〈秋日的港灣〉〈海上的中秋〉〈海祭〉〈霧〉於頁 48-49、書評一篇〈試論《周世輔回憶錄》的文學價值〉，頁 50-51。

14-1.《大海洋》詩雜誌，第 86 期，2012.12 刊登林明理英詩 4 首〈吳鈞譯〉〈想念的季節〉〈樹林入口〉〈曾經〉〈十月秋雨〉於頁 20-21 及詩評一篇〈愛倫‧坡的詩化人生〉，頁 22-27。

14-2.《大海洋》詩雜誌，第 87 期，2013.07 刊登詩評 1 篇〈傑克‧斐外詩歌的意象藝術探微〉於頁 23-27 及獲第 54 屆中國文藝獎章新詩類報導照片、證書資料於頁 22。

14-3.《大海洋》詩雜誌，第 88 期，2014.1 刊登詩評 1 篇〈一隻慨然高歌的靈鳥—讀普希金的詩〉頁 26-31 及詩 1 首〈重生的喜悅〉於頁 26。

14-4.《大海洋》詩雜誌，第 89 期，2014.7 刊登詩評 1 篇〈評葦子

的詩世界〉頁 74-76 及作者與 Prof.Kahan 諾貝爾和平獎得主合
照一張。

14-5.《大海洋》詩雜誌，第 90 期，2015.01 刊登書評 1 篇〈從孤
　　獨中開掘出詩藝之花—淺釋《艾蜜莉・狄金生詩選》〉，頁
　　120-124。

14-6.《大海洋》詩雜誌，第 91 期，2015.07 刊登詩評 1 篇〈讀鄭
　　勁松的詩〉及新詩〈憶友—prof.Kahan〉、合照於馬來西亞世詩
　　一張。

14-7.《大海洋》詩雜誌，第 92 期，2016.01 刊登詩評 1 篇〈飛越
　　海洋的詩情—讀朱學恕的詩〉、合照及新詩 5 首〈生命的樹葉〉、
　　〈越過這個秋季〉、〈綠淵潭〉、〈等著你，岱根塔拉〉、〈秋
　　夕〉及散文一篇及攝影照。

15.臺北市保安宮主辦，《大道季刊》第 62 期，2011 年 1 月，發
　　表古蹟旅遊論述〈雨抹輕塵　清聲疏鐘—觀臺北市大龍峒保安宮
　　有感〉，頁 10-13。

16.《臺灣時報》，2011.12.16，臺灣文學版，刊登作者與丁旭輝等
　　合照及散文 1 篇〈高應大「佛文盃」觀禮有感〉，頁 18。2013.2.5
　　刊書訊（用詩藝開拓美-林明理談詩）。

16-1.《臺灣時報》，2013.6.3，臺灣文學版，刊登書評〈夜讀梁正
　　宏《如果，轉九十度》〉，頁 18。

16-2.《臺灣時報》，2013.6.16，臺灣文學版，刊登詩評〈蓉子詩
　　中的生命律動〉，頁 18。16-3.《臺灣時報》，2013.7.4-7.5，
　　臺灣文學版，刊登詩評〈林泠的抒情詩印象〉，頁 18。16-4.《臺
　　灣時報》，2013.8.5，臺灣文學版，刊登詩評〈走進路寒袖的詩
　　世界〉，頁 21。16-5.《臺灣時報》，臺灣文學版，刊登詩評
　　2013.8.18-8.19，臺灣文學版，刊登書評伊利・戴德切克著〈夜

讀詩集《身後之物》，頁 21。16-6.《臺灣時報》，臺灣文學版，2013.9.16，刊詩評印度前總統〈夜讀阿布杜・卡藍詩〈我原鄉的欖仁樹〉，頁 21。16-7.《臺灣時報》，臺灣文學版，2013.11.24，刊林明理的書序文〈在時光的倒影中〉及獲文學博士頒獎照，頁 21。16-8.《臺灣時報》，臺灣文學版，2013.12.1-12.2 刊詩評〈淺析余光中的新詩三首〉，頁 21 及林明理與 prof.Ernesto Kahan 合照於馬來西亞世詩會。16-9.《臺灣時報》，臺灣文學版，2013.12.15-12.16 刊書評〈綠蒂詩歌的藝術成就及與綠蒂合照於馬來西亞 33 屆世詩大會參訪，頁 21。

16-10.《臺灣時報》，臺灣文學版，2014.5.4，刊散文 1 篇〈鞏伯伯的菜園子〉，水彩畫 1 幅及住家門前照，頁 21。16-11.《臺灣時報》，臺灣文學版，2014.5.11-12，.刊登詩評〈關懷情 赤子心—讀焦桐的詩〉，頁 21。16-12.《臺灣時報》，臺灣文學版，2014.5.25 刊登詩評〈為故鄉而歌-讀陳黎的詩〉，頁 21。16-13.《臺灣時報》，臺灣文學版，2014.8.15 刊登散文〈遷移記〉。16-14.《臺灣時報》，臺灣文學版，2014.9.7-9/8 刊登詩評〈淺談羊令野的詩藝人生〉。16-15.《臺灣時報》，臺灣文學版，2014.9.18 刊登新詩〈蘿蔔糕〉及攝影圖片 1 張。16-16.《臺灣時報》，臺灣文學版，2014.10.12 刊登詩及水彩畫一幅〈流浪漢〉。16-17.《臺灣時報》，臺灣文學版，2014.12.14-15 刊詩評〈堅守與理想 —讀葉笛的詩〉。16-18.《臺灣時報》，臺灣文學版，2014.12.21-22 刊詩評〈讀吳晟的詩隨感〉。

16-19.《臺灣時報》，臺灣文學版，2015.1.4 刊書評〈讀傅予《籬笆外的歌聲》〉、與林明理合照一張。16-20.《臺灣時報》，臺灣文學版，2015.1.11 刊〈縱浪翰墨詩香〉及林明理與隱地、向明、魯蛟合照 1 張。16-21.《臺灣時報》，臺灣文學版，2015.2.1-2.2

刊詩評〈美麗的瞬間〉。16-22.《臺灣時報》，臺灣文學版，2015.3.1
刊新詩 2 首〈四草湖中〉〈恬靜〉及攝影圖 1 幅。16-23. 2015.4.2
刊新詩〈致出版家彭正雄先生〉及《山居歲月》書封面。16-24.
2015.4.26 刊新詩〈野桐〉及攝影作品一張。16-25. 2015.5.11
刊詩評〈夐虹詩的神性寫作〉及《山居歲月》書封面。16-26.
2015.6.8 刊散文〈布農部落遊踪〉〈圖文〉。16-27. 2015.6.20
刊散文〈夢中的，母親〉及水彩畫一幅。16-28. 2015.7.20 刊
詩〈相見居延海〉及水彩畫一幅。16-29. 2015.8.2 刊散文〈鹿
野高台記遊〉及水彩畫作 1 幅。16-30. 2015.8.9 台灣文學版刊
「文學名家大展」林明理專頁，收錄新詩 6 首〈想妳，在墾丁〉
〈綠淵潭〉〈越過這個秋季〉〈秋夕〉〈等著你，岱根塔拉〉
〈生命的樹葉〉，散文一篇〈在我南灣的風景中〉，水彩畫作
5 幅，攝影 1 張。16-31. 2015.8.16 台灣文學版刊詩評〈飛越海
洋的詩情 — 讀朱學恕的詩〉，攝影合照 1 張。16-32. 2015.9.6
台灣文學版刊新詩〈縱然剎那〉及水彩畫 1 幅。16-33. 2015.9.13
台灣文學版刊散文〈生命的樂章〉及水彩畫 1 幅。 16-34.
2015.9.27 台灣文學版刊散文〈野薑花的回憶〉及水彩畫 1 幅。
16-35. 2015.11.30 台灣文學版刊詩二首〈給 Athanase Vantchev
de Thracy〉及水彩畫 1 幅。16-36.2015.12.14 台灣文學版刊詩〈六
十石山小記〉及攝影照 1 幅。

16-37.《臺灣時報》，臺灣文學版，2016.1.4 台灣文學版刊散文（富
源賞蝶記）及水彩畫 1 幅。16-38. 2016.2.27 台灣文學版刊詩
（老師，請不要忘記我的名）及合照。16-38. 2016.3.7 刊詩評
（思與詩：漫談林佛兒）及一水彩畫。16-39. 2016.3.16 刊評（書
的墨客：彭正雄）。16-40. 2016.4.6.刊詩評（思與詩：楊華）
及水彩畫一幅。

16-41.　2016.4.18. 刊詩評〈杜潘芳格愛的深沉〉及水彩畫一幅。

17.《青年日報》副刊，2012.11.17，刊詩 1 首〈詠車城〉，頁 10。

　　17-1.《青年日報》副刊，2012.12.16，刊詩 1 首〈寄墾丁〉，頁 10。17-2.《青年日報》副刊，2013.3.9，刊詩 1 首〈野地〉，頁 10。

18.《葡萄園》詩刊，第 177 期詩〈瓶中信〉，178 期詩〈夜之海〉〈風吹的早晨〉〈送別〉〈寒梅〉〈瓶中信〉，179 期 2008 秋季號詩〈追夢〉〈橄欖花〉〈被遺忘的角落〉〈昨日已逝〉〈山雨滿樓〉〈可仍記得〉，180 期 2008 冬季號刊詩〈靜夜〉〈春信〉〈夏日涅瓦河畔〉〈行雲〉〈江晚〉〈日落〉，181 期散文〈重遊台北城〉及詩〈星空中的風琴手〉〈墨竹〉〈春日江中〉〈大貝湖畔〉〈一方寒影〉〈光點〉，182 期 2009 夏季號詩〈流螢〉〈驀然回首〉〈木棉花道〉，183 期 2009 秋季號刊書評胡爾泰詩集及詩〈夢土的小溪〉〈秋暮〉〈岩川之夜〉〈春已歸去〉，184 期 2009 冬季號刊書評〈讀吳開晉《游心集》〉及詩〈七月〉〈西湖秋柳〉〈夢裡的山谷〉。

19.臺北《世界論壇報》，第 143 期至 168 期止，共刊登新詩 19 首，自傳文 1 篇。

　　19-1.《世界論壇報》，143 期新詩〈冬的洗禮〉〈沉默的湖面〉〈我願是一片樹海〉、145 期 2008.11.20 詩〈考驗〉、146 期 2008.12.4 詩〈想念的季節〉〈北窗下〉、147 期 2008.12.18〈望鄉〉〈翠堤偶思〉〈逗留〉、148 期 2009.1.8 詩〈看白梅花開〉〈又還丁香〉，149 期 2009.1.22 詩〈在初冬湖濱〉，150 期詩〈春信〉，151 期 2009.3.5 詩〈老街〉〈枯葉蝶〉及書介《夜櫻》。152 期 2009.3.19 詩〈萊斯河向晚〉，153 期 2009.4.9 詩〈神農溪上的縴夫〉〈走在彎曲的小徑上〉，157 期 2009.6.18

詩〈逗留〉，158 期 2009.7.9 詩〈墨竹〉〈萊斯河向晚〉，168
期 2009.12.10 詩〈驀然回首〉。

20.臺南《台灣文學館》第 32 號，2011 年 9 月，頁 68，刊登詩會
合照。第 36 期，2012 年 09 月「榴紅詩會」詩人全體合照 2 張
紀念。

21.第 30 屆世界詩人大會編印，Worid Poetry Anthology 2010‧2010
世界詩選，2010 年 12 月 1-7 日，臺北，臺灣。刊登簡介照片、
中英譯詩 2 首〈雨夜〉〈夏荷〉，頁 328-331 及論文 1 篇〈詩
美的極致與藝術開拓〉〈中英對照〉，吳鈞教授譯，頁 661-671。
（作者出席台北吟誦譯詩及發表論文）

21-1.第 33 屆世界詩人大會編印，33rd World Congress of poets，
2013.10.25 刊登作者簡介照片及譯詩〈樹林入口〉〈Tree on the
bank〉於頁 66。（作者出席馬來西亞吟誦譯詩及領頒授文學博
士證書）

22.乾坤詩選〈2002-2011〉，《烙印的年痕》，林煥彰等編，收錄
林明理詩〈末日地窖〉，頁 190-191，2011 年 12 月版。

23.葡萄園五十周年詩選，《半世紀之歌》，收錄〈瓶中信〉詩一
首。2012 年 7 月版。

24.《詩人愛情社會學》，莫渝編，收錄林明理詩 1 首〈木框上的
盆花〉，散文一篇〈愛情的巡禮〉。釀出版，頁 87-90，2011
年 6 月版。

25.《蚱蜢世界》，非馬著，2012 年 7 月秀威出版，收錄林明理詩
評非馬〈「照夜白」的象徵—非馬〉，頁 245-252。

26.《花也不全然開在春季》，丁文智著，爾雅 2009 年 12 月版，
收錄林明理詩評〈鏡湖映碧峰 —— 讀丁文智的〈芒〉、〈自主〉〉
一篇，頁 232-236。

26-1.《雪飛詩歌評論集》，雪飛著，2009 年海峽兩岸中秋詩歌朗誦會暨作品研討會論文，收錄林明理詩評 1 篇〈愛與美的洗禮-評雪飛《歷史進行曲》，頁 129-140。

26-2.《光之穹頂》，莫渝著，高雄市文化局策畫出版，2013.10，收錄林明理書評〈真樸、意趣與悲憫 —— 讀莫渝《光之穹頂》〉。

27.《臺灣公論報》，2013.6.17，刊登詩 1 首〈生命的樹葉〉及林明理獲中國文藝獎章新詩類的報導照片。

28.《陳千武紀念文集》南投縣文化局出版，2014.05，收錄林明理詩一首〈追悼 —— 陳千武前輩〉，頁 138。

29.《詩藝浩瀚》，中國詩歌藝術學會編，文史哲出版，2009 年 6 月，頁 339-348.刊簡介照片及新詩 8 首〈牧羊女的晚禱〉〈夜櫻〉〈瓶中信〉〈金池塘〉〈遲來的春天〉〈北極星〉〈雨夜〉〈寒松〉。

30.高雄市《太極拳雜誌》第 172 期 2007.8 刊〈習拳有感〉、173 期 2007.10 刊散文〈古道之旅感言〉、174 期 2007.12 刊〈野薑花的回憶〉、〈生命的樂章〉及詩〈殘照〉。

30-1.第 237 期臺北《太極拳研究專輯》，2008.1.15 刊詩〈縱然剎那〉。

31.「台灣詩學吹鼓吹詩論壇」網路推薦置頂 2007.10 詩〈青煙〉、2007.11 詩〈夢橋〉、2007.12 詩〈秋收的黃昏〉、2008.02 詩〈手心裡的束髮〉〈山影〉、2008.06 詩〈雨中冥想〉。

32.《藝文論壇》創刊號 2009.5.4，中國詩歌藝術學會出版，收錄林明理 1 文〈海峽兩岸兒童詩的發展方向〉，頁 98-99。第 2 期 2009.9.10 收錄書評〈評雪飛《歷史進行曲》〉，頁 76-80。

33.張默編著，《小詩・隨身帖》，創世紀詩社出版，2014.9，頁 21，收錄新詩〈流星雨〉1 首。

34. 第三屆海峽兩岸漂母杯文學獎，《母愛，愛母》獲獎作品集，刊登散文獎三等獎〈母親與我〉及新詩獎二等獎〈母親〉，台北，聯經出版社，2014.10 出版。

35. 莫渝著，《陽光與暗影》，新北市政府主辦，2014.10 出版，收錄林明理書評〈讀莫渝《走入春雨》〉，頁 192—198。

36. 《華文現代詩》，第 5 期，2015.05，台北市，華文現代詩社，刊新詩二首〈朱鸝〉、〈陽光下的時光〉，頁 61。

36-1. 第 6 期，2015.8，刊詩二首〈西漢高速〉、〈華夏龍脈雕塑群〉，頁 84。36-2. 第 7 期，2015.11 刊詩 1 首〈大好河山張家口〉頁 61.及詩評〈真醇的詩音-張智中的詩〉，頁 36-38。第 8 期 2016.02，刊詩 1 首〈寫給觀音山國家森林公園的歌〉，頁 71-72。第 9 期 2016.05，刊〈歷下詩絮〉詩三首，〈懷柔千佛山〉、〈趵突泉即景〉、〈開元寺秋雨〉，頁 78。

37. 《母愛，愛母》和獲獎作品集，第四屆海峽兩岸漂母杯散文詩歌大賽，新詩組二等獎〈獻給抗癌媽咪〉，聯經出版，2015.6，頁 131-133.

38. 楊允達著，《時間之時》，普音出版，2014.10.收錄林明理詩評〈 融合寫實寫意的感事抒懷 —— 楊允達其人及其作品〉。

39. 南投縣文化局編印，《岩上作品論述》第二集，陳明台等著，頁 450-455. 2015.11 出版。收錄林明理詩評〈岩上：將孤獨輾轉於命運的軌跡之中〉。

40. 秀實著，《台北翅膀 —— 秀實詩集》，台北釀出版，2016 . 02，收錄林明理詩評內一小段文字當書簡介。

海外詩刊物及報紙

1.美國《poems of the world》季刊，2010年起至2015夏季，發表非
　　馬博士英譯林明理詩5首，吳鈞教授英譯林明理新詩19首。
　　2010春季號刊詩1首〈光點〉（非馬譯），2010夏刊詩1首
　　　〈夏荷〉，2010春季號刊詩1首〈光點〉（非馬譯），2010
　　　夏刊詩1首〈夏荷〉，2010秋刊詩2首〈十月秋雨〉〈雨夜〉，
　　　2010冬刊詩1首〈流星雨〉。
　　2011春刊詩1首〈曾經〉，2011夏刊詩1首〈所謂永恆〉，2011
　　　秋刊詩2首〈想念的季節〉〈霧〉，2011冬刊詩1首〈在那星
　　　星上〉。
　　2012春刊詩1首〈四月的夜風〉，2012夏刊詩1首〈在白色的夏
　　　季裡〉。2012秋刊詩〈秋日的港灣〉，2012冬季刊詩2首〈午
　　　夜〉，〈流星雨〉。
　　2013.春季刊詩〈看灰面鵟鷹消逝〉，2013.夏季刊詩〈早霧〉，
　　　2013秋季刊詩〈秋復〉，2013冬季刊詩〈海影〉。
　　2014春季刊詩〈Recalling of my Friend----Ernesto Kahan〉，2014
　　　秋季號刊詩〈晚秋〉。2015春季號刊非馬譯明理詩
　　　〈RAINDROPS FALLING IN MY HOMETOWN〉〈雨落在故
　　　鄉的泥土上〉，2015夏季號刊詩〈回憶的沙漏〉。2015秋季
　　　號刊詩2首，非馬英譯〈你的名字〉及〈你的微笑〉〈to
　　　Athanase Vantchev de Thracy de Tracy〉。
2.美國報紙《亞特蘭大新聞》Atlanta Chinese News，2010 年 2 月
　　起至 2016.年 5 月，共發表 4 篇散文、20 篇文學評論，新詩 4
　　首，翻譯詩 5 首，水彩畫作 4 幅，攝影 1 張。
　　2010.8.6 刊新詩 1 首〈偶然的佇足〉，2016.1.15 書介一文，水
　　　彩畫 1 張。
2-1.2010.7.23 刊作者簡介照片及詩評〈《商禽詩全集》的哲學沉
　　　思〉、
2-2.2010 年 7.30 刊作者簡介照片及詩評〈讀林煥彰的詩〉〈候鳥

過境〉。

2-3.2011 年 2 月 25 日刊簡介照片及詩畫評《葉光寒的美學思想》，

2-4.2011.3.25 刊作者簡介照片及詩評〈讀涂靜怡的詩〉，

2-5.2011.4.22 刊作者與古月合照及詩評〈古月的詩世界〉，

2-6.2011.1.28 刊〈走向璀璨的遠景 —— 曾淑賢以人性打造圖書館〉，

2-7. 2011.1.14 書評〈簡論非馬的散文創作 —— 讀《不為死貓寫悼歌》有感〉，

2-8.2011.4.15 書評〈略論臺灣高準的詩才〉，

2-9.2011.3.4 刊簡介照片及書評〈評李浩的《評許廣平畫傳》研究〉。

2-10.2011.6.10 刊作者照及詩評〈鍾順文的《六點三十六分》〉。

2-11.2015.11.13 刊作者與諾貝爾和平獎得主 Ernesto Kahan 合照 2 張及散文〈世詩會記遊〉。

2-12.2015.12.4 刊作者照及書評〈彈響心靈的古琴－試析瘂弦的詩〉。

2-13.2015.12.18.刊作者與非馬合照及詩評〈說不盡的非馬〉。

2-14.2015.12.25 刊詩評〈楊允達詩歌的藝術成就〉及作者合照 2 張及林明理博士詩集 Summer Song 書封面及簡介。
http://www.atlantachinesenews.com/News/2015/12/12-25/b-05.pdf

2-15.2015.12.25 刊林明理給美國亞特蘭大詩友賀年卡祝語及水彩畫一張。
http://www.atlantachinesenews.com/News/2015/12/12-25/b-08.pdf

2-16.2016.1.1 刊書評〈夜讀拉加蘭姆《蜜蜂－生命如時》〉及林明理與 Ernesto Kahan、印度詩人合照一張。
http://www.atlantachinesenews.com/News/2016/01/01-01/b-08.pdf

2-17.2016.1.15 刊林明理著《默喚》中英法譯詩集簡介、阿莎納斯寫的序言及明理簡介及照片。
http://www.atlantachinesenews.com/News/2016/01/01-15/b-05.pdf

2-18.2016.3.4 刊書評〈書的饗宴〉及《SUGGESTION》封面及林明理與 Prof.Ernesto Kahan 合照。 —— Atlanta Chinese News Friday, March 4, 2016.

http://www.atlantachinesenews.com/News/2016/03/03-04/B_ATL_P0
8.pdf

2-19. Atlanta Chinese News，2016.3.11 刊散文〈在東岸中閃爍的大
海〉，及水彩畫一幅，攝影一張。

2-20. Atlanta Chinese News，2016.3.18 刊林明理新詩〈和平的使者
—— to Prof. Ernesto Kahan〉，由非馬 William Marr 英譯。〈A
Peacemaker–to Prof. Ernesto Kahan〉，及 Kahan 的照片、和平
鴿圖一張。

http://www.atlantachinesenews.com/News/2016/03/03-18/B_ATL_P0
8.pdf

2-21. Atlanta Chinese News，2016.4.1 刊詩 ***DON'T*** BE SAD，由非
馬 William Marr 英譯及水彩畫 1 張。

2-22. Atlanta Chinese News，2016.4.8 書評〈一首草原金秋交響曲
—— 讀門都右《新的家鄉》〉。

2-23. Atlanta Chinese News，2016.4.15.刊詩評〈鄒建軍詩歌的美學
風格〉及水彩畫 1 幅。

2-24. Atlanta Chinese News，2016.4.22. 詩評〈夜讀莫渝的譯著：
《石柱集》〉及水彩畫作一幅。

2-25. Atlanta Chinese News，2016.4.29 詩評〈論新詩的審美追求〉
（上）。http://www.atlantachinesenews.com/News/2016/04/04-29/
B_ATL_P08.pdf

2-26. Atlanta Chinese News，2016.5.06 詩評〈論新詩的審美追求〉
（下）及新詩〈頌長城〉。

3. 美國《新大陸》雙月詩刊，2008.12 任林明理為名譽編委，2009
年第 111 期迄 138 期 2013.10 止，共發表新詩 43 首。第 117 期
詩評葉維廉、113 期詩評非馬共 2 篇。

111 期刊詩〈讀月〉〈一方小草〉〈小雨〉〈想年的季節〉。
112 期〈又見寒食〉〈海上的中秋〉。113 期〈一滴寒星〉〈河
階的霧晨〉。114 期詩〈野渡 1〉〈野渡 2〉，詩評〈如歌之徜
徉-讀瘂弦〈歌〉〈瓶〉〉。115 期詩〈漁隱〉〈暮鴉〉。116
期詩〈夢裡的山谷〉〈清雨塘〉。117 期詩評〈葉維廉〈愛與

死之歌〉索隱〉。119 期詩〈愛無疆域〉〈夜裡聽到礁脈〉。
120 期詩〈風吹來的時候〉。121 期詩〈黑夜無法將妳的光和
美拭去〉。122 期詩〈傾聽紅松籽飄落〉〈岸畔〉。123 期詩
〈當時間與地點都變了〉〈瑪家鄉的天空〉。124 期〈破曉時
分〉〈三義油桐花畔〉。125 期〈燈塔〉〈致黃櫨樹〉。126
期詩〈水鏡〉〈在霧掩的絕頂上，我醒著〉。127 期〈在山丘
的彼方〉〈風河〉。128 期〈風滾草〉〈森林之歌〉。130 期
〈夜宿南灣〉〈在淺溪邊的茵綠角落裡〉。131 期〈夏風吹起
的夜晚〉〈山居歲月〉。132 期〈悼〉〈蘆花飛白的時候〉。
133 期〈凜冬之至〉〈冬日〉。134 期〈我曾在漁人碼頭中競
逐〉。138 期詩〈我原鄉的欖仁樹〉〈致雙溪〉。

111 期刊詩〈讀月〉〈一方小草〉〈小雨〉〈想年的季節〉。
112 期〈又見寒食〉〈海上的中秋〉。113 期〈一滴寒星〉〈河
階的霧晨〉。114 期詩〈野渡 1〉〈野渡 2〉，詩評〈如歌之徜
徉-讀瘂弦〈歌〉〈瓶〉〉。115 期詩〈漁隱〉〈暮鴉〉。116
期詩〈夢裡的山谷〉〈清雨塘〉。117 期詩評〈葉維廉〈愛與
死之歌〉索隱〉。119 期詩〈愛無疆域〉〈夜裡聽到礁脈〉。
120 期詩〈風吹來的時候〉。121 期詩〈黑夜無法將妳的光和
美拭去〉。122 期詩〈傾聽紅松籽飄落〉〈岸畔〉。123 期詩
〈當時間與地點都變了〉〈瑪家鄉的天空〉。124 期〈破曉時
分〉〈三義油桐花畔〉。125 期〈燈塔〉〈致黃櫨樹〉。126
期詩〈水鏡〉〈在霧掩的絕頂上，我醒著〉。127 期〈在山丘
的彼方〉〈風河〉。128 期〈風滾草〉〈森林之歌〉。130 期
〈夜宿南灣〉〈在淺溪邊的茵綠角落裡〉。131 期〈夏風吹起
的夜晚〉〈山居歲月〉。132 期〈悼〉〈蘆花飛白的時候〉。
133 期〈凜冬之至〉〈冬日〉。134 期〈我曾在漁人碼頭中競
逐〉。138 期詩〈我原鄉的欖仁樹〉〈致雙溪〉。

4..泰國《中華日報》，2009 年 8 月 11 日，刊登新詩 3 首〈笛在深
　山中〉〈江岸暮色〉〈草露〉。

5.馬尼拉出版，《世界日報》，2009.8.6，刊新詩

林明理簡介

Dr. Lin Ming-Li

　　林明理，1961 年生，臺灣雲
林縣人，曾任屏東師範學院講師，
法學碩士。現任中國文藝協會理
事、中華民國新詩學會理事，北京
「國際漢語詩歌協會」理事，詩人
評論家。2013.5.4 獲第 54 屆「中
國文藝獎章」文學類「詩歌創作
獎」。2013.10.21 獲美國世界文化
藝術學院文學博士。2012 年 9 月 9 日人間衛視『知道』節目專
訪林明理 1 小時，播出於第 110 集「以詩與畫追夢的心 —— 林
明理」。

　　著有《秋收的黃昏》、《夜櫻-詩畫集》、《新詩的意象與
內涵-當代詩家作品賞析》、《藝術與自然的融合-當代詩文評論
集》、《湧動著一泓清泉 —— 現代詩文評論》、《用詩藝開拓美
—— 林明理談詩》、《林明理報刊評論》、《行走中的歌者 —— 林
明理談詩》、《海頌 —— 林明理詩文集》、《林明理散文集》、《名
家現代詩賞析》。以及詩集《山楂樹》、《回憶的沙漏》〈中英對
照〉、《清雨塘》〈中英對照〉、《山居歲月》〈中英對照〉、《夏
之吟》〈中英法對照〉、《默喚》〈中英法對照〉。她的詩畫被
收錄編於山西大學新詩研究所 2015 年編著 《當代著名漢語詩
人詩書畫檔案》、詩作六首被收錄於《雲林縣青少年臺灣文學
讀本》，評論作品被碩士生研究引用數十篇論文，作品包括詩
畫、散文與評論散見於海內外學刊及詩刊、報紙等上千篇。

Biography

Dr. Lin Ming-Li was born in 1961 in Yunlin, Taiwan. She holds a Master's Degree in Law and lectured at Pingtung Normal College. A poetry critic, she is currently serving as a director of the Chinese Literature and Art Association, the Chinese New Poetry Society, and Beijing's International Association of Chinese Poetry. On the 5th of April 2014, she won the Creative Poetry Prize in the 54th Chinese Literature and Arts Awards. On the 21st of October 2013, she received a Doctor of Literature degree from America's World Culture and Art Institute. On the 9th of September 2012, the World Satellite TV Station in Taiwan broadcast her interview, 「Lin Ming-Li: the Heart that Pursues a Dream with Poetry and Painting」.

Her publications include "An Autumn Harvest Evening", "Night Sakura: Collection of Poems and Paintings", "Images and Connotations of New Poetry : Reading and Analysis of the Works of Contemporary Poets", "The Fusing of Art and Nature: Criticism of Contemporary Poetry and Literature", "The Gushing of a Pure Spring: Modern Poetry Criticism". "Developing Beauty with Poetic Art: Lin Ming-Li On Poetry", "A Collection of Criticism from Newspapers and Magazines", "The Walking Singer: Lin Ming-Li On Poetry", and "Ode to

the Sea: A Collection of Poems and Essays of Lin Ming-Li",
" Appreciation of the work of Famous Modern Poets " , " Lin
Ming-Li's Collected Essays".

　　Her books of poetry include 「Hawthorn Tree", "Memory's
Hourglass", (Chinese/English), "Clear Rain Pond"
(Chinese/English),"Days in the Mountains" (Chinese/English),
"Summer Songs" (Chinese/English/French) and 「Silent call 」
(Chinese/English/French).

　　Her poems and paintings are included in "A Collection
of Poetry, Calligraphy and Painting by Contemporary
Famous Chinese Poets", compiled in 2015 by New Poetry
Research Institute of Shanxi University. Six of her poems are
included in "Taiwanese Literary Textbook for the Youth of
Yunlin County 」. Her review articles have been quoted in
theses by many graduate students. Thousands of her works,
including poetry, painting, essay, and criticism have appeared
in publications all over the world.

Dr. Lin Ming-Li
Postal code：95058
NO.1，SECTION 2，HSING AN ROAD，
TAITUNG，TAIWAN
Phone： 089-233583
95058 台灣台東市興安路 2 段 1 號　林明理
http://blog.sina.com.cn/june122333
june122333@yahoo.com.tw

Biographie

Le Docteur Lin Ming-Li est née en 1961 à Yunlin, Taïwan. Titulaire d'une maîtrise en droit, elle a été maître de conférences à l'École Normale de Pingtung. Critique de poésie, elle occupe actuellement le poste d'administrateur de l'Association Art et Littérature chinois, de l'Association Nouvelle Poésie chinoise et de l'Association internationale de poésie chinoise de Pékin. Le 4 mai 2013, elle a obtenu le Prix de Poésie créative lors du 54ᵉ palmarès de littérature et d'art chinois. Le 21 octobre 2013, l'Institut de la Culture et des Arts du Monde d'Amérique lui a attribué le titre de Docteur. Le 9 septembre 2012, la Station Mondiale de télévision par satellite de Taiwan a diffusé une interview d'elle intitulée « Lin Ming-Li, le cœur qui poursuit ses rêves par la Poésie et la Peinture ». « Célèbre poésie moderne Appréciation ». " Lin Ming-Li Collected Essays ".

Ses publications comprennent les titres suivants : « Soir de moisson d'automne», «Nuit des Cerisiers – recueil de poèmes et de peintures», «Images et connotations de la Nouvelle Poésie - lecture et analyse des œuvres de poètes contemporains», «Fusion de l'Art et de la Nature – critique sur la Poésie et la Littérature contemporaines», «Le

Jaillissement d'une source pure – étude sur la poésie moderne», « Rehaussement de la Beauté grâce à l'Art poétique – Lin Ming-Li au sujet de la poésie», «Recueil de critiques tirées de journaux et de revues», «Les Chanteurs errants – Lin Ming-Li au sujet de la poésie» et «Ode à la mer – recueil de poèmes et d'essais de Lin Ming-Li». Ses autres livres de poésie sont: «L'Aubépine», «La clepsydre de la mémoire» (bilingue: chinois – anglais), «L'Étang de pluie claire» (bilingue: chinois – anglais), «Jours passés dans les montagnes» (bilingue: chinois – anglais), « Chants d'été» (trilingue: chinois – anglais – français) et «L'appel silencieux» (trilingue: chinois – anglais – français).

Certains de ses poèmes et peintures figurent dans le *«Recueil de poésies, calligraphies et peintures des plus notables poètes chinois contemporains»* publié en 2015 par l'Institut de Recherches sur la nouvelle poésie de l'Université de Shanxi.

Six de ses poésies figurent dans le *«Manuel de littérature taïwanaise pour la jeunesse du comté de Yunlin»*. Ses articles publiés dans différents magazines ont été cités dans les thèses de nombreux diplômés. Des milliers de ses œuvres de poésie, de peinture, d'essai et de critique ont eu l'honneur des colonnes de revues et journaux du monde entier.

榮譽事項

1. 獲 2011 年台灣「國立高雄應用科技大學 詩歌類評審」校長頒贈聘書。
2. 詩畫作品獲收入中國文聯 2015.01 出版「當代著名漢語詩人詩書畫檔案」一書，山西當代中國新詩研究所主編。
3. 2015.1.2 受邀訪談於重慶市研究生科研創新專案重點項目「中國臺灣新詩生態調查及文體研究」，訪談內文刊於湖南文聯《創作與評論》2015.02。
4. 獲《中國今世詩歌獎〈2011-2012〉指摘獎》第 7 名。
5. 獲 2013 年中國文藝協會與安徽省淮安市淮陰區人民政府主辦，「漂母杯」兩岸「母愛主題」散文大賽第三等獎。2014「漂母杯」兩岸「母愛主題」散文大賽第三等獎、詩歌第二等獎。2015「漂母杯」兩岸「母愛主題」詩歌第二等獎。
6. 新詩〈歌飛霍山茶鄉〉獲得安徽省「霍山黃茶」杯全國原創詩歌大賽組委會「榮譽獎」榮譽證書 。
7. 參加中國河南省開封市文學藝術聯合會「全國詠菊詩歌創作大賽」，榮獲銀獎證書〈2012.12.18 公告〉，詩作〈咏菊之鄉—開封〉。
8. 「湘家蕩之戀」國際散文詩徵文獲榮譽獎，散文詩作品：〈寫給相湖的歌〉，嘉興市湘家蕩區域開發建設管理委員會、中外散文詩學會舉辦，2014.9.28 頒獎於湘家蕩。
9. 獲當選中國北京「國際漢語詩歌協會」理事〈2013-2016〉。
10. 獲當選中國第 15 屆「全國散文詩筆會」台灣代表，甘肅舉辦

「吉祥甘南」全國散文詩大賽，獲「提名獎」，2015.7.26 頒獎
於甘南，詩作〈甘南，深情地呼喚我〉，詩作刊於《散文詩·
校園文學》甘南采風專號 2015.12（總第 422 期）。

11. 2015.08 中國·星星「月河月老」杯〈兩岸三地〉愛情散文詩大
賽獲「優秀獎」，詩作〈月河行〉。

12. 北京新視野杯「我與自然」全國散文詩歌大賽獲獎於 2015.10
獲散文〈布農布落遊蹤〉及詩歌〈葛根塔拉草原之戀〉均「二等
獎」。

13. 河南省鶴壁市文聯、鶴壁市日報、鶴壁市作協、中國詩歌學會
主辦，2015 年 8 月首屆「中國詩河 鶴壁」全國詩歌大賽，獲
「提名獎」獲獎證書一張，組詩作〈寫給鶴壁的歌〉。

14. 2015.9 中央廣播電台、河南省中共鄭州市委宣傳部主辦「待月
嵩山 2015 中秋詩會詩歌大賽」獲三等獎，新詩作品〈嵩山之
夢〉，獲人民幣 1 千元及獎狀

　　http://www.dengfeng.gov.cn/sitegroup/root/html/ff8080812233397
　　　4012235b30fe500be/20151124165235146.html

　　此詩刊在中國登封旅遊頻道，主辦單位：河南省登封市人民政
　　　府　建設維護：登封市資訊網路中心

15. 2012 年 9 月 9 日人間衛視『知道』節目專訪林明理 1 小時，播
出於第 110 集「以詩與畫追夢的心—林明理」。

16. 雲林縣政府編印，主持人成功大學陳益源教授，《雲林縣青少
年臺灣文學讀本》新詩卷，2016.04 出版，收錄林明理新詩六
首，〈九份黃昏〉〈行經木棧道〉〈淡水紅毛城〉〈雨，落在
愛河的冬夜〉〈生命的樹葉〉〈越過這個秋季〉於頁 215-225。

17. 北京，2015 年全國詩書畫家創作年會，林明理新詩〈夢見中
國〉獲「二等獎」，頒獎典禮在 2015.12.26 人民大會堂賓館舉行。

18. 福建省邵武市，2015.12.15 公告，文體廣電新聞出版局主辦，
邵武「張三豐杯海內外詩歌大賽」，林明理新詩〈邵武戀歌〉

獲「優秀獎」。

19. 安徽詩歌學會主辦，肥東縣文聯承辦，第二屆「曹植詩歌獎」華語詩歌大賽，林明理獲二等獎，獎狀及獎金人民幣兩千，2016.3.28 中國煤炭新聞網公告。

　http://www.cwestc.com/newshtml/2016-4-2/406808.shtml

　http://www.myyoco.com/folder2288/folder2290/folder2292/2016/04/2016-04-22706368.html　來源：肥東縣人民政府網站　發佈時間：2016-04-22。詩作〈寫給曹植之歌〉組詩刊於中共肥東縣委宣傳網 http://www.fdxcb.gov.cn/display.asp?id=37800

20. 北京市寫作學會等主辦，2016 年「東方美」全國詩聯書畫大賽，新詩〈頌長城〉，榮獲「金獎」。

著 作

1. 2008 年《秋收的黃昏》圖文書，高雄春輝出版（精裝版）。
2. 2009 年《夜櫻－林明理詩畫集》，高雄春輝出版（精裝版）。
3. 2010 年《新詩的意象與內涵-當代詩家作品賞析》，臺北市文津出版。
4. 2011.05《藝術與自然的融合－當代詩文評論集》，臺北市文史哲出版。
5. 2011.08《山楂樹》林明理詩集，臺北市文史哲出版。
6. 2012.01《回憶的沙漏》中英對照譯詩集，臺北市秀威出版。
7. 2012.03《湧動著一泓清泉－現代詩文評論》，臺北市文史哲出版。
8. 2012.12《清雨塘》中英對照譯詩集，臺北市文史哲出版。
9. 2013.01《用詩藝開拓美—林明理讀詩》，臺北市秀威出版。
10. 2013.06《海頌—林明理詩文集》，臺北市文史哲出版。
11. 2013.12《林明理報刊評論 1990-2000》臺北市文史哲出版。
12. 2013.12《行走中的歌者－林明理談詩》臺北市文史哲出版。
13. 2015.4《山居歲月》中英對照譯詩集，臺北市文史哲出版。
14. 2015.12《夏之吟》中英法譯詩集，法國巴黎出版，薩拉西法譯，法國索倫扎拉文化學院 The cultural institute of solenzara 出版。
15. 2016.01《默喚》中英法譯詩集，法國巴黎出版，薩拉西法譯，法國索倫扎拉文化學院 The cultural institute of solenzara 出版。
16. 2016.03《林明理散文集》，臺北市文史哲出版。
17. 2016.06《名家現代詩賞析》，臺北市文史哲出版。

附 記

諾貝爾和平獎得主
prof.Ernesto Kahan
圖片提供：1985 年

和平的使者 —— to Prof. Ernesto Kahan

你的眼睛深邃如海
閃著一種天藍的自由
當世界的、戰地鐘聲又起
你穿過風雨前來
感嘆唱著歌曲
那白袍下的熱血
深入最需要的世界各角落
如同現代史懷哲

—by Dr.Lin Ming-Li　—2016.3.13

——本詩中英譯刊於美國《亞特蘭大新聞》，2016.3.18
http://www.atlantachinesenews.com/News/2016/03/
03-18/B_ATL_P08.pdf

A Peacemaker　　——to Prof. Ernesto Kahan

Your eyes deep as the blue sea
Shining some kind of freedom
When for whom the bell tolls again
You come through the storm
Sighing and singing
Blood boiling under the white robe
You enter every desperate corner of the world
Like the modern Schweitzer

——by Dr.Lin Ming-Li　　2016.3.13
William Marr Translation 馬為義博士譯

註.2016.3.12 收到 1985 年諾貝爾和平獎得主 prof.Ernesto
Kahan 的 Mail，他告訴我以西班牙語演講中，把我寫
給他刊登在美國《亞特蘭大新聞》於 2016.3.4 的書評
《SUGGESTION》製成投影片。我打開他的演講稿夾
檔。發現裡面共有 26 張投影片，而我寫他的書評刊登
於 2016.3.4 美國《亞特蘭大新聞》的掃描分別被製成
投影片於第 20 及 21 張。真是備感榮幸！
Note .2016.3.12 receive 1985 Nobel Peace Prize winner
prof.Ernesto Kahan's Mail

He told me in Spanish speech, I wrote to him to be published in the United States 《Atlanta News》 on 2016.3.4 Book Review 《SUGGESTION》made slides. I opened his speech file folders. And discovered a total of 26 slides, and I wrote his book review published in the American 2016.3.4 《Atlanta News》scans were made on the first slide 20 and 21. Really honored to!

2016.3 月 12 日於 11:50 PM

Dear Ming-Li

Although is in Spanish I included your comment and article in Atlanta News in presentation in Tel Aviv on March 10th Attached

Love

Ernesto

> http://www.atlantachinesenews.com/News/
> 2016/03/03-18/B_ATL_P08.pdf

Publicación en U.S. Atlanta Chinese News Friday, March 4, 2016

Please look at the point News Network. Ming-Li 2016.3.7

"Insinuación" Este libro de poesía es a la vez una señal de la importancia de la cooperación con el lanzamiento internacional, sino también a sus autores creativos de sublimación del pensamiento. Trascienden las diferencias culturales amplia visión de las cosas a los sentimientos humanos de compasión, utilizando métodos creativos de realismo en la poesía internacional llevando luz de la esperanza y amor, también expresa el pensamiento social elevado. Por lo tanto, este libro atrajo amplia resonancia internacional...　　　--2016.2.27

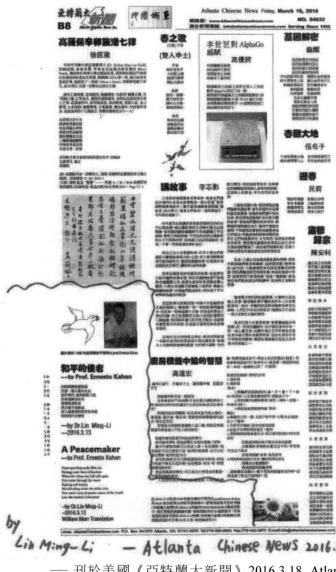

──刊於美國《亞特蘭大新聞》2016.3.18　Atlanta
Chinese News Friday, March 18, 2016